"**移动互联网＋电商营**"
实战宝典系列

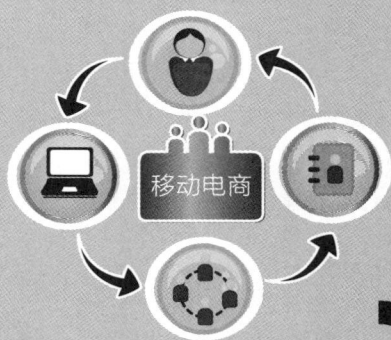

移动电商

一本书**读懂**

移动电商

海天电商金融研究中心 编著

清华大学出版社
北京

内 容 简 介

本书是一本移动电商实用宝典，书中囊括了移动电商基础知识、商业模式、发展趋势、运营模式、成功案例，并介绍了 3 大主流平台(微信、淘宝、微店)、50 多个行业移动电商应用案例(零售、餐饮、交通、住宿、娱乐、旅游、医疗、母婴、教育、房产等)，实战讲解了传统商家以及企业如何转型、重构、改善现有商业模式，成功升级为移动电商平台，一本书看懂、读透、玩转移动电商。

本书内容主要包括：移动电商将取代传统电商；移动时代的电商运营制胜法则；移动电商的道路将走向何方；微信；淘宝；微店；微时代人人都能玩的掘金新模式；以及零售移动电商、餐饮移动电商、打车移动电商、住宿移动电商、娱乐移动电商、旅游移动电商、医疗移动电商、母婴移动电商、教育移动电商、房产移动电商等。

本书适合移动电商相关平台的创业者、转型者、管理者学习，同时，也可作为电商相关专业的教材。

图书在版编目(CIP)数据

一本书读懂移动电商/海天电商金融研究中心编著. --北京：清华大学出版社，2016
("移动互联网+电商营销"实战宝典系列)
ISBN 978-7-302-43842-7

Ⅰ．①一…　Ⅱ．①海…　Ⅲ．①电子商务—基本知识　Ⅳ．①F713.36

中国版本图书馆 CIP 数据核字(2016)第 108708 号

责任编辑：杨作梅
装帧设计：杨玉兰
责任校对：张　瑜
责任印制：李红英

出版发行：清华大学出版社
　　　　　网　　址：http://www.tup.com.cn，http://www.wqbook.com
　　　　　地　　址：北京清华大学学研大厦 A 座　　邮　编：100084
　　　　　社总机：010-62770175　　　　　　邮　购：010-62786544
　　　　　投稿与读者服务：010-62776969，c-service@tup.tsinghua.edu.cn
　　　　　质　量　反　馈：010-62772015，zhiliang@tup.tsinghua.edu.cn
印　装　者：三河市中晟雅豪印务有限公司
经　　销：全国新华书店
开　　本：170mm×240mm　　印　张：20　　　字　　数：320 千字
版　　次：2016 年 7 月第 1 版　　　　　　印　次：2016 年 7 月第 1 次印刷
印　　数：1~3000
定　　价：59.80 元

产品编号：066700-01

前言

■ 写作驱动

移动互联网时代已经到来，PC 端向移动端的大迁徙早已拉开了帷幕。

2015 年双十一，移动电商已经达到 69%，而京东、唯品会等移动电商已经占到 80%左右，即 2015 年是移动电商与 PC 电商的分水岭，以前 80%是 PC 电商、20%是移动电商；而到了 2015 年，就变成了 80%是移动电商，20%是 PC 电商。由此可见移动电商已经颠覆了传统的电子商务模式，新的电商时代来临了。

在移动互联网时代，电商采取什么样的营销方法才最有效？要怎样才能精准定位各路买家，并通过互动搭建起"朋友式"的客户关系？要如何才能顺应新兴趋势，使自身立于电商行业的不败之地？

本书紧扣"移动电商"，系统地分析了整个行业的发展现状、运营模式、典型案例、发展趋势等，以便让读者更切实地理解移动电商的基本知识和应用技巧，帮助读者从中获得实用经验与价值。

一本书读懂移动电商

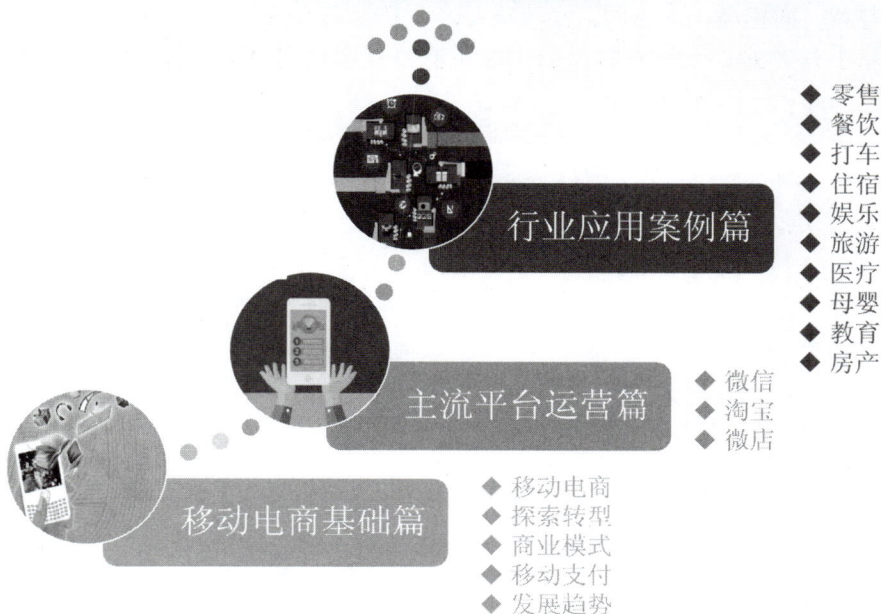

行业应用案例篇

◆ 零售
◆ 餐饮
◆ 打车
◆ 住宿
◆ 娱乐
◆ 旅游
◆ 医疗
◆ 母婴
◆ 教育
◆ 房产

主流平台运营篇

◆ 微信
◆ 淘宝
◆ 微店

移动电商基础篇

◆ 移动电商
◆ 探索转型
◆ 商业模式
◆ 移动支付
◆ 发展趋势

■ 本书特色

本书有以下三大特色：

(1) 内容丰富，18 个大专题讲解： 通过图文结合的方式详细介绍了"移动电商"基本知识，同时还详细分析了"移动电商"的运营平台以及典型案例，帮助读者正确认识"移动电商"带来的机遇和挑战。

(2) 解析生动，560 多张图片全程图解： 全面剖析了"移动电商"的相关知识和典型应用案例，配以图解说明，知识点直观、清晰、详细，便于读者理解。

(3) 内容全面、专业性强、50 多个典型案例： 除了讲解"移动电商"的相关理论知识，还结合实战案例，帮助读者更加明确移动电商的运用技巧。

■ 作者介绍

本书由海天电商金融研究中心编著，同时参加编写的人员还有苏高、谭贤、柏松、谭俊杰、徐茜、曾杰、张瑶、刘嫔、罗磊、罗林、蒋鹏、田潘、李四华、刘琴、周旭阳、袁淑敏、谭中阳、杨端阳、卢博、徐婷、余小芳、蒋珍珍、吴金蓉、陈国嘉、曾慧、向彬珊、李龙禹、徐旺等人，在此表示感谢。

由于作者知识水平有限，书中难免有错误和疏漏之处，恳请广大读者批评、指正，联系邮箱：itsir@qq.com。

目录

目录

V

目录

移动电商：移动互联网时代的大革命

移动互联网是连接商家与消费者的工具，是企业与用户之间形成消费关系的重要渠道，也是连接线上线下的天然枢纽。如果今天错过了移动电子商务，错过的不仅仅是一次机会，而是整整一个时代！

```
移动电商：移动
互联网时代的          第 1 节   ➡   电商的移动互联时代来了
大革命

                     第 2 节   ➡   移动电子商务的核心技术

                     第 3 节   ➡   移动电子商务的主要服务
```

1.1 电商的移动互联时代来了

电子商务在中国历经十余载风雨，其商业模式也在不断发生着变革和升级。如今，随着移动互联网时代的到来，以及智能手机等移动设备的普及使用，手机已不仅成为人们沟通、交流的工具，同时也在某种程度上帮助他们做出购买决策。

信息导读

数据显示，中国人口中有 66%拥有一部智能手机，其中 25%拥有超过两部手机。随着智能手机普及度越来越高，中国用户开始习惯于使用手机购物，这正是电商赢利的机会。

1.1.1 什么是移动电子商务

第四代移动通信应用、无线上网和电子商务时代的来临，拉近了消费者与产品服务提供者的距离，如图 1-1 所示。

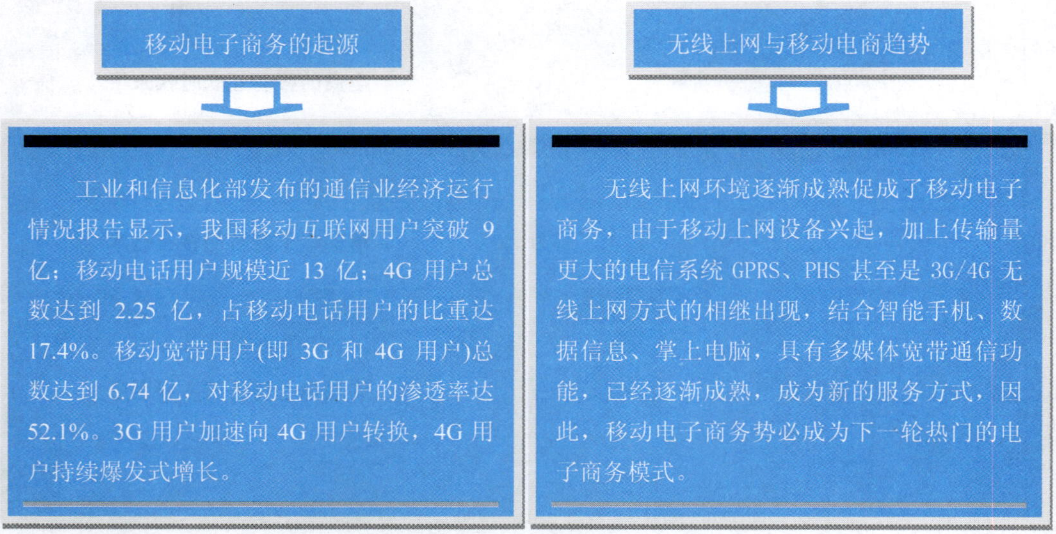

移动电子商务的起源	无线上网与移动电商趋势
工业和信息化部发布的通信业经济运行情况报告显示，我国移动互联网用户突破 9 亿；移动电话用户规模近 13 亿；4G 用户总数达到 2.25 亿，占移动电话用户的比重达 17.4%。移动宽带用户(即 3G 和 4G 用户)总数达到 6.74 亿，对移动电话用户的渗透率达 52.1%。3G 用户加速向 4G 用户转换，4G 用户持续爆发式增长。	无线上网环境逐渐成熟促成了移动电子商务，由于移动上网设备兴起，加上传输量更大的电信系统 GPRS、PHS 甚至是 3G/4G 无线上网方式的相继出现，结合智能手机、数据信息、掌上电脑，具有多媒体宽带通信功能，已经逐渐成熟，成为新的服务方式，因此，移动电子商务势必成为下一轮热门的电子商务模式。

图 1-1 移动电子商务的起源与趋势

除了代表着电信市场另一轮高潮外，第四代移动通信应用开发所带来的移动电子商务，将真正落实消费者随时随地在线消费的移动力。移动电子商务的定义如图 1-2 所示。

移动电子商务的定义

E-COMMERCE＝INTERNET＋COMMERCE
M-COMMERCE＝E-INTERNET＋MOBILE

移动电子商务(M-Commerce)是指通过手机、平板电脑、笔记本电脑等移动通信设备与无线上网技术结合起来进行的一种电子商务活动，将带给企业更好的服务与工作效率。

图 1-2　移动电子商务的定义

1.1.2　移动电子商务的特点

对于现阶段的传统产业来说，移动互联网带来非常好的机会，简单地说，现在传统产业不断地在"触电(电商)"，移动互联网打通消费者和生产者，有了极其透明的信息传递以后，可以更快地去传递市场的需求是什么，以此来决定市场的供应。另外，其移动性和终端的多样性可以融合各种传统电商模式，如图 1-3 所示。

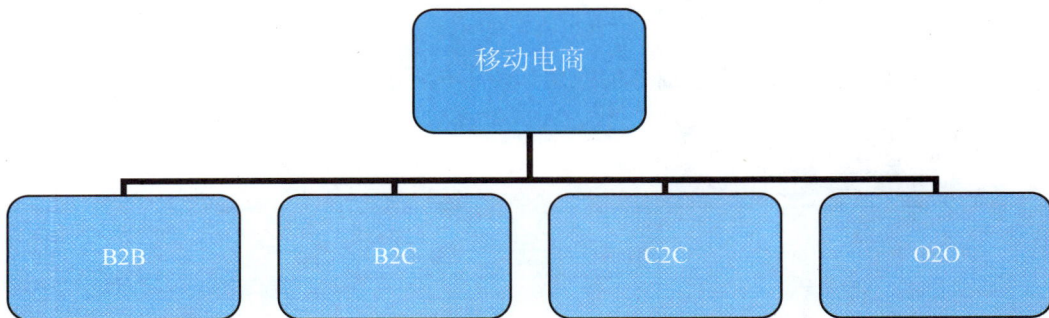

图 1-3　移动电子商务与各种传统电商模式的融合

移动电子商务决定了现代企业的新风貌，是未来发展的趋势，也将改变生活与旧的商业模式。与传统的电子商务活动相比，移动电子商务的主要特点如图 1-4 所示。

用户规模与 需求都较大	移动电商非常适合大众化的个人消费领域，如交水电费、交话费、订票等生活业务。另外，以移动终端为载体的移动电子商务无论在用户规模，还是在用户消费能力上，都优于传统的电子商务。
随时随地性	传统电商已经使人们感受到了网络所带来的便利和快乐，但它的局限在于它必须有线接入。而移动电商具有无与伦比的"自由"和"个性化"特征，可以弥补传统电子商务的这种缺憾，可以让人们随时随地移动支付、预定服务或者远程购物，获得独特的商务体验。
完全个性化	由于智能移动设备具有比 PC 更高的可连通性与可定位性，因此企业或商家可以更好地发挥主动性，为不同消费者提供个性化的定制服务。例如，服装厂商可以通过具有个性化的服装定制活动进行更有针对性的广告宣传，从而满足不同消费者的需求。
更加安全可靠	移动终端中所用的 SIM 卡具备非常强大的内置认证特性，可以存储用户的信息，确定用户身份，使得移动商务有认证安全的基础。

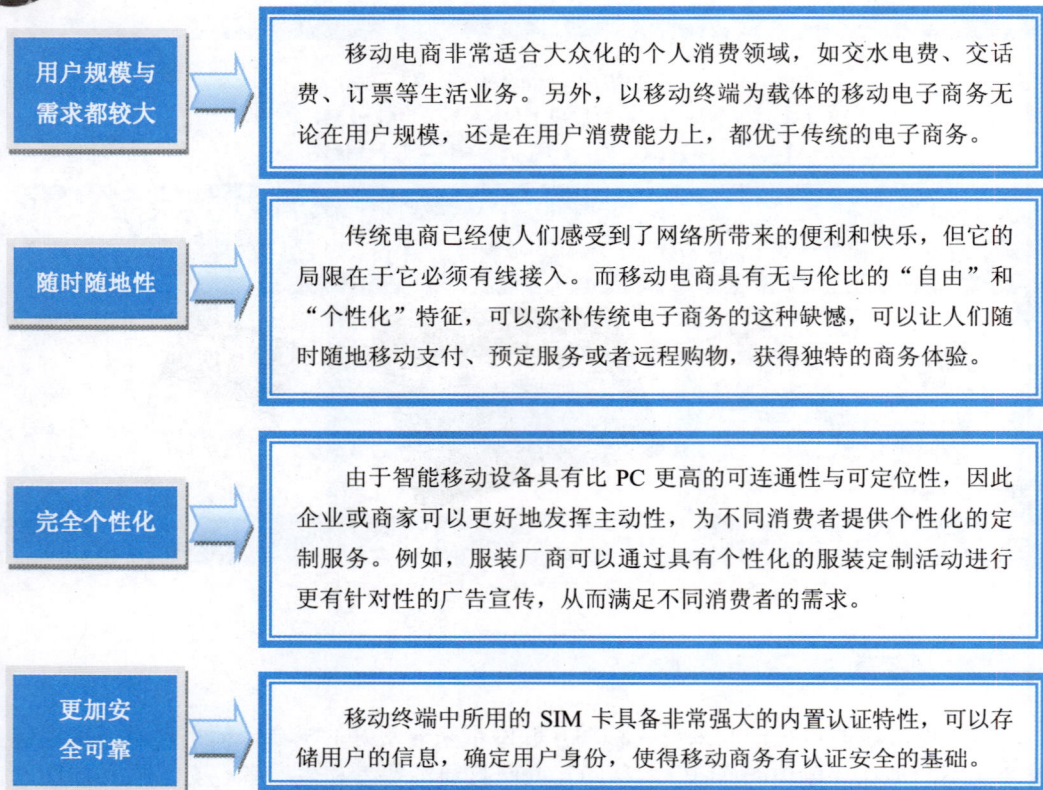

图 1-4 移动电子商务的主要特点

1.1.3 移动电子商务的应用

对于企业来说，移动电子商务的应用如图 1-5 所示。

辅助企业移动商务活动

建立企业移动信息化平台

企业移动电子商务的功能

图 1-5 移动电子商务的企业应用

专家提醒

另外，企业还可以利用移动互联网的分发特性来提供数字内容，其中包括信息浏览、即时查询天气、远程调度、体育比赛记分、机票、市场价格等动态信息以及目录服务。

移动电子商务因为接入方式无线化，使得任何人都更容易进入网络世界，从而使网络范围延伸更广阔、更开放，同时，使网络虚拟功能更带有现实性，因而更具有包容性。随着移动电商的发展，消费者将会越来越多地凭借移动设备从事各种移动交易，如图1-6所示。

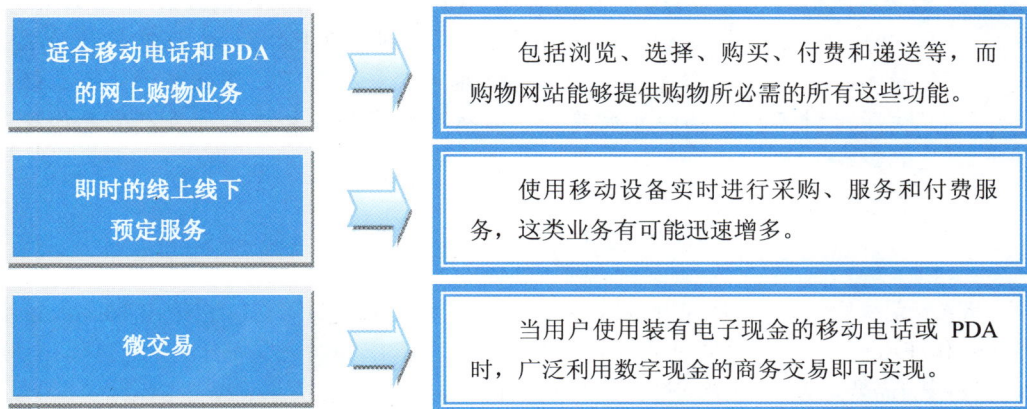

适合移动电话和PDA的网上购物业务 ➡	包括浏览、选择、购买、付费和递送等，而购物网站能够提供购物所必需的所有这些功能。
即时的线上线下预定服务 ➡	使用移动设备实时进行采购、服务和付费服务，这类业务有可能迅速增多。
微交易 ➡	当用户使用装有电子现金的移动电话或PDA时，广泛利用数字现金的商务交易即可实现。

图1-6 消费者可以通过移动设备从事各种移动交易

对于消费者来说，移动电子商务的主要应用如图1-7所示。

交易

娱乐

购物

订票

银行业务

➡ 移动互联网所具有的灵活、便捷的特点，决定了移动电商更适合大众化的个人消费领域，如自动支付系统(包括自动售货机、停车场计时器等)；半自动支付系统(包括商店的收银柜机、出租车计费器等)；日常费用收缴系统(包括水、电、煤气等费用的收缴等)；移动互联网接入支付系统(包括登录商家的APP应用购物等)。

图1-7 移动电子商务的用户应用

1.2 移动电子商务的核心技术

相对于传统的电子商务而言，**移动电子商务的优势在于其服务对象的移动性、服务要求的实时性、服务终端的私密性和服务方式的便利性。**当然，移动电商之所以拥有这些优势，离不开其独特的核心技术应用。

信息导读

> 移动通信和因特网的完美结合造就了移动电子商务，移动电子商务的主要实现技术包括无线应用协议(WAP)、移动 IP(Mobile IP)、蓝牙(Blue Tooth)、无线局域网(WLAN)、通用分组无线业务(GPRS)、第三/四代移动通信技术(3G/4G)。在技术更新与社会需求的交替推动下，移动电子商务已经产生了一种不可阻挡的发展趋势，必将对全球经济和技术进步产生更加深远的影响。

1.2.1 无线应用协议(WAP)

WAP(无线应用协议)是 Wireless Application Protocol 的缩写，它是由 Motorola、Nokia 和 Ericsson 等公司最早倡导和开发的，它的提出和发展是基于在移动应用中接入因特网的需要，是一项全球性的网络通信协议，如图 1-8 所示。

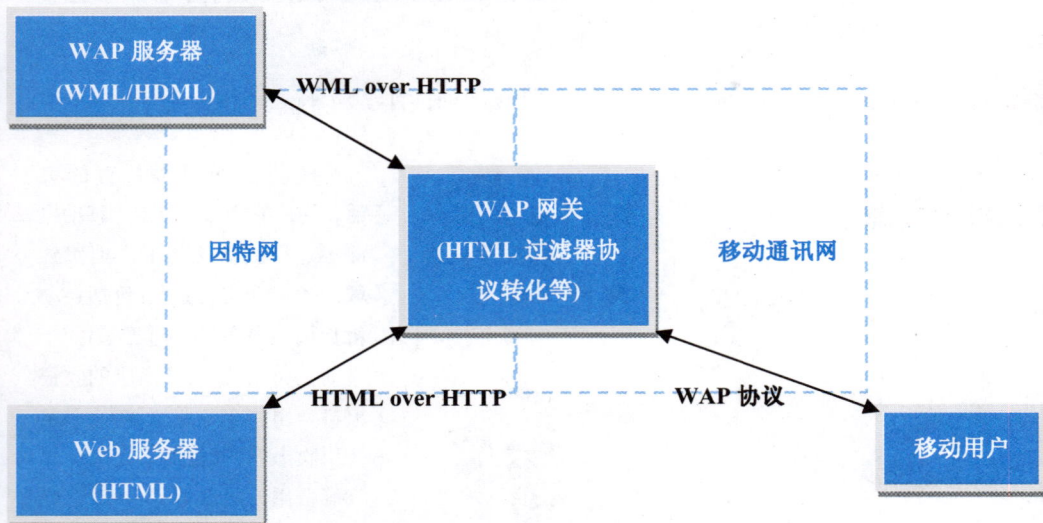

图 1-8　WAP(无线应用协议)

WAP 协议是移动电商的核心技术之一，它提供了一套开放、统一的技术平台，使用户可以通过移动设备很容易地访问和获取以统一的内容格式表示的因特网或企业内部网信息以及各种服务。

WAP 的目标就是通过 WAP 技术将 Internet 的大量信息及各种各样的业务引入到移动电话、PALM 等无线终端之中。通过 WAP 协议，无线终端可以随时随地、方便快捷地接入互联网，真正实现不受时间和地域约束的移动电子商务。

WAP 网关在业务中承担的任务从用户的角度来看，可分为如图 1-9 所示的几类。

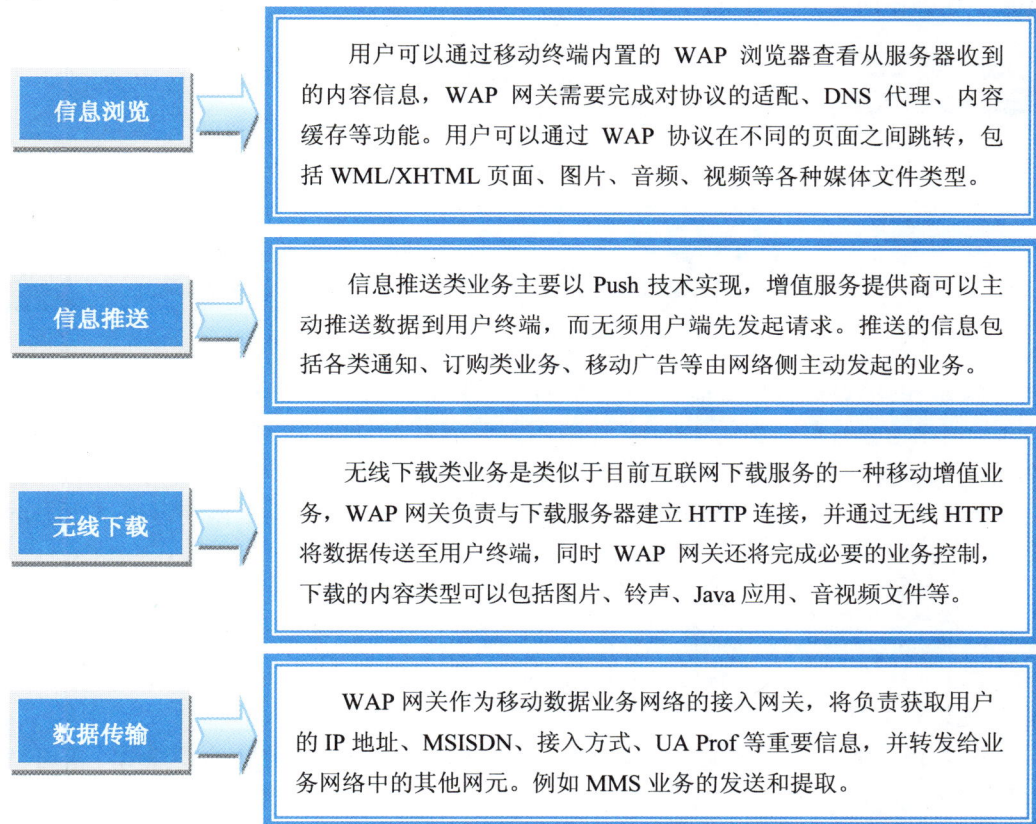

信息浏览	用户可以通过移动终端内置的 WAP 浏览器查看从服务器收到的内容信息，WAP 网关需要完成对协议的适配、DNS 代理、内容缓存等功能。用户可以通过 WAP 协议在不同的页面之间跳转，包括 WML/XHTML 页面、图片、音频、视频等各种媒体文件类型。
信息推送	信息推送类业务主要以 Push 技术实现，增值服务提供商可以主动推送数据到用户终端，而无须用户端先发起请求。推送的信息包括各类通知、订购类业务、移动广告等由网络侧主动发起的业务。
无线下载	无线下载类业务是类似于目前互联网下载服务的一种移动增值业务，WAP 网关负责与下载服务器建立 HTTP 连接，并通过无线 HTTP 将数据传送至用户终端，同时 WAP 网关还将完成必要的业务控制，下载的内容类型可以包括图片、铃声、Java 应用、音视频文件等。
数据传输	WAP 网关作为移动数据业务网络的接入网关，将负责获取用户的 IP 地址、MSISDN、接入方式、UA Prof 等重要信息，并转发给业务网络中的其他网元。例如 MMS 业务的发送和提取。

图 1-9　WAP 协议的业务类型

专家提醒

网元简单理解就是网络中的元素，即网络中的设备。总之，网元是网络管理中可以监视和管理的最小单位。例如，移动公司短信息收发终端是 GSM 网元；联通公司短信息收发终端是 CDMA 网元。

WAP 能给移动用户的生活带来极大的便利，即便不方便使用电脑的用户也可以

通过 WAP 上网下载手机图片、APP、音乐和视频，与世界各地的网友进行无线互动，并且可以通过 WAP 购买你需要的东西。

1.2.2 移动 IP(Mobile IP)

移动 IP(Mobile IP)是由互联网工程任务小组(IETF)在 1996 年制定的一项开放标准。简单地说，**移动 IP 技术就是让计算机在互联网及局域网中不受任何限制地即时漫游，也称移动计算机技术，**如图 1-10 所示。

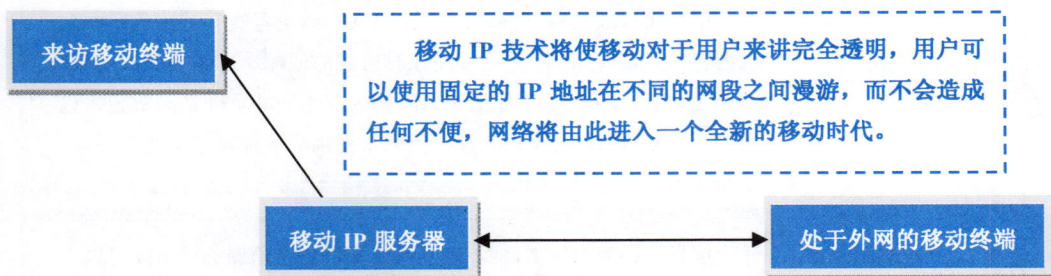

图 1-10　移动 IP(Mobile IP)技术

移动 IP 的设计目标是能够使移动用户在移动自己位置的同时无须中断正在进行的因特网通信。目前，移动 IP 有两个版本，分别为 Mobile IPv4(RFC3344)和 Mobile IPv6(RFC3775)。移动 IP 技术是移动节点(计算机/服务器/网段等)以固定的网络 IP 地址实现跨越不同网段的漫游功能，并保证了基于网络 IP 的网络权限在漫游过程中不发生任何改变。

在移动互联网中实现移动 IP 的具体方法为：首先每个网络中都需要部署代理路由器，每一部本地的终端设备都会在这个代理路由器上注册(如同每个手机号码都在归属地注册)，终端设备会获得一个归属于此网络的 IP 地址，所有数据包都可以以终端 IP 地址作为目的地址到达这个终端设备。

移动 IP 系统可以在不必考虑如何分配 IP 地址的情况下使漫游的终端用户快速接入互联网，并享受与用户在家网中一样的网络服务，如查阅公司局域网内部文件、查收公司邮件、进行网上购物等。

> **专家提醒**
>
> 　　例如，使用天畅(FreeNET Builder)移动 IP 系统能够让终端用户在不同网段的 IP 网络之间漫游，并且不需要重新设置 IP 地址，用户在外地上网时同样可以通过互联网接入到自己企业网取得所需信息，这样，用户可以在移动过程中保持不间断的网络连接，以及跨网段后仍能够正常工作，如图 1-11 所示。

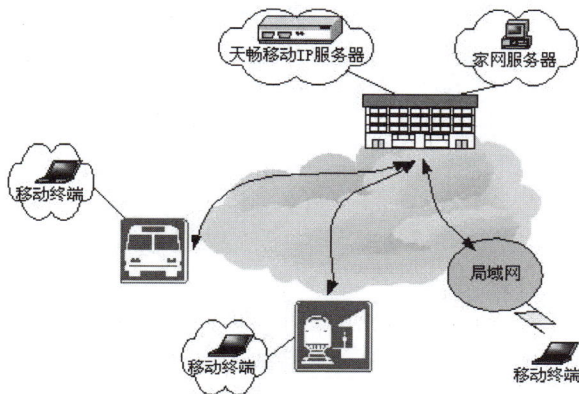

图 1-11　天畅(FreeNET Builder)移动 IP 系统

1.2.3　蓝牙(Bluetooth)

　　"蓝牙"这个名字的来历颇具传奇色彩。公元 10 世纪的北欧正值动荡年代，各国之间战争频繁，丹麦国王哈拉德二世挺身而出，到处疾呼和平。经过他的不懈努力，战争终于停止。

　　据悉，这位国王的名字有两种说法：一种说法是他的全名是 Harald Blatand，Blatand 在英语中意思为"蓝牙"(Bluetooth)；还有一种说法是这位英雄的丹麦国王酷爱吃蓝梅，以致于牙齿都被染成了蓝色，因此蓝牙成了他的绰号。如图 1-12 所示，为蓝牙(Bluetooth)技术及标志的由来。

　　蓝牙(Bluetooth)是由 Ericsson、IBM、Intel、Nokia 和 Toshiba 等公司于 1998 年 5 月联合推出的一项短程无线连接标准。该标准旨在取代有线连接，实现数字设备间的无线互联，以便确保大多数常见的计算机和通信设备之间可方便地进行通信。

图 1-12　蓝牙(Bluetooth)技术及标志的由来

　　蓝牙作为一种低成本、低功率、小范围的无线通信技术，可以使移动电话、个人电脑、个人数字助理、便携式电脑、打印机及其他计算机设备在短距离内无需线缆即可进行通信。同时，蓝牙还可以通过无线或有线的接入点(如 PSTN、ISDN、LAN、xDSL)与外界相连。蓝牙技术的主要特点如图 1-13 所示。

成本低，价格合理	蓝牙具备与一般电缆差不多的价格，可以被广大普通消费者所接受。这种价格合理的选择使广泛地部署和使用成为可能。
功耗低、体积小	蓝牙 4.0 将 3 种规格集于一体，包括传统蓝牙技术、高速技术和低耗能技术，4.0 版本的功耗较老版本降低了 90%，更省电。蓝牙技术本来目的就是用于互连小型移动设备及其外设，它的市场目标是移动笔记本电脑、移动电话、小型的 PDA 以及它们的外设，因此蓝牙芯片必须具有功耗低、体积小的特点，以便于集成到小型便携设备中去。
近距离通信	蓝牙的技术性能参数：有效传输距离为 10cm~10m，增加发射功率可达到 100 米，甚至更远。收发器工作频率为 2.45GHz，覆盖范围是相隔 1MHz 的 79 个通道(从 2.402GHz 到 2.480GHz)。
安全性较高	蓝牙基带部分在物理层为用户提供保护和信息保密机制，并通过鉴权和加密机制保证个人通信的安全。鉴权是蓝牙系统中的关键部分，它允许用户为个人的蓝牙设备建立一个信任域，如只允许主人自己的笔记本电脑通过主人自己的移动电话通信。蓝牙系统认证与加密服务由物理层提供，采用流密码加密技术，适合于硬件实现，密钥由高层软件管理。

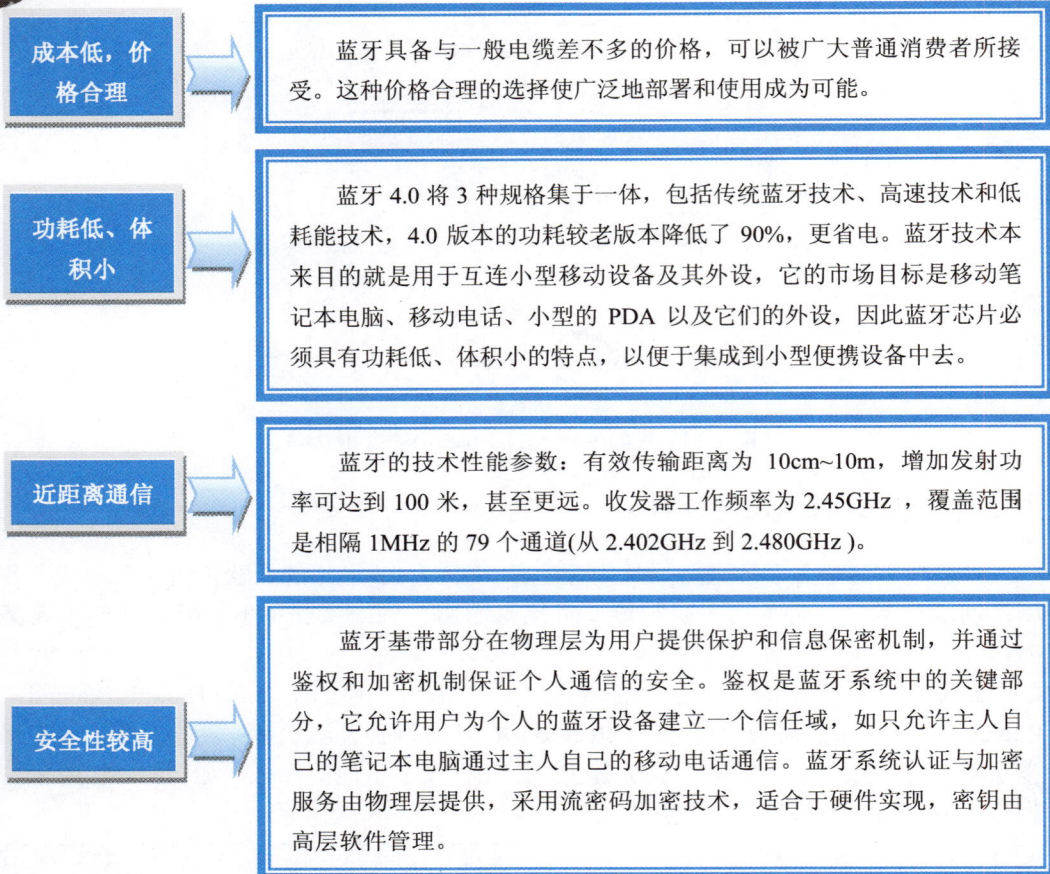

图 1-13　蓝牙技术的主要特点

例如，移动支付公司 Square 推出利用智能手机蓝牙通信面向周围的好友进行快速转账或汇款的 Nearby Payments (附近支付)功能，允许用户通过低功耗蓝牙转账，目前该功能仅支持 iOS 8 系统。

用户使用蓝牙支付时，可以设置可见范围，允许与任何人或仅允许与联系人连接。与任何人连接在一大群朋友聚会时很有用，因为你不可能会有所有人的联系方式。蓝牙支付方式与先前直接以 Square 应用进行转账在结果上并无不同，但使用 Square Cash 转账会完全免费，而使用信用卡时会被收取一定费用。

1.2.4　无线局域网(WLAN)

在无线局域网(WLAN)出现之前，人们必须先用物理线缆——铜绞线组建一个电子运行的通路来进行联络和通信，为了提高效率和速度，后来又发明了光纤。不过，当网络发展到一定规模后，人们又发现，这种有线网络无论组建、拆装还是在原有基础上进行重新布局和改建，都非常困难，且成本和代价也非常高，于是 WLAN 的组网方式应运而生。

无线局域网络(WLAN)是 Wireless Local Area Networks 的缩写，它是一种借助无线技术取代以往有线布线方式构成局域网的新手段，可提供传统有线局域网的所有功能，它支持较高的传输速率，如图 1-14 所示。

无线局域网(WLAN)通常利用射频无线电或红外线，借助直接序列扩频(DSSS)或跳频扩频(FHSS)、GMSK、OFDM 和 UWBT 等技术实现固定、半移动及移动的网络终端对因特网网络进行较远距离的高速连接访问。

图 1-14　无线局域网络(WLAN)

WiFi 是一种可以将个人电脑、手持设备(如 PAD、手机)等终端以无线方式互相连接的技术，事实上它是一个高频无线电信号。无线网络在无线局域网的范畴是指"无线相容性认证"，实质上是一种商业认证，同时也是一种无线联网技术，以前通过网线连接电脑，而无线保真则是通过无线电波来联网；常见的就是一个无线路由器，那么在这个无线路由器的电波覆盖的有效范围都可以采用无线保真连接方式进行联网，如果无线路由器连接了一条 ADSL 线路或者别的上网线路，则又被称为热点。

手机如果有无线保真功能的话，在有 WiFi 无线信号的时候，就可以不通过移动联通的网络上网，省掉了流量费。用户只要有一台具备 WiFi 功能的手机，不管是在酒店咖啡馆的走廊里，还是你出差在外地的机场等候飞机，都可以摆脱线缆实现无线宽频上网，甚至可以在遥远的外地进入自己公司的内部局域网进行办公处理或者给你的下属发出电子指令。

无线局域网络(WLAN)与蓝牙技术一样，同属于短距离无线技术，是一种网络传输标准。在日常生活中，它早已得到普遍应用，并给人们带来极大的方便：白领们在星巴克中浏览网页、记者在会议现场发回稿件、普通人在自己家中随心所欲地选择用手机或者多台笔记本电脑无线上网，这些都离不开无线局域网络(WLAN)。

例如，支付宝与国内商业 WiFi 领航者"i_Free 免费 WiFi"签订独家战略合作协议，向其提供支付宝独立特权开发接口，并携手在全国各大城市逐一启动"支付宝 WiFi Pay"推广活动，给予本地商家及终端用户不同程度的补贴，如图 1-15 所示。

图 1-15　"支付宝 WiFi Pay"推广活动

专家提醒

支付宝 WiFi Pay 推广活动的主要作用如下。

①　**用户方面**：为使用 WiFi 的用户提供更加便捷安全的网络接入，满足了终端用户多方面的需求，如享受免费网络、优惠折扣、便捷支付。

②　**商家方面**：线下商户加入支付宝合作计划，支付宝方将通过向支付宝用户补贴现金红包等优惠活动引导用户消费，除此之外，支付宝还将直接赠送 i_Free WiFi 路由器硬件，为商户架构支付环境。

1.2.5　通用分组无线业务(GPRS)

GPRS 的英文全称为 General Packet Radio Service，中文含义为通用分组无线服务，是欧洲电信标准化组织(ETSI)在 GSM 系统的基础上制定的一套移动数据通信技术标准。

GPRS 是利用"包交换"(Packet-Switched)的概念所发展出的一套无线传输方式，具有"数据传输率高"、"永远在线"和"仅按数据流量计费"的特点，目前得到较广泛的使用。

GPRS 经常被描述成"2.5G"，也就是说，这项技术位于第二代(2G)和第三代(3G)移动通信技术之间，如图 1-16 所示。GPRS 突破了 GSM 网只能提供电路交换的思维方式，只通过增加相应的功能实体和对现有的基站系统进行部分改造来实现分组交换，这种改造的投入相对来说并不大，但得到的用户数据速率却相当可观。

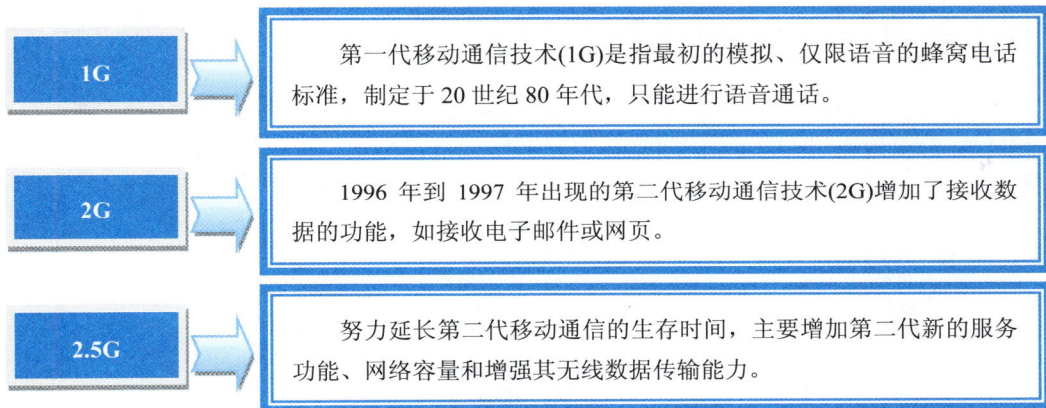

1G	第一代移动通信技术(1G)是指最初的模拟、仅限语音的蜂窝电话标准，制定于 20 世纪 80 年代，只能进行语音通话。
2G	1996 年到 1997 年出现的第二代移动通信技术(2G)增加了接收数据的功能，如接收电子邮件或网页。
2.5G	努力延长第二代移动通信的生存时间，主要增加第二代新的服务功能、网络容量和增强其无线数据传输能力。

图 1-16　GPRS 的发展

GPRS 技术可以令用户在任何时间、任何地点都能快速方便地实现连接，同时费用又很合理。简单地说，就是速度上去了，内容丰富了，应用增加了，而费用却更加合理。

GPRS 技术的主要特点如下。

(1) **高速数据传输：**GPRS 的速度 10 倍于 GSM，还可以稳定地传送大容量的高质量音频与视频文件。

(2) **永远在线：**GPRS 无需为每次数据的访问建立呼叫连接，因而用户随时都可与网络保持联系。GPRS 不再需要现行无线应用中所需要的中介转换器，所以连接及传输都会更方便、更容易。如此，用户就可以利用 GPRS 联机上网、参加视讯会议等互动传播，而且在同一个视讯网络上(VRN)的使用者甚至可以无须通过拨号上网，而持续地与网络连接。

(3) **仅按数据流量计费：**根据用户传输的数据量来计费，而不是按上网时间计费，真正体现了少用少付费的原则。

GPRS 与 WAP 组合是当前令"手机上网"迈上新台阶的最佳实施方案：GPRS 是

强大的底层传输，WAP 则作为高层应用。如果把 WAP 比作飞驰的车辆，那么 GPRS 就是宽阔畅通的高速公路，任用户在无线信息世界中随意驰骋。

1.2.6　第三代移动通信技术(3G)

3G 英文全称为 3rd Generation，中文含义为第三代数字通信。它是由卫星移动通信网和地面移动通信网所组成，支持高速移动环境，提供语音、数据和多媒体等多种业务的先进移动通信网。

第三代移动通信系统是在第二代移动通信技术基础上进一步演进的以宽带 CDMA 技术为主，并能同时提供话音和数据业务的移动通信系统，是一代有能力彻底解决第一、二代移动通信系统主要弊端的先进的移动通信系统。

3G 系统最初的目标是在静止环境、中低速移动环境、高速移动环境分别支持 2Mbps、384kbps、144kbps 的数据传输，其设计目标是旨在提供比 2G 更大的系统容量、更优良的通信质量，并使系统能提供更丰富多彩的业务，如图 1-17 所示。

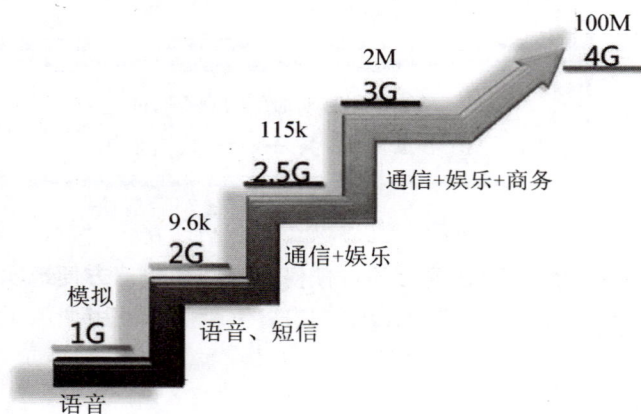

图 1-17　各代移动通信系统的主要功能与速度

移动电子商务领域涉及 IT、无线通信、无线接入、软件等技术，并且商务方式更加多元化、复杂化，因而在此领域内很容易产生新的技术。随着我国 3G 网络的兴起与应用，这些新兴技术将转化成更好的产品或服务。所以移动电子商务领域将是下一个技术创新的高产地。

1.2.7　第四代移动通信技术(4G)

第四代移动电话行动通信标准，指的是第四代移动通信技术，英语缩写为 4G。4G 技术包括 TD-LTE 和 FDD-LTE 两种制式，集 3G 与 WLAN 于一体，并能够快速传输数据、高质量音频/视频和图像等。

4G 可以在 DSL 和有线电视调制解调器没有覆盖的地方部署，然后再扩展到整个地区。很明显，4G 有着不可比拟的优越性，其主要优势如图 1-18 所示。

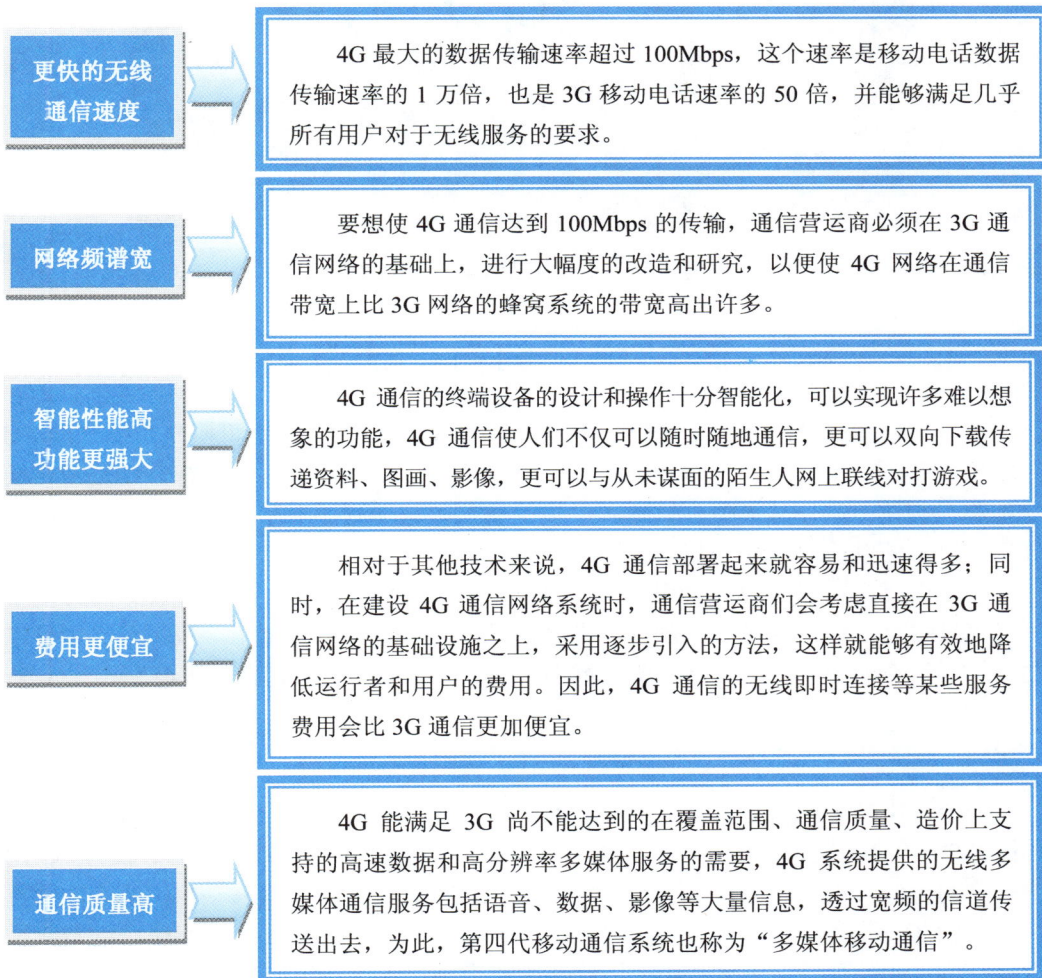

更快的无线通信速度	4G 最大的数据传输速率超过 100Mbps，这个速率是移动电话数据传输速率的 1 万倍，也是 3G 移动电话速率的 50 倍，并能够满足几乎所有用户对于无线服务的要求。
网络频谱宽	要想使 4G 通信达到 100Mbps 的传输，通信营运商必须在 3G 通信网络的基础上，进行大幅度的改造和研究，以便使 4G 网络在通信带宽上比 3G 网络的蜂窝系统的带宽高出许多。
智能性能高功能更强大	4G 通信的终端设备的设计和操作十分智能化，可以实现许多难以想象的功能，4G 通信使人们不仅可以随时随地通信，更可以双向下载传递资料、图画、影像，更可以与从未谋面的陌生人网上联线对打游戏。
费用更便宜	相对于其他技术来说，4G 通信部署起来就容易和迅速得多；同时，在建设 4G 通信网络系统时，通信营运商们会考虑直接在 3G 通信网络的基础设施之上，采用逐步引入的方法，这样就能够有效地降低运行者和用户的费用。因此，4G 通信的无线即时连接等某些服务费用会比 3G 通信更加便宜。
通信质量高	4G 能满足 3G 尚不能达到的在覆盖范围、通信质量、造价上支持的高速数据和高分辨率多媒体服务的需要，4G 系统提供的无线多媒体通信服务包括语音、数据、影像等大量信息，透过宽频的信道传送出去，为此，第四代移动通信系统也称为"多媒体移动通信"。

图 1-18　4G 网络的主要优势

4G 通信技术并没有脱离以前的通信技术，而是以传统通信技术为基础，并利用了一些新的通信技术，来不断提高无线通信的网络效率和功能。**如果说 3G 能为人们提供一个高速传输的无线通信环境的话，那么 4G 通信则是一种超高速无线网络，一种不需要电缆的信息超级高速公路，这种新网络可使电话用户以无线及三维空间虚拟实境连线**，如图 1-19 所示。

图 1-19　中国移动的 4G 网络宣传

1.3　移动电子商务的主要服务

　　2011 年，随着 iPhone、iPad 进入中国市场，以及谷歌开源手机操作系统 Android 的广泛普及，移动用户的上网体验不断被改善，全球各地的很多用户都开始使用移动设备购买实体产品，从披萨、饮料、手机等商品，延伸到了书籍、服装、电子产品、奢侈品等各种以前通过 PC 从网上商店购买的产品。

　　与此同时，可以发现一个相对共性的现象，即电商、社交、游戏等看似属性完全不同的领域之间联系却越来越紧密，在产品功能上也愈来愈趋近于一致，最终则可以归结于对用户消费需求的满足，所以得出一个结论——即"一切皆是电商"。

1.3.1　移动购物

　　如今，用户可以通过移动设备在任何闲暇时间进行网上购物，尤其是即兴购物，如图 1-20 所示。根据艾瑞咨询发布的中国网络经济数据显示，移动网络营收与 PC 网络营收的比例大概为 3∶1，移动网络营收为 2226.9 亿元，其中移动购物带来的营收为 1158.4 亿元，成为移动网络营收的主力，综合移动端和 PC 端，购物带来的营收均占据首位。此外，预计未来几年内，移动购物市场都将保持年增速在 45%以上，这也说明移动端电商相比 PC 端电商更具发展活力。

　　另外，各大电商平台，如阿里巴巴、京东、唯品会、苏宁、当当、亚马逊等核心企业，移动端布局力度进一步加大，买卖宝、移淘等独立移动购物企业在三、四线城市继续发力。艾瑞分析认为，中国移动购物市场未来将保持强势的增长态势，预期 2016 年移动购物在整体网络购物中渗透率将突破 50%，而 2017 年交易规模将突破 3 万亿元，移动端将成为网络购物用户的重要选择。

移动购物是移动商务发展到一定程度时衍生出来的一个分支，从属于移动商务，又是移动商务一个更高的发展层次。移动购物已经融入人们的日常生活中——从工作单位到家庭，以及这两点之间的位置。81%的智能手机用户表示，因为有了移动设备，他们在"持续不断地购物"。

图 1-20 移动购物

1.3.2 移动理财

移动设备由于具有即时性，因此可以适用于股票交易等应用，如图 1-21 所示。在互联网金融时代，以支付宝为代表的第三方支付服务的出现，就带来了阿里小贷、余额宝、P2P 网络借贷和众筹融资等新兴金融组织或产品的兴起。可以说，移动理财将是移动电商的又一个强大的重要分支。

移动电商带来了移动金融支付，进而又会催生出其他移动金融服务，包括移动理财。可以预见，不久的将来，在手机上理财，会像在电脑上理财一样普遍，移动理财将是移动金融支付的下一步。

图 1-21 移动理财

如今，年轻人群将会很少去接受物理网点的银行或者是传统金融机构的服务，更多的服务将是通过移动互联网和移动支付等手段去支付，而且未来更重要的移动理财产品主要是通过移动通信设备来做。

支付宝有余额宝、微信有理财通、百度有百度钱包、京东商城有京东白条等，可以看到电商和理财已经融为一体，不可分割，人们在进行移动购物的同时，还可以用手中的余钱十分方便地进行投资理财活动。如图 1-22 所示，为兼具购物和理财功能的百度钱包手机版。

图 1-22　百度钱包手机版

移动购物引导的电商市场与近年来越发火热的理财需求，可能成为互联网发展的主线。 这样结合可以让消费者能从商品投资中获得相对可观的收益，也能缓解供货商的资金压力，只专心为所有的消费者带来更优质的商品、更贴心的用户服务，形成电商中的双赢局面。

1.3.3　移动 O2O

以 O2O 目前在资本市场受到追捧的趋势来看，越来越多的行业巨头和淘金者都在见机涌入，进行"生死角逐"。传统行业、IT 电商巨头、地产开发商、物流行业等群雄纷纷抢占 O2O 入口，如以万科、花样年为代表的房地产商，阿里等电商公司以及民生银行、兴业银行等金融机构。

阿里巴巴集团的主要创始人马云表示：**生活服务类电商如同早上五六点钟的太阳，将来做起来的希望绝不低于制造业和零售业。**

O2O 即 Online To Offline，是指将线下的商务机会与互联网结合，让互联网成为线下交易的前台。 移动 O2O 电商的主要模式如图 1-23 所示。从在广义上来讲，O2O 的概念非常广泛，只要产业链中的要素既可涉及到线上，又可涉及到线下，就都可以称为 O2O。

一个标准 O2O 模式的流程如下。

(1) 线上平台(网站、APP 应用等网络平台)通过与拥有实体门店的线下商家洽谈，就活动时间、折扣、人数等达成协议。

(2) 线上平台通过各种渠道向自身用户推荐该项活动，用户在线付款到平台，获得平台提供的"凭证"。

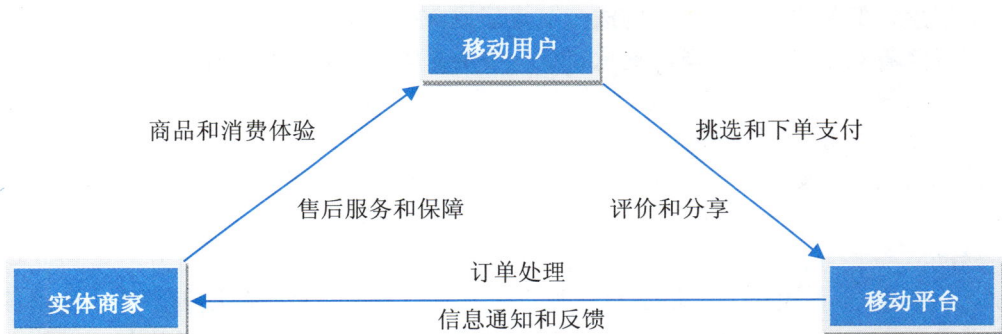

图 1-23　移动 O2O 商业模式

(3)　用户持凭证到线下商家直接享受相关的服务。

(4)　服务完毕后，线上平台与线下商家进行结算，同时保留一定比例作为服务佣金(一般不低于 10%)。

如今，互联网公司已经不仅仅是网络应用公司，随着移动互联网与 O2O 的发展，越来越多的互联网公司重视线下资源的控制，很多公司与传统企业相结合，互联网不再是浮在空中的虚拟企业。没有实体资源的空壳互联网公司的空间逐渐被压缩。

例如，2014 年 12 月百度战略入股 Uber。百度钱包接入 Uber 为的是获得移动互联网入口和外部场景扩展，从长远来看，百度钱包却把目光瞄向了有消费能力的车主，特别是 Uber 所针对的中高端市场，而这些，都将成为百度在移动 O2O 行业变现的资本。

专家提醒

　　O2O 商务的关键是：在网上寻找消费者，然后将他们带到现实的商店中。它是支付模式和线下门店客流量的一种结合(其实，对消费者来说，也是一种"发现"线下营销的机制)，实现了线下的购买。O2O 商务本质上是可计量的，因为每一笔交易(或者是预约，比如在艺龙酒店网上预订客房)都发生在网上。这同网上的单纯目录盈利模式(如淘宝网)明显不同，因为 O2O 支付有助于量化业绩和完成交易等。

1.3.4　移动支付

支付，是电子商务活动的最后一环。智能手机的普及带动了移动互联网的发展，移动互联网的发展推动了移动电商的发展进程，而移动电商业务的发展需要有移动支付做支撑。

随着智能手机的普及，使用手机的时长将会超过使用电脑的时间，随着移动支付技术的发展，促使移动电子商务的成交节点形成，以后移动购物将成为主流。移动支付不仅意味着支付方式的变革，更意味着一种全新的生活方式和商业时代的到来。

现在，移动支付在整个移动互联网中的作用已经越来越明显，互联网系、银行系、电信运营商系已经开始针对移动支付市场展开激烈的交锋。符合消费者对便利性、信息安全性与交易效率性等要求的移动支付，会极大地带动移动商务、促进相关产业的发展。

移动支付论坛(Mobile Payment Forum，MPF)给移动支付的定义为：移动支付(Mobile Payment)，也称为手机支付，是指交易双方为了某种货物或者服务，使用移动终端设备为载体，通过移动通信网络实现的商业交易。移动支付所使用的移动终端可以是手机、PDA、移动 PC 等。

通过移动支付，用户可以使用其移动终端(通常是手机)对所消费的商品或服务进行账务支付，单位或个人还可以通过移动设备、互联网或者近距离传感直接或间接地向银行金融机构发送支付指令，产生货币支付与资金转移行为。移动支付将终端设备、互联网、移动互联网、应用提供商以及金融机构相融合，为用户提供货币支付、缴费等金融业务，实现了移动电商最终的交易环节，如图 1-24 所示。

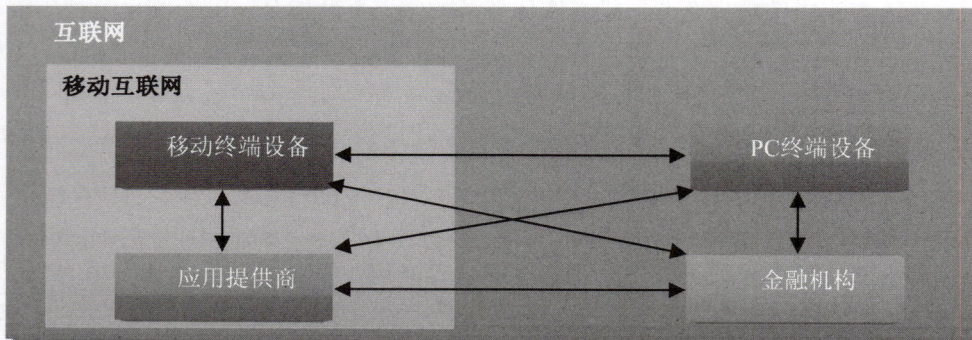

图 1-24 移动支付

随着智能手机和 4G 网络的发展，以支付宝、微信为代表的移动支付开始兴起，并且在短时间内迅速普及在线下，大到传统零售百货，小到街边零档小铺。

例如，掌贝微 POS 就是一个基于移动互联网的商户智能终端，一个帮商户实现智能化、互联网化、大数据化经营的全新 POS，拥有融合收款、卡券营销、微商城、消息管理、经营统计分析等多项功能，如图 1-25 所示。

图 1-25　掌贝微 POS

1.3.5　移动银行

移动银行就是以手机、PAD 和笔记本电脑等移动终端设备作为银行业务平台中的客户端，通过移动互联网连接至银行，来完成某些银行业务。例如，中国建设银行在微信平台推出了 AA 收款游客短信付款功能，拓展了客户日常缴费支付的场景应用，丰富了"悦生活"和短信金融的服务功能。如图 1-26 所示，为中国建设银行的微信公众平台。

在移动互联网时代，用户可以使用手机查账户余额、支付账单、进行转账以及接收付款通知等。

图 1-26　中国建设银行微信的公众平台

建设银行的 AA 收款游客短信付款功能是对原有的 AA 收款功能的进一步优化。收款方在"悦生活"平台发起 AA 收款申请后，付款方只需拥有建行活期储蓄账户，

而无须签约建行短信，即可通过短信对该笔 AA 收款进行付款，且付款成功后，系统会向收款方发送提醒短信。另外，没有开通网银的持卡人直接输入"账号+手机短信验证码"也能付款。

手机银行 AA 收款是主动收款功能的扩充，客户可以通过手机银行同时向多个付款人发起人民币收款申请，付款人可以通过网上银行、手机银行、微信支付等多种渠道进行付款。AA 收款功能提供了聚餐、送礼等群体活动收取参与者分摊费用的场景化应用，便捷高效的转账流程为客户带来更为人性化和场景化的服务体验。

据悉，中国银联、中国电信、中国移动、中国联通等已经在上海、北京、广东等多个省市试点手机支付业务。用户只须将与银行卡绑定的 SD 卡插入手机，就可利用 SD 卡内置的客户端软件进行水电气缴费、话费充值、信用卡还款、购买电影票等。

1.3.6　移动娱乐

移动娱乐，简而言之，就是传统娱乐方式在手机和其他个人数字助理(PDA)等移动通信终端上的应用，如图 1-27 所示。在移动电商时代，用户可以通过移动设备收听音乐，还可以随时下载、订购曲目，并且可以在出行过程中联网玩交互式游戏，包括付费。

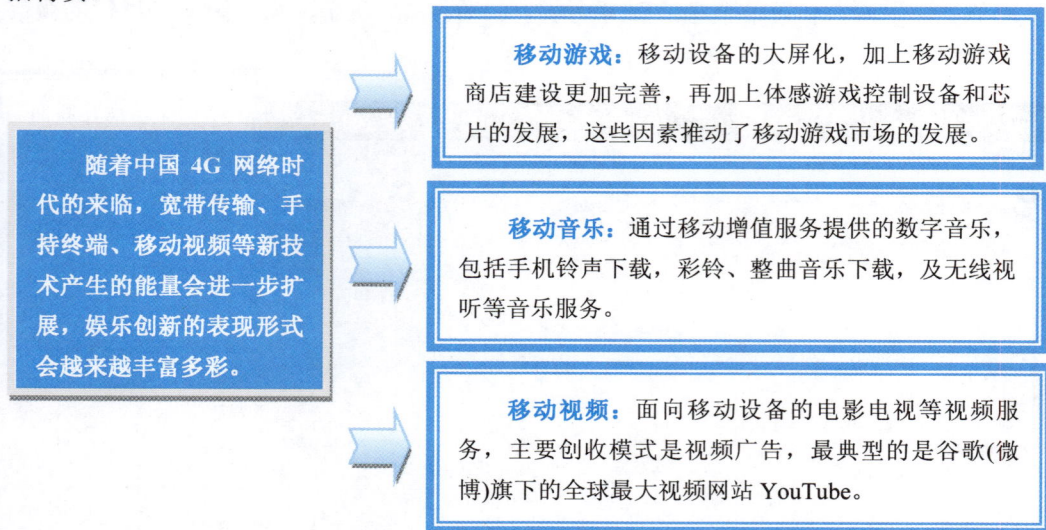

随着中国 4G 网络时代的来临，宽带传输、手持终端、移动视频等新技术产生的能量会进一步扩展，娱乐创新的表现形式会越来越丰富多彩。

移动游戏：移动设备的大屏化，加上移动游戏商店建设更加完善，再加上体感游戏控制设备和芯片的发展，这些因素推动了移动游戏市场的发展。

移动音乐：通过移动增值服务提供的数字音乐，包括手机铃声下载，彩铃、整曲音乐下载，及无线视听等音乐服务。

移动视频：面向移动设备的电影电视等视频服务，主要创收模式是视频广告，最典型的是谷歌(微博)旗下的全球最大视频网站 YouTube。

图 1-27　移动娱乐

例如，麦思移动娱乐(Max Mobile Entertainment Group)集团是一家优秀的移动增值业务及互联网内容提供商，汇集了来自唱片业、娱乐业、传媒业以及电信增值业务等多行业的资深运营专家，为手机用户开发和提供种类丰富的无线内容和应用服务，为运营商、游戏商、手机供应商、唱片公司等同行业产业链公司提供专业的移动娱乐内容的研发、运营、销售以及整合营销推广的一体化营销服务，如图 1-28 所示。

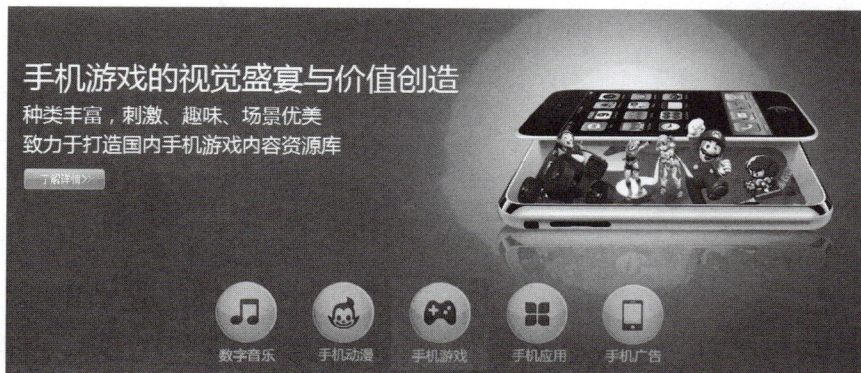

图 1-28　麦思移动娱乐的主要功能

1.3.7　移动订票

移动互联网有助于用户随时核查车(机)票剩余情况，并进行购票和确认，同时，还可以及时获得票价优惠、航班取消等重要信息，成为出行的重要帮手，如图 1-29 所示。

图 1-29　手机购票更优惠

手机订票 APP 是一个全方位的电子商务平台，利用移动互联网与手机的有机结合改造传统门票营销模式，通过整合各地项目资源，借助迅捷的配送渠道和便利的支付手段，同时建立起第三方票务资讯平台、销售平台、支付配送平台、客户服务平台。如图 1-30 所示，为手机订票 APP。

图 1-30　手机订票 APP

通过手机随时随地购买票务，是将移动平台与本地商务、电子商务有效结合的一个极佳的商业模式，将成为移动电商的一个重要趋势。 随着人们消费需求的日益增长，通过手机订票也会变得像购物一样频繁。

专家提醒

　　移动订票的应用为票务行业提供了新的配送途径，将票务配送由"物流"变为"数据流"，用"电子票"取代"实体票"，消费者可以不受时间和空间的限制获得电子票配送服务，而且验票过程对于验票方和客户来说也同样省心省力。移动订票的应用将全面拉动电子票务的市场空间。

1.3.8　无线医疗

　　无线医疗是以信息技术支持医疗卫生服务及管理全过程的医疗卫生行业信息化的整体解决方案，涉及医疗、公共卫生、药品供应、医疗保障、卫生管理等各个领域的信息化。

　　无线医疗以互联网和移动互联网为连接基础，根据对象和应用的不同需要，在 PC、PAD/PDA、智能手机上发展不同的子系统，实现"固移合一、三屏互动、实时互联"， 如图 1-31 所示。

　　传统的医电器材和信息通信(ICT)产品制造商都在积极布局移动医疗市场，开拓新的蓝海商机，不断投入资金来开发可穿戴式医疗装置以及便携式超声波设备等无线医疗设备，不仅使移动医疗生态系统更加完备，还带动了对微控制器(MCU)和各种无线通信半导体元件的需求。

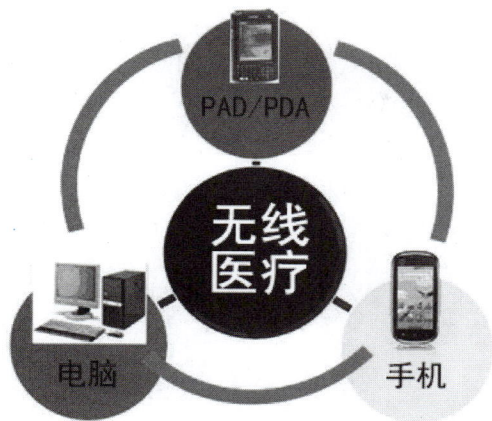

图 1-31　无线医疗

　　随着越来越多的无线医疗应用被开发，将改变过去只能前往医院"看病"的传统治疗方式，让医疗服务无处不在。例如，小米通过智能医疗硬件打造无线医疗模式。一方面，小米不断推出新的智能医疗硬件产品(如图 1-32 所示)，另一方面，小米也在通过投资努力弥补自己在医疗生态上的不足。

　　小米 iHealth 云血压计主打三大功能："即插即压"，"一人测，全家知"，"关心、叮咛和提醒"。用户只须下载配套的"爱家康"APP，即可在手机上使用。提供云同步功能，子女可以及时获知父母的血压状况。

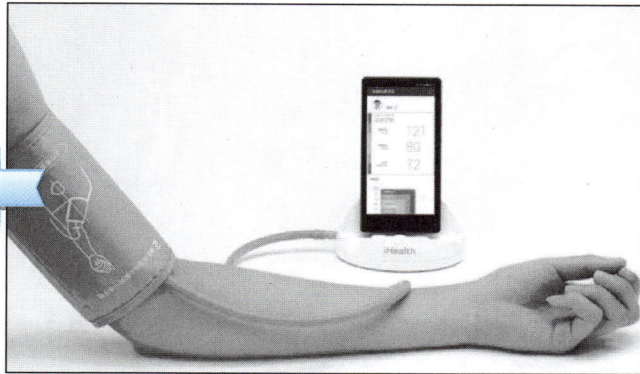

图 1-32　小米的 iHealth 云血压计

　　移动互联网技术与医疗行业的融合，在医疗领域早已不是新鲜事。无线医疗有助于降低医疗成本、并有可能改变传统的治疗模式，在医疗领域掀起一场革命。

探索转型：移动电商将取代传统电商

第2章

随着移动互联网的到来，商业关系正以前所未有的速度发生改变，组织、群体间缔结起复杂的竞合网络，形成全新的竞争格局，悄然改变了商业活动的游戏规则。越来越多的传统企业正在利用收购等方式快速进入移动电商领域，这是觉醒的开始。

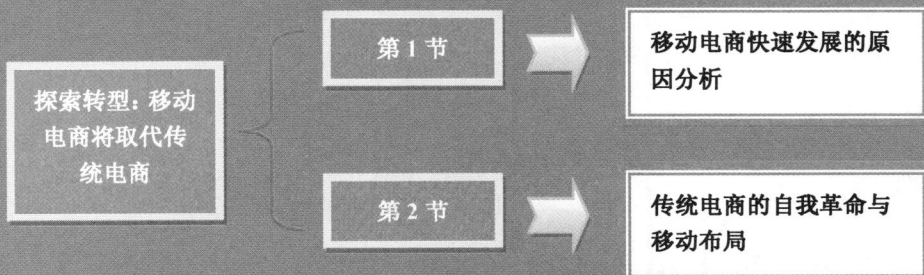

探索转型：移动电商将取代传统电商

第1节　→　移动电商快速发展的原因分析

第2节　→　传统电商的自我革命与移动布局

2.1　移动电商快速发展的原因分析

近年来，移动设备及移动互联网的发展和普及速度令人惊讶，随之也带来了全新的用户习惯和消费模式。本节将列举移动电子商务崛起的 5 个原因。

信息导读

互联网业界有句话："所有还没被互联网改变的行业，终究都将被互联网改变"。如今只要我们想象得到的行业，几乎都正面临传统行业和电商之间的博弈。依靠移动互联网平台的确可以降低渠道成本和人工成本，电商的门槛也更低，因而移动互联网正在不断崛起。

2.1.1　智能移动设备的不断普及

如今，**科技的发展速度在不断加快，引起这些发展变化的主要原因是：移动智能设备正以史无前例的速度发展着**，如图 2-1 所示。

图 2-1　智能手机

从中国智能手机市场的销量上看，2011 年到 2013 年是中国智能手机市场的快速增量时期，市场销量增长迅速。从 2014 年始，中国智能手机的销量增速开始放缓，各大手机厂商也加紧创新销售方式和改变市场策略，开始试水低端机市场或是向海外市场进行扩张，以及加快以手机为核心的智能生态建设。

根据移动互联网大数据监测平台 TrustData 发布的《2015 年 Q3 中国移动互联网行业发展分析报告》和《2015 年双十一中国移动互联网电商行业发展分析报告》，国内市场手机竞争趋于白热化，小米以 0.2% 的优势取代三星，成为第二大手机保有量厂商。

另外，继智能手机之后，平板市场也在重新焕发生机。据 Google/Ipsos 的调查显示，苹果推出 iPad 仅仅 18 个月后，平板在美国家庭的普及率就突破 11%。在这项对比中，没有任何一项技术的增长势头能够如此迅猛。

无论是在全球还是在中国范围内，"人手一机"的景象马上就要到来，根据新数据了解，2015 年，全球智能手机用户数量达到 19.1 亿，2016 年该指数将增长 12.6%，达到 21.6 亿。

在移动互联网接入方面，随着国家鼓励运营商推出流量不清零等优惠政策，相比 2015 年上半年，4G 网络迅速普及，用户增长 3.8%，第三季度占比为 16.2%，反超 2G 和 3G 用户，位居第二。但 WiFi 上网依然是用户首选的上网方式，占 53.7%。

廉价智能手机给新兴市场的营销和商务领域带来了新的机遇，那里许多消费者以前从来没上过网。同时，在成熟市场，智能手机快速促进消费者的媒体使用量，意味着营销人员更要以移动电商为中心。

2.1.2　消费者的移动购买欲增强

当今社会网络化的程度越来越高，而随着人们的需求和社会的发展，移动互联网带来了方便、快捷、畅通的美好体验，无线上网必然是网络发展的趋势，如图 2-2 所示。

如同手机代替固定电话，笔记本代替台式电脑一样，因为他们的共同之点就是快捷、方便，而快捷、方便是现代年轻人追逐的潮流，这也将是未来通信网络时代必争的领域。

图 2-2　移动互联网的春天已经到来

因为消费者就在移动端，而且未来会越来越多，这要求电商企业必须从移动端角度考虑未来的产品，如图 2-3 所示。

信息更精准	根据相关调查显示，Android 和 iPhone 等用户在进行网页搜索时所提供的关键词长度，是使用桌面搜索时的两倍。主要原因在于移动设备的搜索体验还不能与 PC 搜索相比，因此，用户在使用手机时，思维更加专注，进而可以获得更为准确的信息。
消费更冲动	用户使用移动设备进行购物时的心情更为迫切，在得到搜索结果之后，高达 88%的用户在 24 小时之内都会下订单，这些对传统的电商网站来说有很大的指导价值。
形式更简洁	在 PC 端，为消费者提供了品牌的相关内容、社区互动或更多的高级搜索方式；但在移动端，由于其快捷、方便的优势以及操作体验的劣势，因此，其消费形式必须要简洁干净，并排除无关信息，以便消费者快速做出决定。

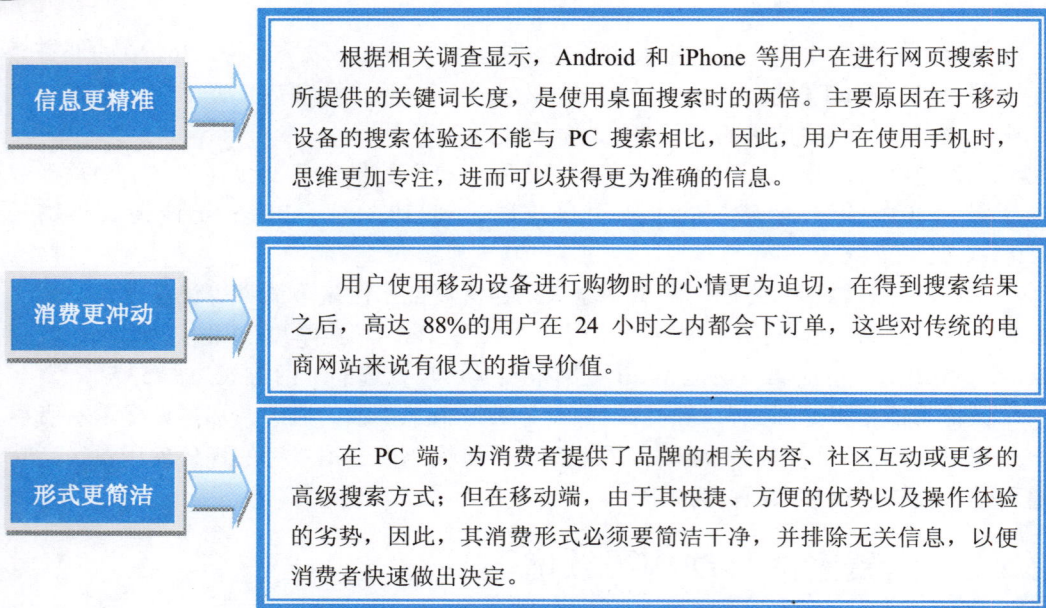

图 2-3　消费者的移动购买欲不断增强的原因

2.1.3　移动电商购物流程在简化

在传统电商时代，互联网上的消费者主要通过网络获取相关的产品和服务的信息，消费者之间缺少互动，呈现出较为独立的个性消费特征，如图 2-4 所示。

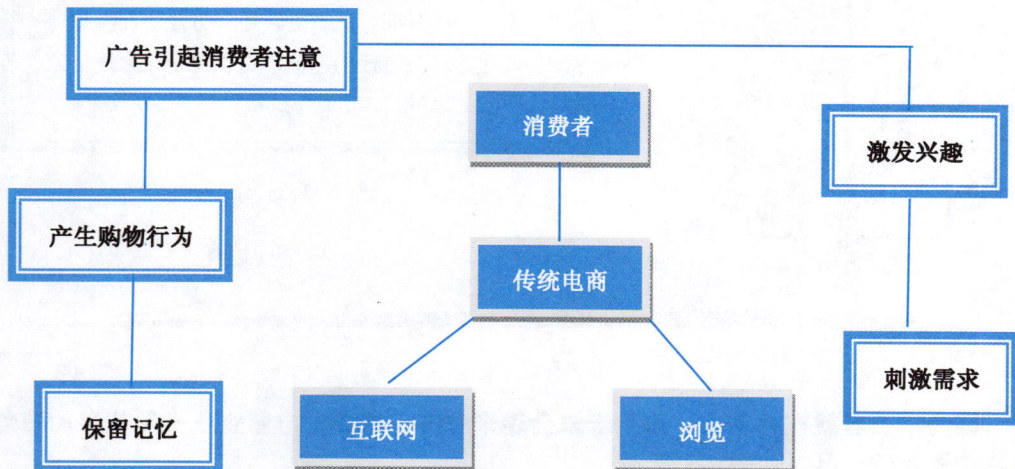

图 2-4　传统电商时代的商业运作模式

移动电子商务改变了传统电子商务的运营模式，它提供给消费者多方位的购物体验。从商业运作模式的角度来讲，移动电商的模式在"最后一公里"的部分发生了实质改变，如图2-5所示。

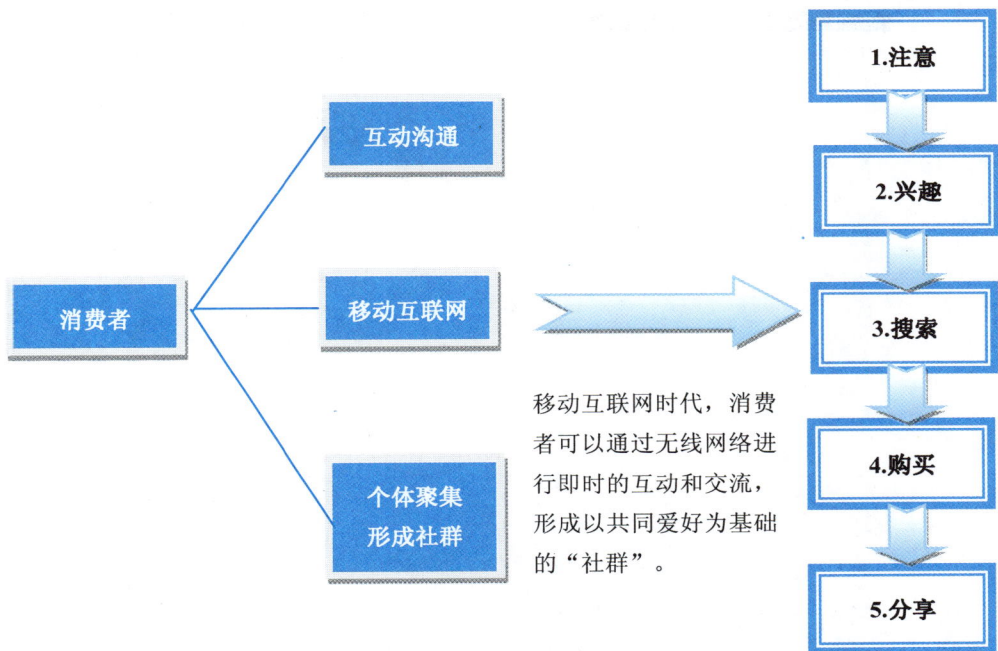

消费者 → 互动沟通

消费者 → 移动互联网

消费者 → 个体聚集形成社群

移动互联网时代，消费者可以通过无线网络进行即时的互动和交流，形成以共同爱好为基础的"社群"。

1.注意 → 2.兴趣 → 3.搜索 → 4.购买 → 5.分享

图 2-5　移动电商的商业运作模式

专家提醒

搜索广告点击率是能够反映消费者意图的一个很重要的指标，高的点击率表明用户提供了更多有价值的搜索，最终会为零售商和广告商带来更多的利益。根据相关的调查显示，移动设备的广告点击率比桌面搜索要高出 45%。

如今，移动互联网发展进入了快车道，网络、终端、用户等方面已经打好了坚实的基础，不盈利的情况已开始改变，移动互联网已融入主流生活和商业社会，货币化浪潮即将到来。

移动互联网在短短几年时间里，已渗透到社会生活的方方面面，产生了巨大影响，但它仍处在发展的早期，"变化"仍是它的主要特征，革新是它的主要趋势。

2.1.4　实现消费信息的无缝对接

在移动电商时代，消费者具有更大的选择空间，而且还提高了他们对产品和服务

的筛选效率，使用户能够更加快捷地查到自己所需要购买的产品，更好地满足了对时间要求较高的顾客群利益。例如，用户可以通过手机随时随地地查询所购买商品的物流信息，如图 2-6 所示。

图 2-6 用手机查物流

又如，当你看到别人穿的衣服很漂亮时，你很心动，想买，拿起手机拍摄衣服上的条码，即可获得该产品的价格、质地、购买入口等详细信息。二维码与 RFID 标签技术(如图 2-7 所示)、图像识别技术、语音识别技术、人脸识别技术、指纹识别技术目前在部分领域已经出现了，而且在移动电商中也会有这类探索性的、具有变革性的场景应用出现。

图 2-7 二维码与 RFID 标签

移动电商通过以消费者为中心的多平台、跨平台数据整合互通，会便于商家针对

消费者提供更为精准有效的针对性服务，对于留存用户、提高用户转化率、复购率都将具有很大的价值，这方面的探索将成为商家们发力移动电商的重要方向。

另外，移动电商在传统电商的基础上，再次对物流、资金流、信息流三者进行了整合优化，并在"互联网+"的影响下，得到了更加迅猛的发展，进一步找到了未来的发展方向。

2.1.5　去中心化的微商逐渐火爆

人的时间概念正在跟随移动互联网和社交网络而变化，当微信、微博成了一种日常生活方式后，你会发现，生活在移动社交网络里的用户，时间越来越碎片化，购物也越来越碎片化，如图 2-8 所示。

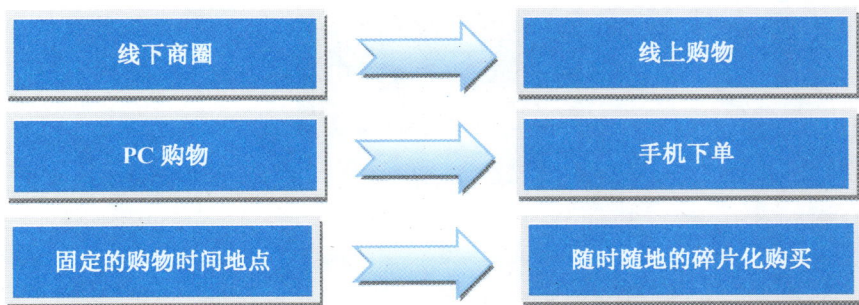

图 2-8　消费者的购物决策和路径都在发生变化

由于电商的快速发展，在淘宝上开店的成本变得越来越高，竞争越发激烈，盈利空间日益缩小；而 B2C 模式的高门槛、高投入，加上普遍的垄断情形及电商行业的细分化趋势，小店家的生存越来越困难。

不过，随着微信、微博等移动社交工具的诞生，这些商家又看到了希望。他们又纷纷转移到社交平台，自己经营起了微店。同时，微电商的火爆，自媒体的繁荣，让"去中心化"成为焦点，如图 2-9 所示。

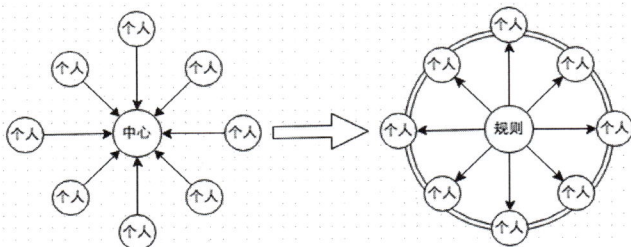

图 2-9　"去中心化"

未来，**移动电商和传统电商巨头会形成一定的互补**。如京东从拍拍网上尝试推出"拍拍"微店这类"去中心"化的产品，利用手机 QQ 的好友关系链，推出好友"拼购"的购物方式，实现"社交化"的消费，而不再是直接分发流量，从而建立"中心化"和"去中心化"共存的布局，如图 2-10 所示。

京东后续还会对手机 QQ 一级入口的板块进行优化，推出更多特色功能。例如，用户可以编辑分享到 QZone 等平台，以 SNS 社区再一次带动商品分享和购物评价，并形成店铺独有形态，全面加强用户粘性并提升用户购物体验。

图 2-10　京东开通手机 QQ 一级入口布局移动电商

专家提醒

微商目前主要有以下两种表现形式，同时这两种模式又将以 B2C 或 C2C 的形式存在。

◆ 以 B2C 模式为主的巨头微商：微信小店、微购物、京东微店等。
◆ 以 B2C 模式为主的第三方微商：微盟旺铺、有赞微商城(基于微信公众号)等。
◆ 以 C2C 模式为主的巨头微商：拍拍微店等。
◆ 以 C2C 模式为主的第三方微商：口袋微店、喵喵微店、有量微店、云街微店等(基于朋友圈)。

2.2　传统电商的自我革命与移动布局

如今，移动电子商务发展非常迅猛，势不可挡，同时，消费市场也由原来以企业为中心过渡到以用户需求为中心的新趋势，这些变化自然会推动传统电商模式必须适应以移动互联网用户需求为中心的延伸及产业的正常升级。

信息导读

眼下，困扰各大传统电商的难题是如何从基于 PC 端的传统电商顺利向移动电商转型，跟得上移动技术发展趋势而重构组织形态、供应链体系的电商将赢得未来，而固守传统电商业务不做变革只求延伸的电商有可能会被淘汰出局。

2.2.1 传统电商巨头纷纷布局移动端

IDC(International Data Corporation，国际数据公司)认为，移动电子商务市场的发展不会是简单地由 PC 端向移动端迁移的过程，而将是一场以个人消费者为中心的产业模式重构，如图 2-11 所示。

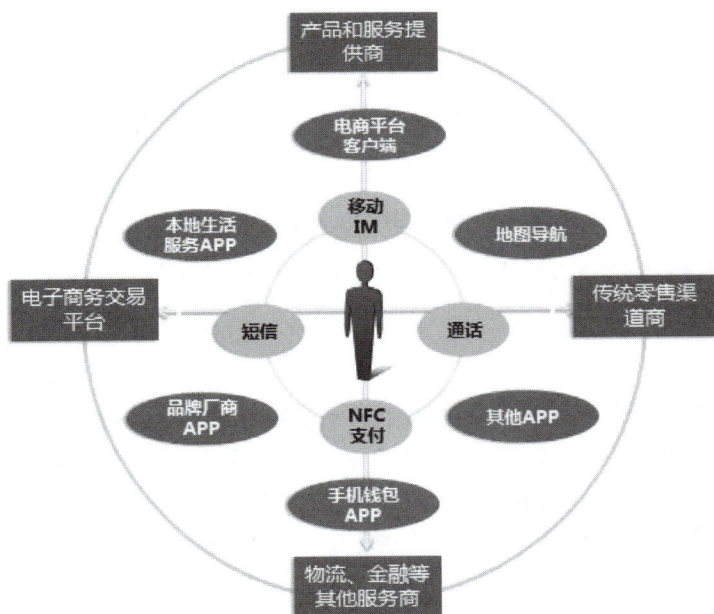

来源：IDC，2014

图 2-11　移动电商重构产业模式

移动电商市场吸引了许多竞争者，如 PC 互联网时代的电子商务强者淘宝、京东等，跃跃欲试借助 O2O 转型的银泰、万达等传统零售巨头，甚至是海尔、联想、保洁等品牌厂商。**在移动电商模式下，对个人消费者本身的争夺将逐步替代流量入口之争，成为产业各方获得竞争优势的关键。**

电商企业巨头们对于移动电商这一块的重视和采取的动作特别多，而且在移动无线端的电商布局更是让很多电商企业对手们无不震惊，纷纷紧跟其后，力争布局更广，如图2-12所示。

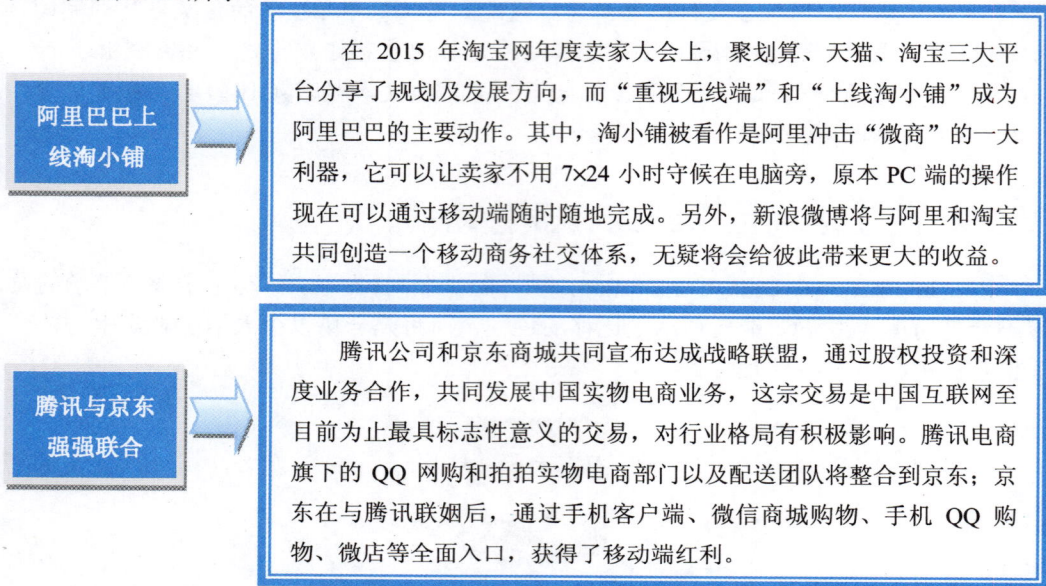

阿里巴巴上线淘小铺	在 2015 年淘宝网年度卖家大会上，聚划算、天猫、淘宝三大平台分享了规划及发展方向，而"重视无线端"和"上线淘小铺"成为阿里巴巴的主要动作。其中，淘小铺被看作是阿里冲击"微商"的一大利器，它可以让卖家不用 7×24 小时守候在电脑旁，原本 PC 端的操作现在可以通过移动端随时随地完成。另外，新浪微博将与阿里和淘宝共同创造一个移动商务社交体系，无疑将会给彼此带来更大的收益。
腾讯与京东强强联合	腾讯公司和京东商城共同宣布达成战略联盟，通过股权投资和深度业务合作，共同发展中国实物电商业务，这宗交易是中国互联网至目前为止最具标志性意义的交易，对行业格局有积极影响。腾讯电商旗下的 QQ 网购和拍拍实物电商部门以及配送团队将整合到京东；京东在与腾讯联姻后，通过手机客户端、微信商城购物、手机 QQ 购物、微店等全面入口，获得了移动端红利。

图 2-12　传统电商巨头纷纷布局移动端

除了这几家巨头企业，绝大多数电商也都已经盯准了移动端的战场，并开始了"真刀真枪的移动争夺战"。

专家提醒

各大企业需要注意的是，由于基于固定 PC 互联网的电子商务与移动电子商务拥有不同特征，移动电子商务不可能完全替代传统电子商务，两者是相互补充、相辅相成的。移动通信所具有的灵活、便捷的特点，决定了移动电子商务应当定位于大众化的个人消费领域，应当提供大众化的商务应用。

2.2.2　传统电商如何转型为移动电商

随着移动互联网的迅速发展，电子商务也进入了各种移动终端设备中。作为一种新型的电子商务方式，移动电子商务充分利用了无线网络的优点，满足了人们随时随地购物的需求，因此得到了迅猛发展。

据中国电子商务研究中心(100EC.CN)监测数据显示，2015 年上半年中国移动网购交易规模达到 8421 亿元，依然保持快速增长的趋势。从 2015 年上半年移动购物市场来看，阿里无线占据了第一的位子，达 80.1%；手机京东排名第二，占 10.7%；手机唯品会占据第三，份额为 2.6%；4~10 名分别是：手机苏宁易购(1.8%)、手机 1 号店(0.6%)、手机国美在线(0.5%)、手机聚美优品(0.4%)、手机当当(0.3%)、手机亚马逊(0.25%)、买卖宝(0.2%)；另外，截止 2015 年 6 月底，中国网购用户规模达 4.17 亿人，而 2014 年上半年达 3.5 亿，同比增长了 19.1%。

随着移动互联网的异军突起，智能终端的强势逆袭，以及电子商务的快速发展，吸引了众多传统企业纷纷踏上了移动电商之路，移动电商已经成为传统企业转型升级的必然趋势了。那么，传统企业转型电商之路该如何走？如图 2-13 所示。

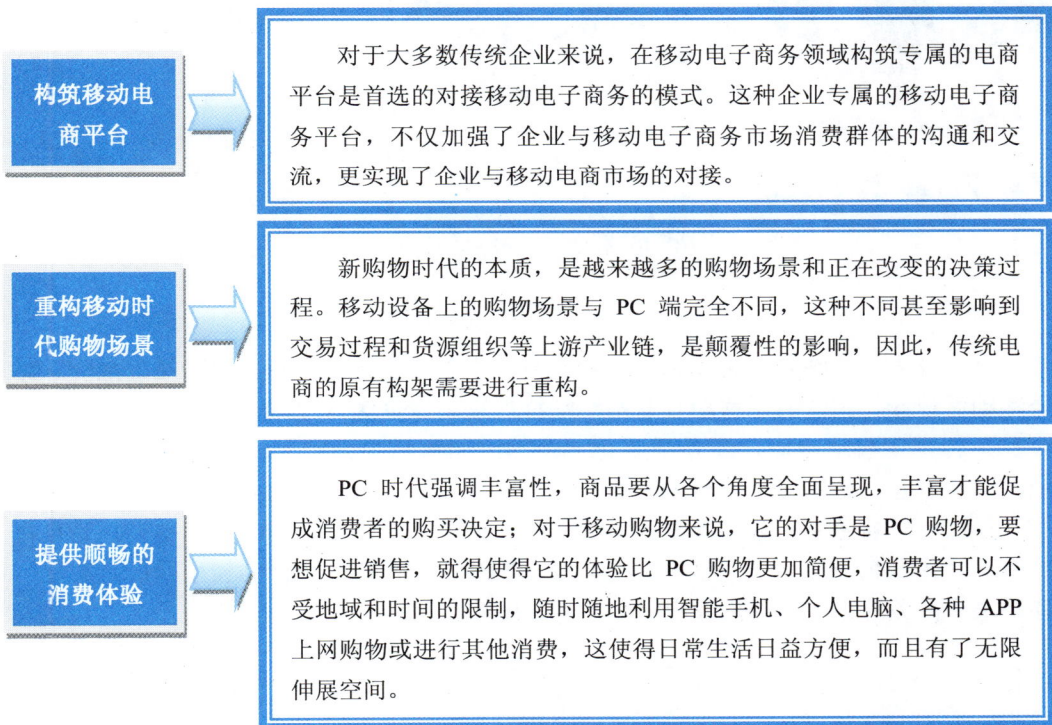

构筑移动电商平台　对于大多数传统企业来说，在移动电子商务领域构筑专属的电商平台是首选的对接移动电子商务的模式。这种企业专属的移动电子商务平台，不仅加强了企业与移动电子商务市场消费群体的沟通和交流，更实现了企业与移动电商市场的对接。

重构移动时代购物场景　新购物时代的本质，是越来越多的购物场景和正在改变的决策过程。移动设备上的购物场景与 PC 端完全不同，这种不同甚至影响到交易过程和货源组织等上游产业链，是颠覆性的影响，因此，传统电商的原有构架需要进行重构。

提供顺畅的消费体验　PC 时代强调丰富性，商品要从各个角度全面呈现，丰富才能促成消费者的购买决定；对于移动购物来说，它的对手是 PC 购物，要想促进销售，就得使得它的体验比 PC 购物更加简便，消费者可以不受地域和时间的限制，随时随地利用智能手机、个人电脑、各种 APP 上网购物或进行其他消费，这使得日常生活日益方便，而且有了无限伸展空间。

图 2-13　传统电商如何转型为移动电商

例如，国内女性快时尚电商平台"美丽说"发布的新版移动客户端对在对原有频道进行调整的基础上，新增加了搭配频道。美丽说"分类找宝贝"功能进行了较大幅度的改版，用户在新版中可以更直接地通过图片获取当季最流行的服装元素，可以更容易地根据自己的需求选择自己中意的时尚商品，节省了大量的浏览挑选时间，如图 2-14 所示。

另外，根据美丽说官方数据显示，其在移动端的月度覆盖用户数已达到了 874.4 万，订单占比达到 70%。据悉，在美丽说开店的商家已经超过一万家，每天新上架的货品达到近十万件，单日最高货品销售量已超过五十万件，而此次改版也是为了更好地满足众多商家和消费者的使用需求。

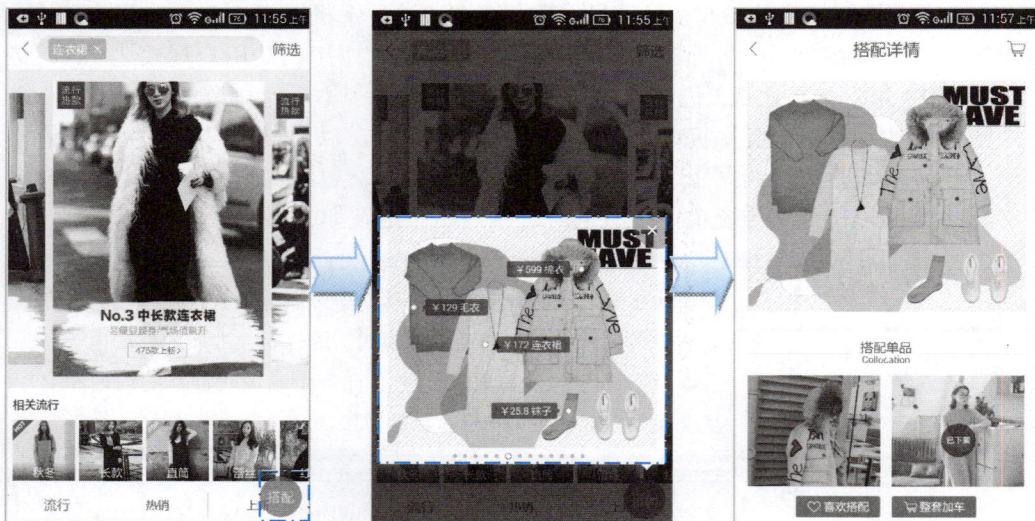

图 2-14 "美丽说"的搭配功能

总体说来，**传统企业转型移动电商之路，主要是由传统电商在移动端的延伸、结合移动做设计、完全利用移动互联网终端特性重新定位这 3 个阶段组成。**传统企业想要真正转型为移动电商，还是需要花一定的时间和精力去实现，需要慢慢地积累经验，不可着急，稳步前进才是硬道理。

移动电子商务的迅猛发展，虽然给传统企业带来了一定的冲击，但更多的是难得的机遇。传统企业应当把握这次难得的发展机遇，积极推进企业的转型升级，实现与移动电子商务的融合发展，顺应时代潮流发展的新趋势。

2.2.3 移动电商不是简单地复制 PC 模式

传统电商的发展虽然取得了令人瞩目的成绩，但由于应用场景比较单一，因此电商们可发挥的余地有限。而当载体从 PC 转移到智能手机等移动设备以后，因移动设备方便携带，电商的发展空间便更大了。

起初，传统电商企业们都将移动电商设想得很美好，其移动业务通常就是 PC 端简单地向移动端平移，只是把移动端当成其在 PC 端的一个卖货渠道，产品模式和购物体验基本上还是在延续 PC 时代的。然而，这种做法却难以成功，传统电商中那些繁琐的导航栏、漫无目的信息推送，就连设计者自身都不忍心去用。

所以，从 PC 端到移动端，绝不是一个简单的复制过程，电商们要面对的不仅是消费者对体验需求的改变，更有未开启的市场培育乃至服务的完善。

例如，腾讯系电商在移动领域的表现中，易迅网、QQ 网购反而没有社交产品微信的反响大。据悉，易迅网现在来自移动端的营收不超过 10%。即使没有推广，移动业务成长速度也比 PC 端快。然而，微信给易迅网提供了很好的基础，结合微信、财付通，未来易迅网能给用户提供一个给用户体验更优的移动系统。

微信购物展示出了一个不一样的玩法，它基于社交关系，使移动电商衍生出一个新的生态模式，即"PC 时代靠搜索，移动时代靠社交"。在移动互联网时代，微信有可能再造 QQ 在桌面时代的辉煌，社交已经成为移动互联网时代最主要的应用，如图 2-15 所示。

夜晚9：00～12：00手机用户使用的APP使用时长Top5

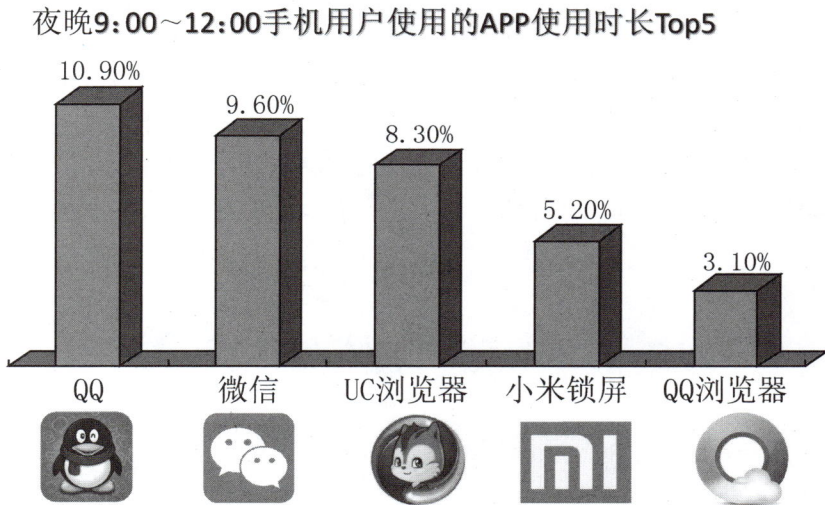

图 2-15　社交已经成为移动互联网时代最主要的应用

互联网(尤其是移动互联)的出世，让大众的社交更容易、更密切、更频繁。消费者购物时希望能得到亲人、朋友、意见领袖的推荐和参考意见。电子商务企业也能够在社交过程中对消费者进行精准化营销和个性化服务。

在移动互联网飞速发展的背景下，中国智能手机用户正在逐渐形成新的资讯获取与社交习惯。例如，一个朋友圈正在谈论某种美食时，如果把相关美食的菜谱、食材、餐馆、相关文化背景等及时但非干扰式地推荐给这个朋友圈，被接受的程度就会很高。

社交化、去中心化的微信购物生态会很好地推动移动电商长尾化发展，即便是中小电商创业者也能有很好的成长空间，同时，也让用户口碑成为商家和品牌的决定性因素，让商业生态走向正向发展。

微信最大的特点是高频和碎片化时间利用，微信购物也继承了母体的特征，平台

的类目转化率、运营策略、活动策略等都是全新的领域。在朋友圈里生活，在购物圈里购物，微信用户的行为习惯会逐步适应这样的转变，这个独特的生态模式给我们一个以人为中心的移动电商未来启示。

记得在 2014 刚开年，移动互联网就被嘀嘀和快的两款打车应用搅得天翻地覆，他们通过赤裸裸的现金营销，在短时间内为企业带来了井喷式的用户增长，而这种威力无穷的效果型营销方式，由于超高的成本门槛，让一干同行红了眼睛，望尘莫及。

对此，房地产同时也出现了类似的营销方式。例如，乐居二手房在全国 50 座城市进行为期 14 天的"话费客源送不停"活动，投入了千万，推广一款房产经纪人专用手机软件——"房牛加"。金钱的刺激加上简单的参与方式，使得"房牛加"在活动开始仅 4 天时间内，便获得近 15 万下载量，已经通过"房牛加"后台审核的认证经纪人达到 12 万人。

同时，"房牛加"融合乐居 PC 端和微信、微博、百度、新浪资源帮助，经纪人只需一键就能完成在乐居、百度乐居、微博乐居、微信乐居、手机乐居、口袋乐居等 6 个平台的同步推广。通过移动、互动、联动的移动电商推广方式，乐居二手房不但提高了房源曝光率，还增加了客户成交量，如图 2-16 所示。

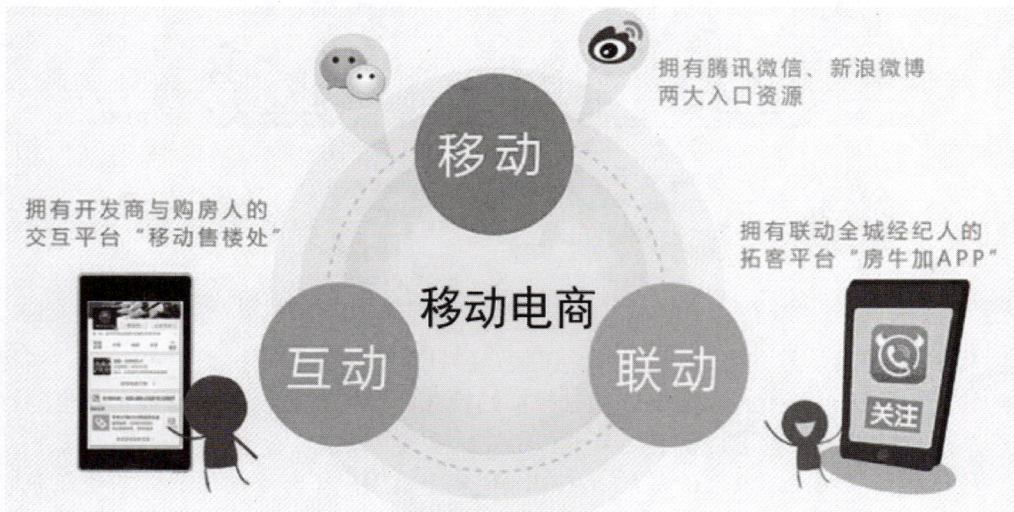

图 2-16 乐居二手房的移动电商模式

不过，现金营销只是帮企业把用户领进门。而最终长期占有用户的根本，一定是产品是否能够站在用户角度充分满足其实际需求，而房牛加的立足点，就是帮所有房产经纪使用者赚到钱。

又如，凡客诚品在移动端实行的是多元化打法，不仅是手机 APP，在微信、手机地图、第三方导购等移动互联网平台均有涉足。凡客移动 APP 现在的活跃用户数超过 1000 万，占凡客全部用户量的三分之一，移动 APP 的订单超过凡客全部单量的 20%。微信方面，凡客诚品曾推出 3 个公众账号，"凡客诚品官方网站"、"凡客诚品"和"凡客达人"(如图 2-17 所示)，用户量不大，增长率很快，订单转化率能到 8%以上。

图 2-17　凡客诚品推出的 3 个微信公众账号

微信购物突显了关注店铺等个人性元素，消费者可以关注自己喜欢的商家，这样就推动了商家的口碑正向积累和发展，平台的红利和商家的神通可以产生叠加营销效应。从微信的成功来看，移动电商更多基于购物数据挖掘的个性化，而去中心化、个性化都是生态建设的核心能力。

2.2.4　BAT 巨头的移动电商入口之战

PC 互联网时代，百度、阿里巴巴、腾讯分别扼住了信息入口、商务入口以及关系入口。面对庞大且高速增长的移动互联市场，三大互联网巨头急欲将 PC 时代的入口优势复制到移动端。

纵观三大互联网巨头的移动卡位战，不难发现，对于移动端的跑马圈地，三方仍是基于原有优势的布局延展，百度驰骋于搜索、腾讯矢志于社交、阿里痴迷于电商。只是由于移动端的渠道特性不同于 PC 端，三家方式略有不同。

1. 阿里：平台模式

目前看，阿里的移动端仍是 PC 平移的做法，把用户吸引到手机和平板上来消费，但利益实现方式与 PC 端无异，玩法也差不多——搭建电商平台，一方面稳住用

户，一方面聚拢商家，同时对电商类应用开发者具有吸引力。阿里在移动端一直被贴上落后和无序的标签，不过其巨大的体量和上市的光辉让人们也几乎忽略了这一点。

阿里的移动端布局主要表现在 3 个方面，如图 2-18 所示。

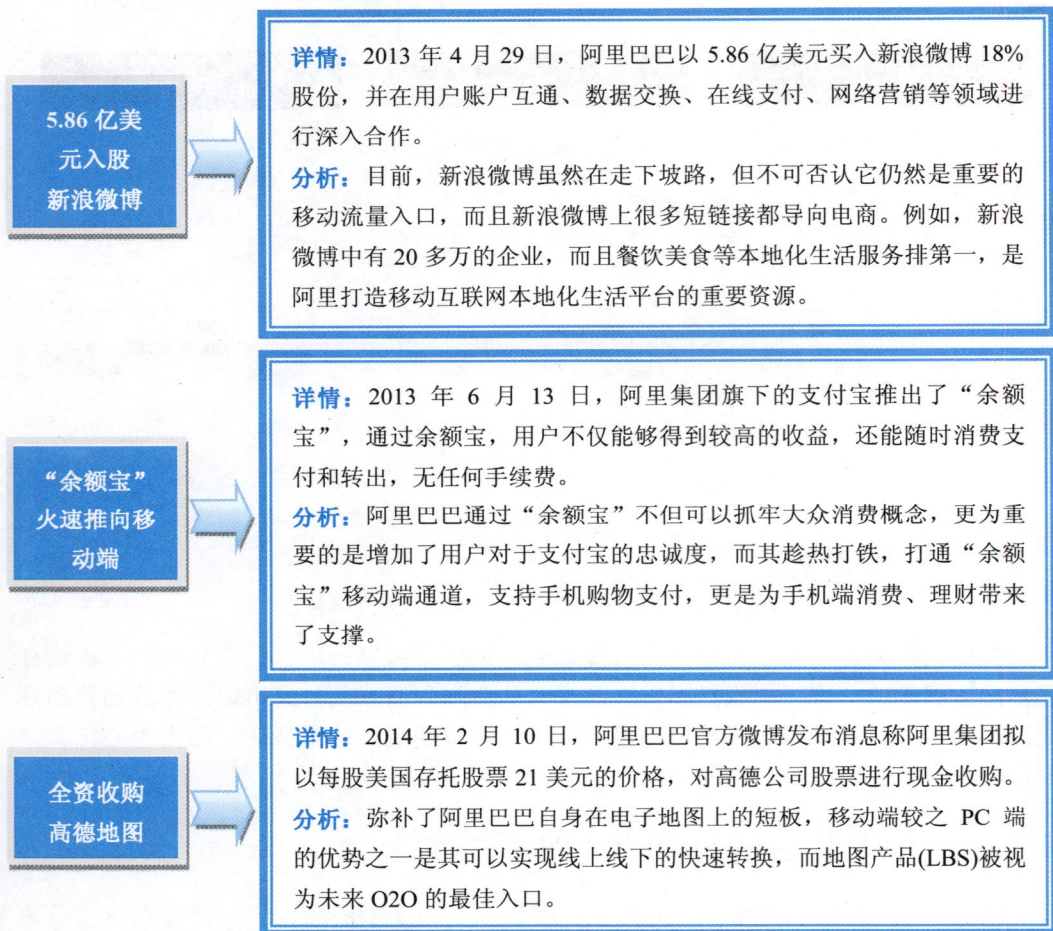

5.86 亿美元入股新浪微博	**详情：** 2013 年 4 月 29 日，阿里巴巴以 5.86 亿美元买入新浪微博 18% 股份，并在用户账户互通、数据交换、在线支付、网络营销等领域进行深入合作。 **分析：** 目前，新浪微博虽然在走下坡路，但不可否认它仍然是重要的移动流量入口，而且新浪微博上很多短链接都导向电商。例如，新浪微博中有 20 多万的企业，而且餐饮美食等本地化生活服务排第一，是阿里打造移动互联网本地化生活平台的重要资源。
"余额宝"火速推向移动端	**详情：** 2013 年 6 月 13 日，阿里集团旗下的支付宝推出了"余额宝"，通过余额宝，用户不仅能够得到较高的收益，还能随时消费支付和转出，无任何手续费。 **分析：** 阿里巴巴通过"余额宝"不但可以抓牢大众消费概念，更为重要的是增加了用户对于支付宝的忠诚度，而其趁热打铁，打通"余额宝"移动端通道，支持手机购物支付，更是为手机端消费、理财带来了支撑。
全资收购高德地图	**详情：** 2014 年 2 月 10 日，阿里巴巴官方微博发布消息称阿里集团拟以每股美国存托股票 21 美元的价格，对高德公司股票进行现金收购。 **分析：** 弥补了阿里巴巴自身在电子地图上的短板，移动端较之 PC 端的优势之一是其可以实现线上线下的快速转换，而地图产品(LBS)被视为未来 O2O 的最佳入口。

图 2-18　阿里的移动端布局

另外，阿里巴巴还开发了移动版支付(支付宝钱包)、淘宝、旺旺等，发展很快。

为了缓解在移动互联网飞速发展背景下的焦虑，阿里巴巴把目光投向了另一个领域——生活服务，阿里巴巴对其做了一系列收购战略，如丁丁、美团、陌陌、新浪微博、高德地图，范围横跨社交和生活服务。

不过，阿里巴巴的移动战略基本上都是采用守势，即进行防御性收购，拉抬声势，通过拉近与收购标的物的关系，探索移动端进一步的可能。

2. 腾讯：产品模式

众所周知，**腾讯通过微信最先拿到了"移动互联网门票"，其移动产品遍布 11 个移动领域，其中社交通信类具有市场影响力。**腾讯是移动互联网时代的唯一宠儿，动手早，推进迅速，在实施移动互联网战略方面毫不迟疑，成为毫无争议的第一个移动互联网巨人。腾讯的移动端布局主要表现如图 2-19 所示。

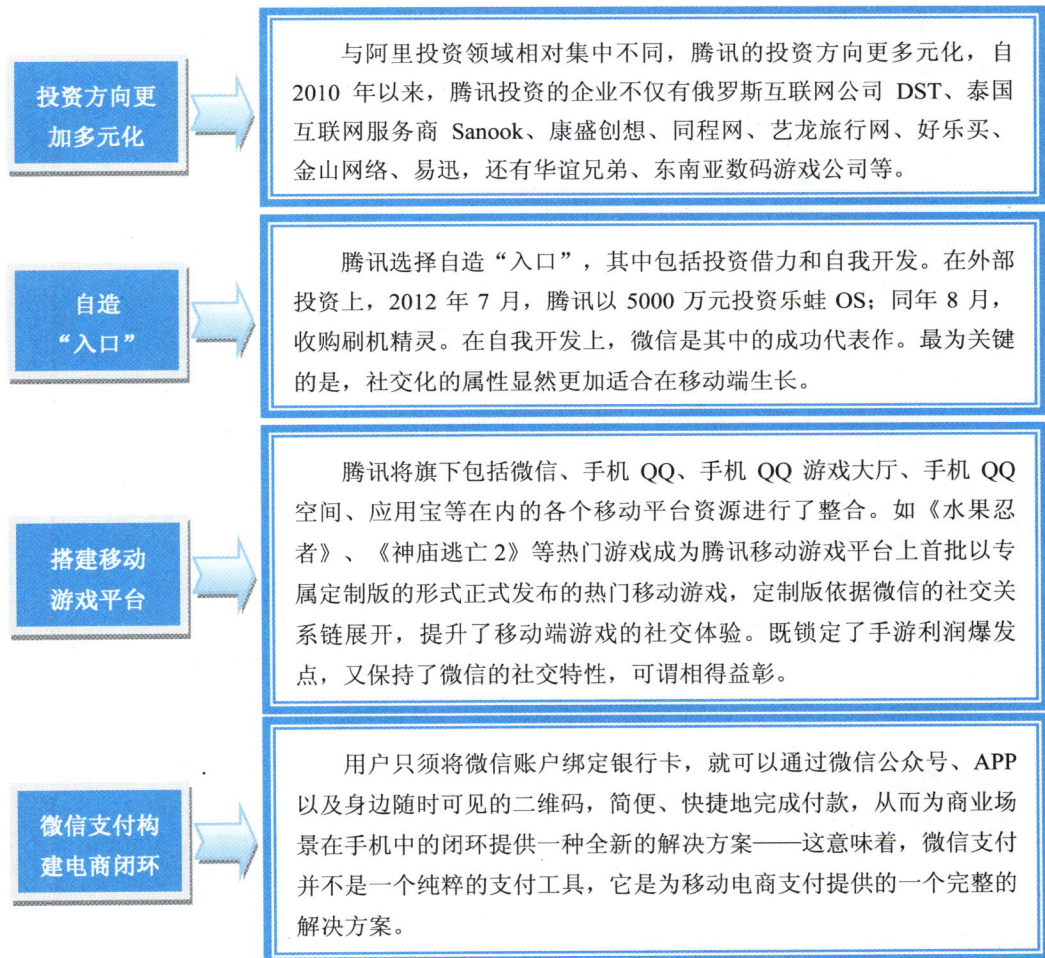

投资方向更加多元化	与阿里投资领域相对集中不同，腾讯的投资方向更多元化，自 2010 年以来，腾讯投资的企业不仅有俄罗斯互联网公司 DST、泰国互联网服务商 Sanook、康盛创想、同程网、艺龙旅行网、好乐买、金山网络、易迅，还有华谊兄弟、东南亚数码游戏公司等。
自造"入口"	腾讯选择自造"入口"，其中包括投资借力和自我开发。在外部投资上，2012 年 7 月，腾讯以 5000 万元投资乐蛙 OS；同年 8 月，收购刷机精灵。在自我开发上，微信是其中的成功代表作。最为关键的是，社交化的属性显然更加适合在移动端生长。
搭建移动游戏平台	腾讯将旗下包括微信、手机 QQ、手机 QQ 游戏大厅、手机 QQ 空间、应用宝等在内的各个移动平台资源进行了整合。如《水果忍者》、《神庙逃亡 2》等热门游戏成为腾讯移动游戏平台上首批以专属定制版的形式正式发布的热门移动游戏，定制版依据微信的社交关系链展开，提升了移动端游戏的社交体验。既锁定了手游利润爆发点，又保持了微信的社交特性，可谓相得益彰。
微信支付构建电商闭环	用户只须将微信账户绑定银行卡，就可以通过微信公众号、APP 以及身边随时可见的二维码，简便、快捷地完成付款，从而为商业场景在手机中的闭环提供一种全新的解决方案——这意味着，微信支付并不是一个纯粹的支付工具，它是为移动电商支付提供的一个完整的解决方案。

图 2-19　腾讯的移动端布局

一直以来，腾讯希望能赋予微信诸多功能，使之成为庞大的在线应用平台，最大化地发挥腾讯的价值。例如，从大众点评到嘀嘀打车，腾讯加诸微信之上的应用越来越多。此外，腾讯在浏览器、新闻客户端等方面，也是最重要的参与者。

3. 百度：产品+平台模式

相较于阿里巴巴和腾讯，**百度对未来与移动的想法，仍是以搜索思维切入，其中尤以视觉搜索、语义识别、APP 内搜索等面向未来的前沿移动搜索技术为最。**

另外，百度是移动互联网企业中拥有领导力产品最多的一个，在搜索、地图、视频和 APP 商店四个领域都具有市场领导力，这四大领域同时也是百度移动布局中的四大战略领域。除了搜索和地图等传统的核心应用外，百度在移动端布局的主要表现如图 2-20 所示。

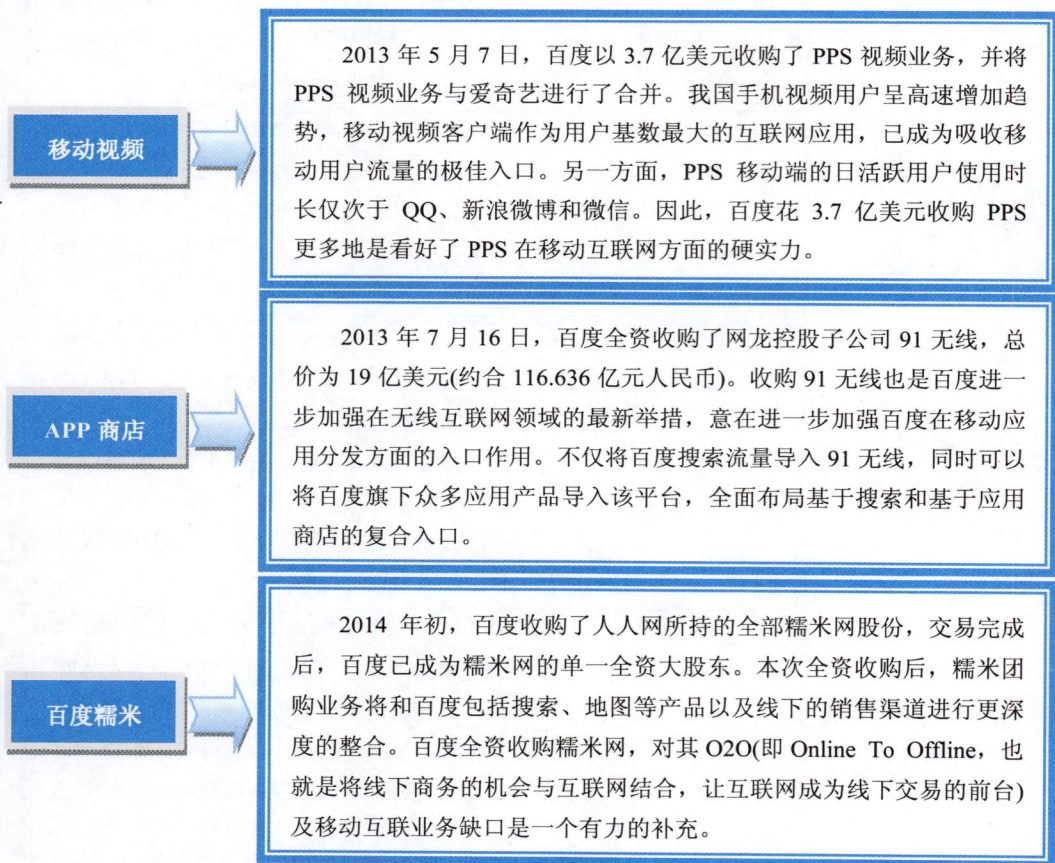

移动视频 ⇒ 2013 年 5 月 7 日，百度以 3.7 亿美元收购了 PPS 视频业务，并将 PPS 视频业务与爱奇艺进行了合并。我国手机视频用户呈高速增加趋势，移动视频客户端作为用户基数最大的互联网应用，已成为吸收移动用户流量的极佳入口。另一方面，PPS 移动端的日活跃用户使用时长仅次于 QQ、新浪微博和微信。因此，百度花 3.7 亿美元收购 PPS 更多地是看好了 PPS 在移动互联网方面的硬实力。

APP 商店 ⇒ 2013 年 7 月 16 日，百度全资收购了网龙控股子公司 91 无线，总价为 19 亿美元(约合 116.636 亿元人民币)。收购 91 无线也是百度进一步加强在无线互联网领域的最新举措，意在进一步加强百度在移动应用分发方面的入口作用。不仅将百度搜索流量导入 91 无线，同时可以将百度旗下众多应用产品导入该平台，全面布局基于搜索和基于应用商店的复合入口。

百度糯米 ⇒ 2014 年初，百度收购了人人网所持的全部糯米网股份，交易完成后，百度已成为糯米网的单一全资大股东。本次全资收购后，糯米团购业务将和百度包括搜索、地图等产品以及线下的销售渠道进行更深度的整合。百度全资收购糯米网，对其 O2O(即 Online To Offline，也就是将线下商务的机会与互联网结合，让互联网成为线下交易的前台)及移动互联业务缺口是一个有力的补充。

图 2-20 百度的移动端布局

与腾讯、阿里不同的是，百度并不依赖单一的拳头产品，而是把握住移动互联网时代的用户在使用时间、需求上的碎片化和垂直化特点，打造出一个产品矩阵，而且将产品做成能力，比如搜索、LBS，并让这样的能力形成合力，直至产生聚变。

2.2.5 以跨界思维重构移动电商模式

传统企业在面对互联网趋势的冲击时，需要具备以下思维：移动互联网微营销思维；从客户思维到用户思维的转变；资本思维；跨界思维。

互联网带来的跨界浪潮正以前所未有之势颠覆传统行业，互联网作为一个产业将会消失，因为所有产业都将会互联网化。如今，企业之间、行业之间的疆界将被完全打破，门口的"野蛮人"跨界而来，这是一个超过万亿美元的巨大商机，也是一次产业格局大洗牌的机会。

移动互联网是当前的时代趋势，已经势不可挡，对传统企业的改造在碰撞和融合中悄然发生，企业间、产业间跨界合作将会无处不在。尤其是 BAT 巨头们的动作，常被看作是业界的风向标，如百度 200 亿元投给糯米，阿里 283 亿元砸向苏宁，而这两轮大手笔投资也早已不是 BAT 们的第一次。

移动电商本身就是一次介于传统商业和移动互联网之间的跨界，但在这里，跨界意指单纯业务上的跨界。例如，拥有较高流量优势的滴滴打车介入代驾市场，轻而易举就给 E 代驾致命一击，如图 2-21 所示。

图 2-21　滴滴打车的代驾功能

随着竞争的白热化，代驾市场的格局将在一个短暂的剧烈波动期之后，重新进入一个稳定期，呈现出一个全新的格局。在这个全新的格局里，强势发展的滴滴代驾必然将获得更多的市场份额与用户。这一点已可从滴滴代驾的未来规划上看出来。

如果反过来分析，E 代驾若具有与滴滴打车相抗衡的用户数量，当用户习惯这个

移动用车入口之后，再增添附加的打车业务，就会与滴滴形成抗衡之势。所以，做移动电商如果没有跨界思维，仅仅专注于一个行业，不能朝上下游延伸，不懂得跨行业打劫，就随时都有被吞并的危险。

所谓跨界思维，就是大世界、大眼光，用多角度，多视野地看待问题和提出解决方案的一种思维方式，不仅代表着一种时尚的生活态度，更代表着一种新锐的世界大眼光和思维特质。跨界应该是现在移动互联网上谈论最多的思维模式，包括从最开始的苹果跨界进入手机行业，颠覆诺基亚；微信跨界进入通信领域，颠覆运营商的语音和短信业务；到现在如火如荼的互联网金融颠覆传统银行的巨大影响。

例如，以快递业务起家的顺丰速运，无论在快递传送时效上，还是传输的安全可靠性等行当要求的服务品质上，都走在了行业的前面。然而顺丰速运并不满足于此，开始着手进行许多传统快递业务之外的拓展，并且已经卓有成效。

顺丰速运已与天鸽互动达成战略合作，拟在电商业务领域实现资源互补，融合线上线下多渠道运作，推动其多元化战略布局。天鸽互动是国内最大的视频社交平台，包括八个"多对多"实时社交视频社区，以及一个"一对多"社区——"新浪秀场"，如图 2-22 所示。

图 2-22 "新浪秀场"移动端应用

天鸽互动的强项一个在于电商架构运营，它的微店业务运作的成绩是有目共睹的。且天鸽互动也正在开发专属微信商城和微信的 APP，开启微商模式。而以快递业务为强硬本行的顺丰速运将基于此，提供物流解决方案，将旗下顺丰优选和嘿客等自营平台作为微店分销产品，实现线上分销，促进自身快递业务量的提升。

跨界同一行业中不同的细分领域，能在短时间内提高用户转化效率。强者会变得更强，这种马太效应必将催生不同行业里的移动电商巨头。

商业模式：移动时代的电商运营制胜法则

第 3 章

伴随着智能手机的普及和 4G 技术的推广，移动互联网时代已经不约而至，O2O、P2P 等一系列新词不禁让人眼花缭乱。在这些喧嚣背后，移动互联网时代的到来对我们到底意味着什么？它的背后到底有何不同？本章将告诉你移动互联网时代的商业模式。

商业模式：移动时代的电商运营制胜法则

第 1 节	移动互联网时代的商业模式
第 2 节	移动 B2B 电子商务模式
第 3 节	移动 B2C 电子商务模式
第 4 节	移动 C2C 电子商务模式
第 5 节	移动 O2O 电子商务模式

3.1 移动互联网时代的商业模式

众所周知，相对于传统互联网而言，移动互联网最大的特点就是"随时随地满足个性化的需求"。所有的商业模式都应该围绕着满足"随身、随时、随需"的特点来做文章。

> **信息导读**
>
> **互联网思维这个词很高大上，然而回归本质，讨论的其实只是在互联网时代用怎样的思维去做好生意的问题。** 如今，我们已经迎来了移动互联网时代，是应该好好分析一下在移动互联网时代用怎样的思维去做好生意的时候了，这就要思考移动互联网时代的商业模式。

3.1.1 认识移动电商的商业模式

商业模式是管理学的重要研究对象之一，MBA、EMBA 等主流商业管理课程均对"商业模式"给予了不同程度的关注。在分析商业模式的过程中，主要应关注一类企业在市场中与用户、供应商、其他合作伙伴的关系，尤其是彼此间的物流、信息流和资金流，其定义如图 3-1 所示。

商业模式：商业模式是指创业者的创意与商业构思，即通过什么途径或方式来赚钱
- 能够产生收入和利润的商业机制
- 企业运营业务、创造利润的模式

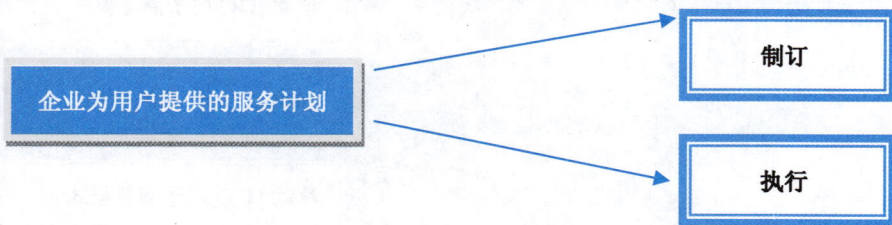

企业为用户提供的服务计划 → 制订

企业为用户提供的服务计划 → 执行

图 3-1　认识商业模式

商业模式是一种包含了一系列要素及其关系的概念性工具，用以阐明某个特定实体的商业逻辑，它描述了公司所能为客户提供的价值以及公司的内部结构、合作伙伴网络和关系资本(Relationship Capital)等用以实现(创造、推销和交付)这一价值并产生可持续盈利收入的要素。

随着基于互联网的电子商务被广为应用，移动技术也取得了很大的发展，移动电商也随之兴起。基于无线的移动电商凭借技术上的优势，开始成为传统电商的有益补充，其几倍于互联网的用户群使得移动商务有着更大的前景和巨大的商机——移动商务应用将成为下一轮产业竞争的焦点。如图 3-2 所示，为移动电子商业模式的定义。

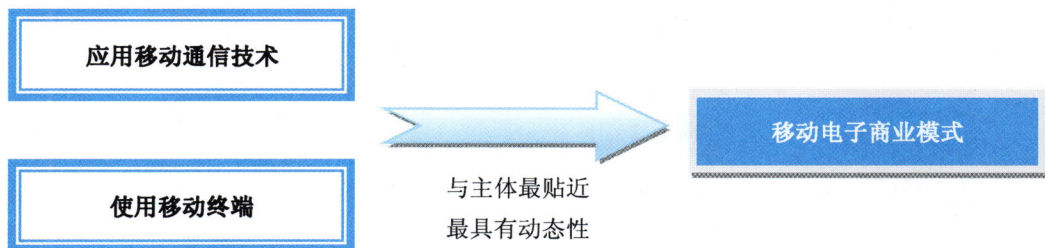

图 3-2　移动电子商业模式

移动通信技术与其他技术的完美组合创造了移动商务，而移动性与因特网的融合为人们的工作和生活带来了更高的效率和更多的选择，超过了传统有线因特网电子商务的能力。移动电子商业模式的结构如图 3-3 所示。

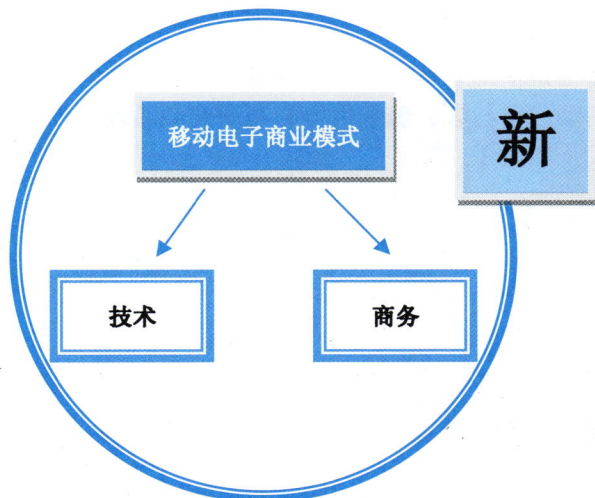

图 3-3　移动电子商业模式的结构

移动电商的商业模式是连接移动终端用户和信息服务业经济价值的媒介，其内容必须明确客户类别，针对不同类别的客户提供的服务内容，各类服务内容的服务流程，以及如何在各种服务中获取价值，成本的均摊以及利润的分配，市场竞争战略等。与传统电子商务模式相比，其市场范围如图 3-4 所示。

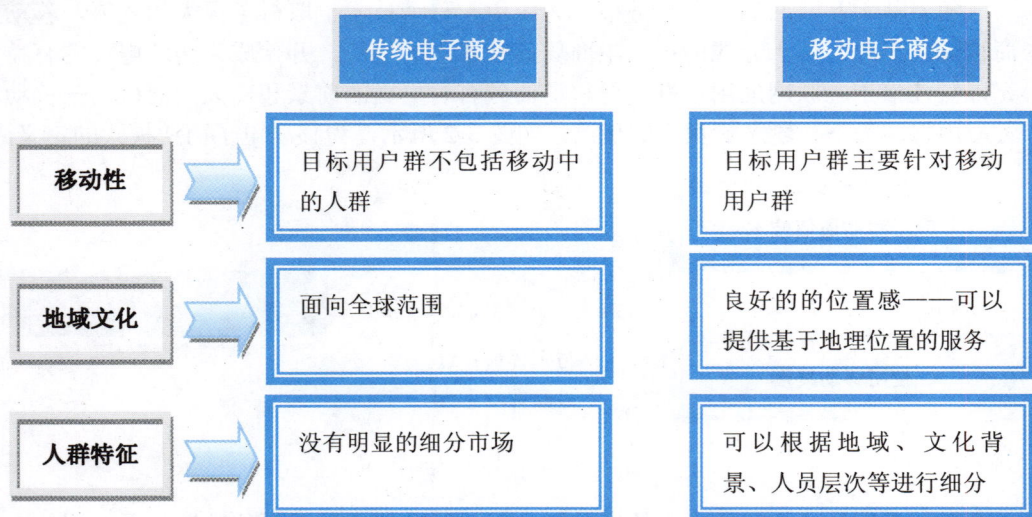

図 3-4 市场范围对比

3.1.2 移动电商的主要商业模式

移动电子商务是借助于移动技术、通过移动互联网向银行提供内容和服务，并从中获利的商业活动，参与者、服务内容和利润来源通过各种形式组合，就形成了移动电商的商业模式，如图 3-5 所示。

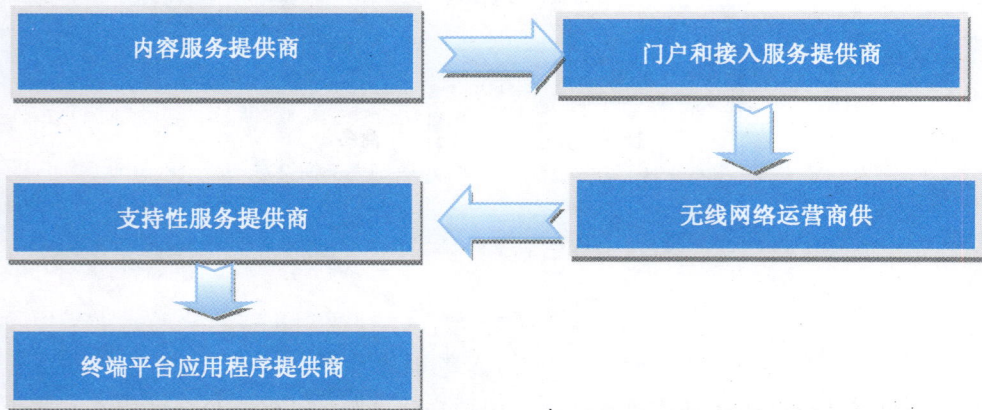

図 3-5 移动电商的商业模式构成

1. 传统通信模式

在欧美移动通信服务市场已相当疲软的今天，中国移动通信服务行业却是一派蒸蒸日上的景象，正在大踏步地向前迈进。移动通信服务商之间的竞争促进了移动通信服务费用的下降，也进一步扩大了移动通信服务市场，持有移动终端设备的用户将越来越多。

随着互联网与移动通信的融合，跨界竞争趋于激烈，移动互联网的迅猛发展使得传统运营商转型成为必经之路。移动电商的通信模式如图3-6所示。

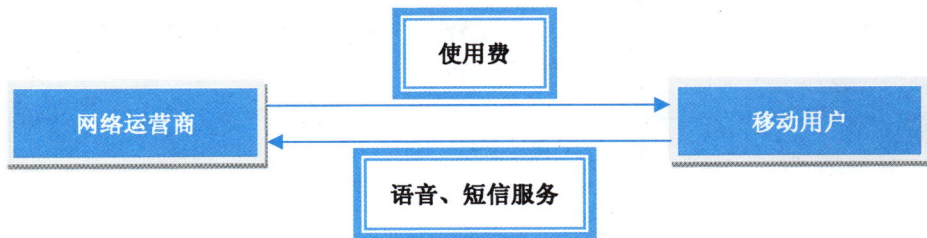

图3-6　移动电商的通信模式

2. 信息服务模式

内容提供商(Content Provider，CP)提供的产品就是网络内容服务，包括文字、图像、音频和视频等各种媒体内容。而互联网内容提供商(Internet Content Provider，ICP)是指在互联网上提供大量丰富且实用信息的服务提供商。ICP 提供的产品就是网络内容服务，包括搜索引擎、虚拟社区、电子邮箱、新闻娱乐等。互联网内容提供商可以允许以专线、拨号上网等各种方式访问该服务提供商的服务器，提供各种类型的信息服务，如图3-7所示。

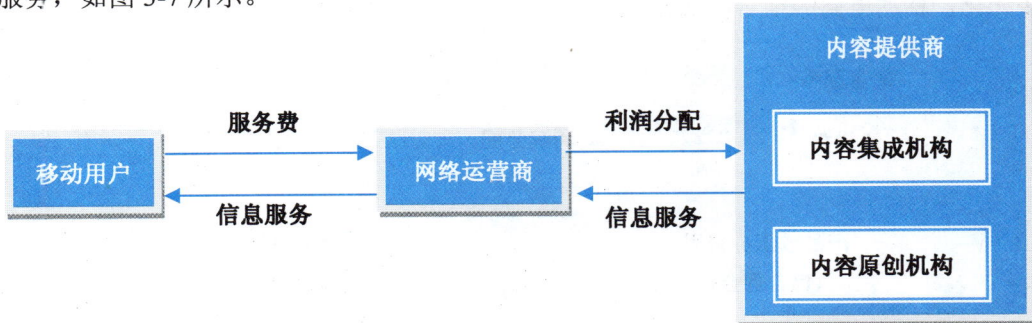

图3-7　移动电商的信息服务模式

3. 移动广告模式

广告是为了某种特定的需要，通过一定形式的媒体，公开而广泛地向公众传递信息的宣传手段。如今，移动广告以诱人的市场规模，已经成为众多巨头公司的首选市场，全球最大的搜索引擎公司谷歌已经将移动业务营收的主要来源定位于广告。谷歌

首席执行官拉里·佩奇也表示："人们已经完全离不开移动设备，世界各地的移动搜索查询和移动商务飞速增长。尽管这种丰富会导致破坏，但也创造了绝佳机会。"

移动电商的广告模式如图 3-8 所示。

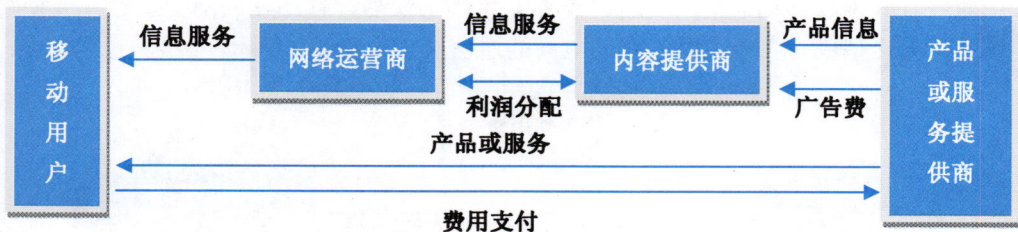

图 3-8　移动电商的广告模式

艾瑞预测 2015 年中国移动展示广告程序化购买支出将达到 9.4 亿元人民币，呈现翻番增长。随着广告主对移动营销的日益重视，以及移动营销市场规模的快速增长，2017 年中国移动程序化购买的市场规模预计将跳跃至 38.3 亿元人民币。尽管移动端的程序化购买广告仍面临很多障碍，但其蓬勃发展的势头已不可逆转。

4. 移动销售模式

在智能手机与移动互联网技术流行的今天，各种各样的手机客户端给用户提供了很大的便利，用户买东西可以直接打开天猫、淘宝客户端，想聊天可以直接打开微信、QQ 客户端，**用户所有的需求都被细化成每一个客户端，实现了用户消费入口的多元化。**移动电商的销售模式如图 3-9 所示。

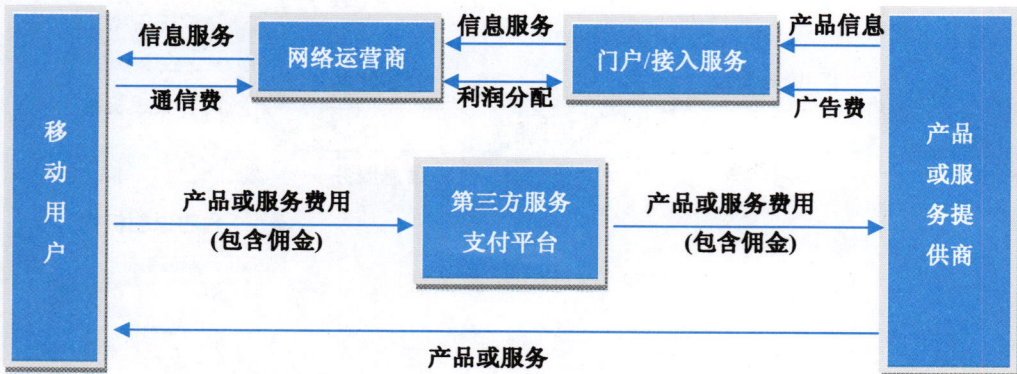

图 3-9　移动电商的销售模式

移动商务产业的商业模式涉及到产业链条的各个环节，如移动网络运营商、内容提供商、服务提供商、网络基础设备及系统提供商、软件及业务平台提供商、终端设备厂商等。从移动商务产业整体角度出发，基于价值网的角度研究移动商务商业模式，能够在理论上更加清晰地描述移动商务产业的商业模式，提供一种给客户带来价值的新途径。

3.2 移动 B2B 电子商务模式

移动互联网产品并不是把传统互联网产品简单移植到手机上那么简单，它一定要有特点，再加上互联网、移动等元素，才能真正成为一个移动互联网的产品。现在，移动互联网正在由 B2C 开始向 B2B 迈进。对于企业级移动互联而言，企业级移动互联网主要面向 B2B。

信息导读

B2B(Business-to-business e-commerce model)电子商务即企业对企业的电子商务，也称批发电子商务，是目前电子商务市场的主流部分。在移动互联网时代，很多个人消费者通过手机等移动终端使用微信、微博等，它们已经形成一种使用习惯，在这些终端使用方面，除了常用的应用以外，越来越多的个人消费者希望可以通过终端进行办公、交易，B2C 模式的移动互联网带动了 B2B 模式企业级移动互联网的发展。

3.2.1 认识移动 B2B 电子商务模式

B2B 是指一个市场的领域的一种，是企业对企业之间的营销关系。电子商务是现代 B2B 营销的一种具体主要表现形式。它将企业内部网通过 B2B 网站与客户紧密结合起来，借助于网络的快速反应，为客户提供更好的服务，从而促进企业的业务发展。以出版为例，B2B 电子商务的服务模式如图 3-10 所示。

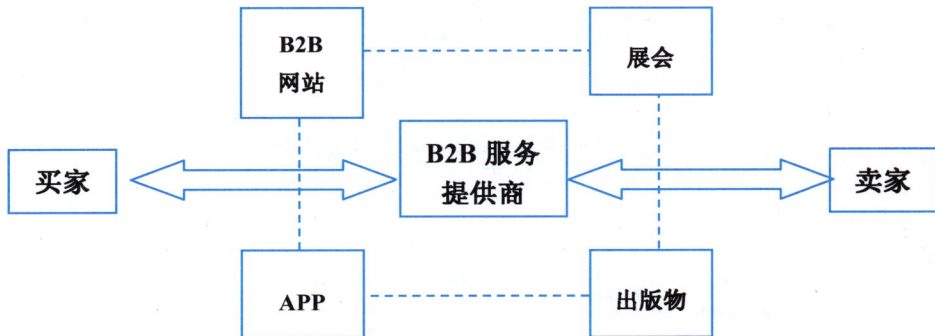

图 3-10 B2B 电子商务的服务模式

● 卖家：指在交易过程中生产和出售产品或服务并由此获利的企业，它们通过

B2B 业务获取相应的买方信息，并将自身的信息传递给买方。

- 买家：指在交易过程中，因自身需求购入产品或服务的企业，它们通过 B2B 业务获取相应的买方信息，并将自身的信息传递给卖方。
- B2B 服务提供商：B2B 业务既可以由买方或卖方自身开展，也可以通过独立第三方提供的 B2B 业务。提供这种服务的独立第三方称为 B2B 服务提供商，提供商中既有只提供单一渠道服务的，也有提供多种渠道综合服务的。
- 渠道：B2B 业务可经由互联网、移动互联网、线下展会、纸质出版物等多种渠道进行。

B2B 不仅仅是建立一个网上的买卖者群体，它也为企业之间的战略合作提供了基础。任何一家企业，不论它具有多强的技术实力或多好的经营战略，要想单独实现 B2B 是完全不可能的。

企业级移动互联产品除了要把原来的传统软件在移动互联网进行使用和交付外，还要看是否有更强的吸引力吸引用户。**把产品"挪"到移动互联网，这仅仅是开展移动互联网的第一步，还要考虑到与互联网结合的问题，只有与互联网更好地融合起来，才能更加具备优势。**

3.2.2 移动 B2B 电商的四大商业模式

B2B 移动电商平台一方面不断地完善服务，提升用户体验，增强用户对平台的粘性，另一方面，企业还需加强自身运营能力，帮助企业寻找有价值的商机。

1. 垂直 B2B 模式

垂直 B2B 模式主要是面向制造业或商业的，可以分为两个方向，即上游和下游，如图 3-11 所示。

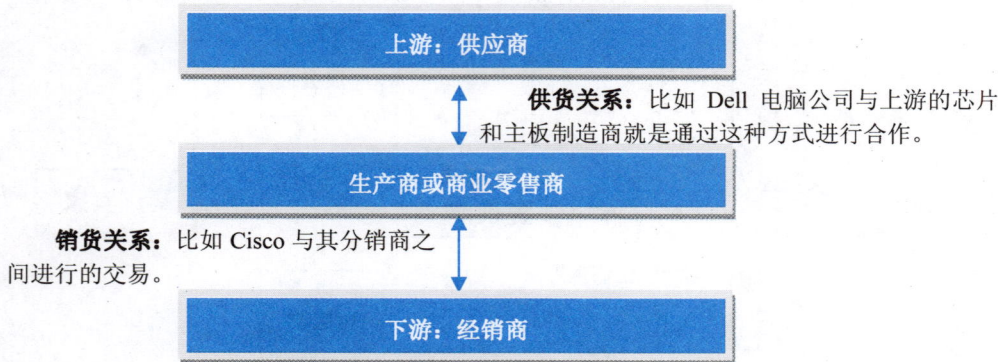

图 3-11　垂直 B2B 模式

简单地说，垂直 B2B 模式下的移动平台类似于在线商店，这一类网站其实就是企业网站，就是企业直接在手机上开设的虚拟商店，通过这样(自己)的商店可以大力宣传自己的产品，用更快捷、更全面的手段，让更多的客户了解自己的产品，促进交易。或者也可以是商家自己开设的移动平台，并在这些平台上宣传自己经营的商品，目的也是用更加直观便利的方法促进、扩大交易。

2. 综合 B2B 模式

综合 B2B 模式主要面向中间交易市场，这种交易模式是水平 B2B，它是将各个行业中相近的交易过程集中到一个场所，为企业的买方和卖方提供了一个交易的机会，如阿里巴巴、TOXUE 外贸网、环球资源网等。

综合模式下的移动 B2B 平台其实自己既不是拥有产品的企业，也不是经营商品的商家，它只提供一个平台，在移动互联网上将销售商和采购商汇集到一起，采购商可以在其网上查到销售商的有关信息和销售商品的有关信息。

例如，O2O 国际皮具城借助京东云平台的技术和资源，为商户打造电商营销平台，打造个性化网站、微店、微视店，跨境电商直接面向经销商和消费者，以此通过网络实现招商和销售，如图 3-12 所示。

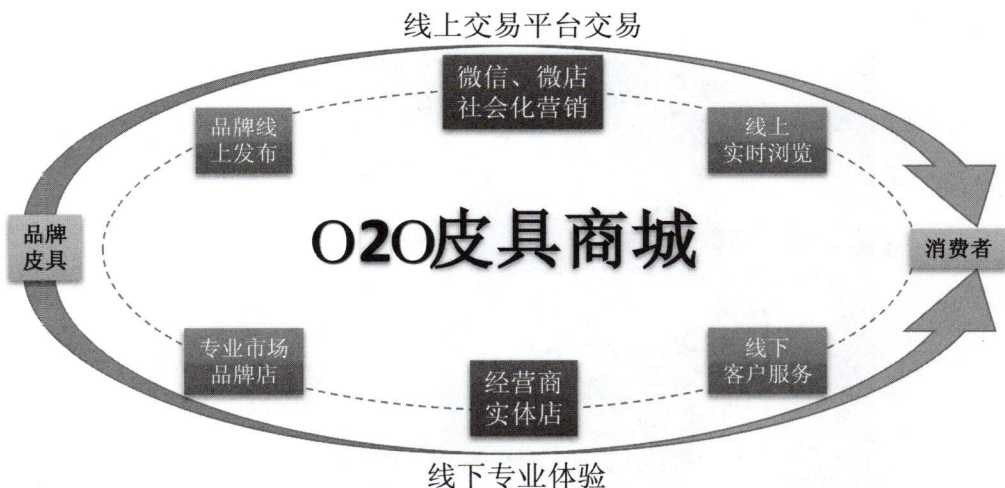

图 3-12　O2O 国际皮具城的综合电商平台

同时，对于入驻商户的经销商，同样能够享受到皮具城提供的"开设网店"服务，让商户的实体经销商同时成为商户的电商代理商，一举两得。而这恰恰是想做移动电商而又不知道如何做移动电商的箱包企业需要的。

O2O 国际皮具城这种全新的模式，不仅推动了整个皮具行业的发展，成为业界首个 O2O 模式标杆专业市场，刺激了行业的发展，同时也创造了一个星期登记 1000 家经营商家的招商"神话"，让其市场在最新到来的移动互联网大潮中声名鹊起。

3. 自建 B2B 模式

自建 B2B 模式是大型行业龙头企业基于自身的信息化建设程度，搭建以自身产品供应链为核心的行业化移动电商平台。

说到自建 B2B 模式的时候，大脑可能会条件反射式地想到，就是将自己企业行业的产品集中在一起的一个平台，其实不然，该模式实际上是以自身产品供应链为基点的电子商务平台，从而串联起整个行业的产业链。行业龙头企业通过自身的电子商务平台，串联起行业整条产业链，供应链上下游企业通过该平台实现资讯、沟通、交易。但此类电子商务平台过于封闭，缺少产业链的深度整合。

4. 关联 B2B 模式

关联行业 B2B 模式是指相关行业为了提升目前电子商务交易平台信息的广泛程度和准确性，整合综合 B2B 模式和垂直 B2B 模式而建立起来的跨行业电子商务平台。

例如，微店是由北京口袋时尚科技有限公司开发的，是帮助商家在手机上开店的 APP，如图 3-13 所示。微店作为移动端的新型产物，任何人通过手机号码即可开通自己的店铺，并通过一键分享到 SNS 平台来宣传自己的店铺并促成成交。微店降低了开店的门槛和复杂手续，回款快，而且不收任何费用。

图 3-13　微店 APP

在微店 APP 中，提供了"货源"模块，商家可以直接去这里找货源，并通过手机与供应商及时沟通，如图 3-14 所示。当你在微店批发市场中找到适合自己微店的货源后，即可将批发市场的商品付款拍下来，再将商品信息上架到自己的店铺里销售；也可以跟批发商进行沟通，做代销。另外，对于本身是供应商的微店卖家来说，只须提供营业执照的复印件等相关资质材料，通过审核后即可入驻微店的批发市场，为其他买家提供货源。

图 3-14 微店 APP 中的"货源"模块

3.3 移动 B2C 电子商务模式

移动互联网的电子商务潜力巨大，特别是在 B2C 领域。研究机构 Latitude Research 进行的一项调查表明，预计会有将近三分之二(63%)的智能手机用户在未来几年使用他们的移动设备进行购物。可以说，未来的潜力行业是移动互联网和 B2C 电商。

> **信息导读**
>
> B2C 模式是我国最早产生的电子商务模式，指的是企业针对个人开展的电子商务活动的总称，如企业为个人提供在线医疗咨询、在线商品购买等。在移动互联网时代，B2C 电子商务以完备的双向信息沟通、灵活的交易手段、快捷的物流配送、低成本高效益的运作方式等，在各行各业展现了其强大的生命力。

3.3.1 认识移动 B2C 电子商务模式

B2C(Business to Customers)电子商务是企业通过 Internet 向个人网络消费者直接销售产品和服务的经营方式，又可以称为"网上零售"或"网上商店"。 B2C 电子商务是普通消费者广泛接触的一类电子商务，也是电子商务应用中最普遍、发展最快的领域。

移动 B2C 商务模式主要有以下两类。

- 无形商品和劳务的电子商务模式：网上订阅模式(主要包括在线服务、在线出版、在线娱乐等)、付费浏览模式、广告支持模式、网上赠予模式。例如，优酷网推出的付费频道，采取会员包月制，用户能够享受节目更新、播放流畅、画质清晰、上千小时节目等服务，如图 3-15 所示。
- 实物商品的电子商务模式：手机商城(如亚马逊、卓越网、当当网、京东商城、美丽说等)、综合模式以及探索中的新模式，如图 3-16 所示。

图 3-15　优酷 APP 在线影院

图 3-16　手机商城

凡事都有两面性，有利必有弊，移动 B2C 电子商务也不例外。一方面，消费者可以足不出户，方便快捷地购买到所需的商品，同时，B2C 电子商务业务流程又存在一定的局限性，体验感很差。

1. 优点

移动 B2C 模式的主要优势如图 3-17 所示。

另外，B2C 减少了售后服务的技术支持费用。消费者可以通过移动互联网来获取在线的技术支持，可以减少技术服务人员的数量，从而降低企业的经营成本。

2. 缺点

移动 B2C 模式的主要缺点如图 3-18 所示。

移动电商越来越火，B2C 平台也是一个接一个地不断出现，有的成功，比如凡客、乐淘等；有的却在经营不到两年时间内就被迫关闭，如大货栈、西米等。

对于消费者而言	能够有效地减少交易环节，大幅度降低交易成本，从而降低消费者所得到的商品的价格。
对于企业而言	手机直销和借助于中介平台的销售方式，大大缩短了传统商品流通渠道。在移动电商条件下，由于中间环节的减少和销售范围的扩大，不但可以降低产品价格，还可以大幅度提高商家或厂家的销售额，增强竞争力。

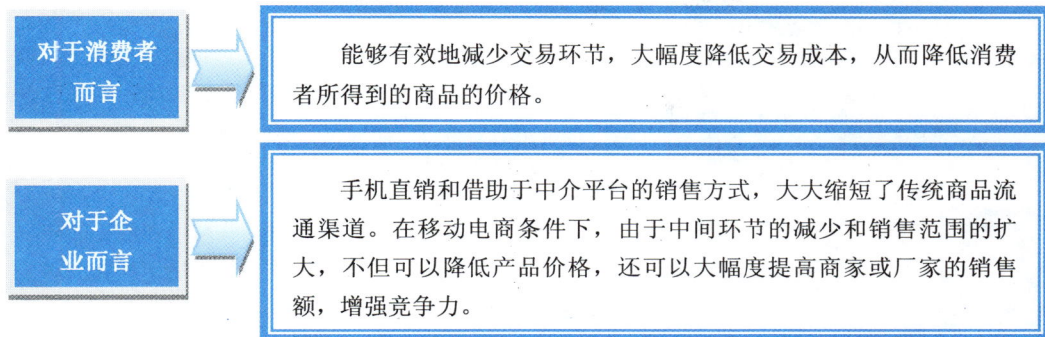

图 3-17　移动 B2C 模式的主要优势

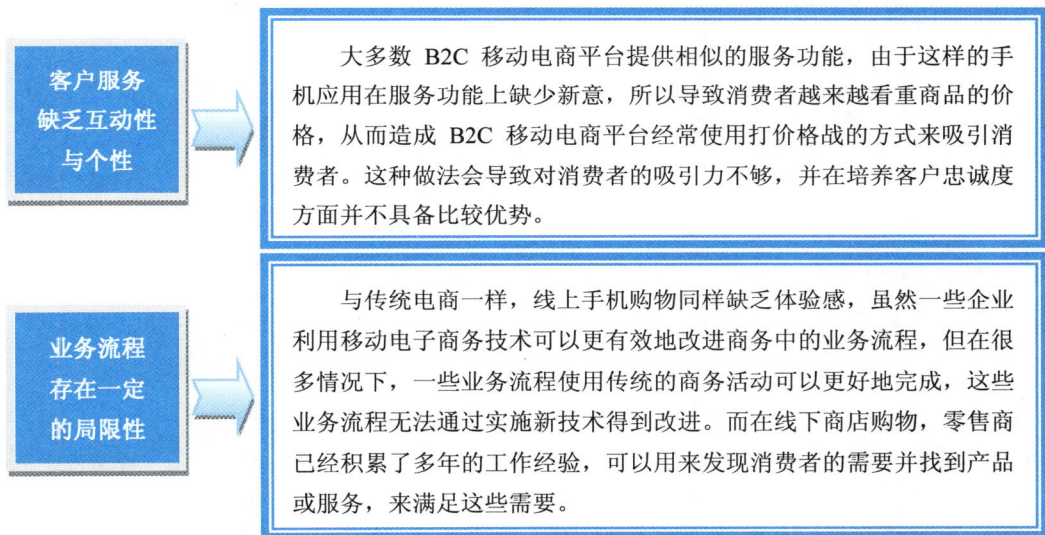

客户服务缺乏互动性与个性	大多数 B2C 移动电商平台提供相似的服务功能，由于这样的手机应用在服务功能上缺少新意，所以导致消费者越来越看重商品的价格，从而造成 B2C 移动电商平台经常使用打价格战的方式来吸引消费者。这种做法会导致对消费者的吸引力不够，并在培养客户忠诚度方面并不具备比较优势。
业务流程存在一定的局限性	与传统电商一样，线上手机购物同样缺乏体验感，虽然一些企业利用移动电子商务技术可以更有效地改进商务中的业务流程，但在很多情况下，一些业务流程使用传统的商务活动可以更好地完成，这些业务流程无法通过实施新技术得到改进。而在线下商店购物，零售商已经积累了多年的工作经验，可以用来发现消费者的需要并找到产品或服务，来满足这些需要。

图 3-18　移动 B2C 模式的主要缺点

之所以差别这么大，与他们的定位、运营及营销策略有关。因此，在进行 B2C 移动电商营销时，企业必须掌握一定的营销策略，如图 3-19 所示。

互联网进入移动互联网时代后，众多企业和个人开发者希望从中掘金。2014 年整个 APP 生态圈中占比较重的开发市场规模超过了 500 亿元，全国数百万企业网站潜在的 APP 开发需求呈现了爆发式的增长，而目前，国内 APP 开发年营收综合起来不到 20 亿元。由此可见，**企业级 APP 定制开发将是移动互联网中孕育着巨大商机的新兴项目之一。**

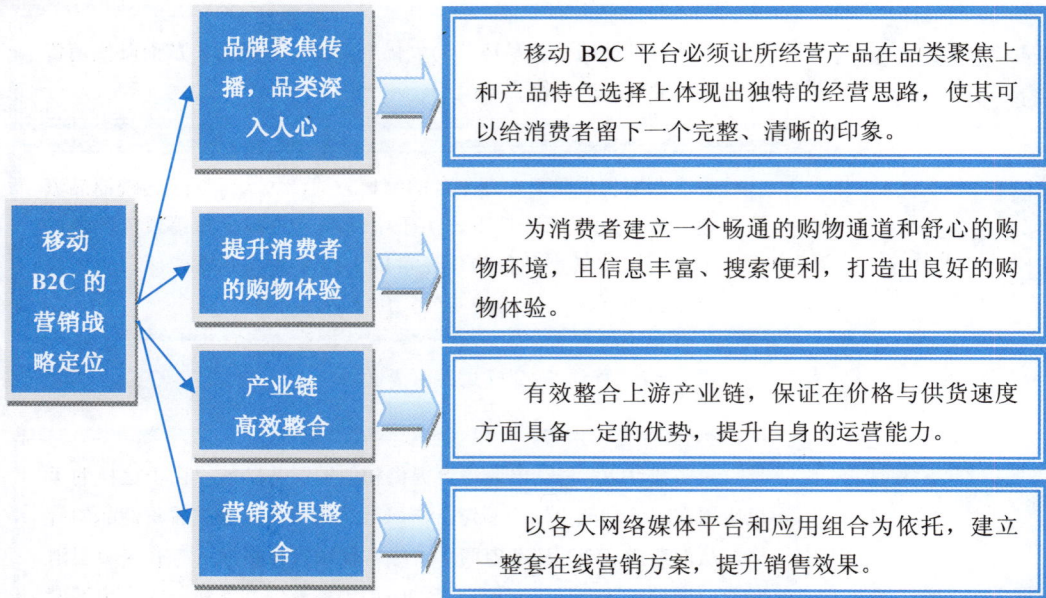

图 3-19 B2C 移动电商的营销策略

目前，APP 在企业的移动 B2C 营销过程中的主要用途如图 3-20 所示。

图 3-20 APP 在企业 B2C 营销过程中的主要用途

3.3.2 移动 B2C 电商的四大商业模式

对"B2C 移动电商"通俗的理解是"用手机上网购物"，但是，这远远不能准确概括它所具备的特性，以及存在的发展潜力。传统电子商务"高烧"过后，移动电商正悄然兴起。据悉，除凡客诚品、京东商城、淘宝等电商巨头暗中布局移动电子商务外，国内外知名的线下品牌商如 Nike、GAP、LV 集团下的贝玲妃和太平鸟集团也加速了移动商务的布局。

不少传统企业也已经意识到"如果不开展电子商务，以后就无商可务"。下面将介绍移动 B2C 电商的主要商业模式，帮助企业解决转型难题。

1. 平台型商城——天猫商城

平台型 B2C 商城的典型代表就是"天猫"，如同传统商城一样，它有庞大的购物群体，有稳定的网站平台，有完备的支付体系、诚信安全体系(尽管仍然有很多不足)，方便了卖家进去卖东西，买家进去买东西，如图 3-21 所示。

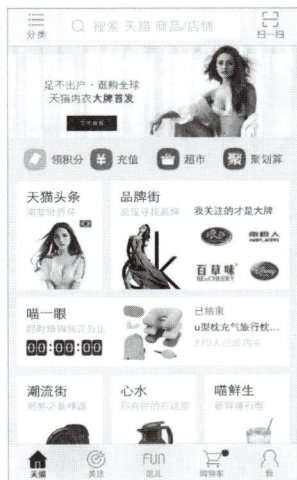

特点：行业跨度广、同类竞争对手多、商家入住为主、物流由入住商家负责、付款由商家直接收取、商家可以直接对产品竞价排名。

优势：具有现成流量、平台知名度高、物流渠道选择空间大。

劣势：入驻商家多、早期进入者占据较大优势、受限平台功能太大、入驻商户主控性不大，拿不到核心数据。

图 3-21 平台型商城——天猫商城

2. 垂直型独立平台——凡客诚品

垂直型独立平台的产品存在着更多的相似性，要么都是满足于某一人群的，要么是满足于某种需要，抑或某种平台的(如电器)。

垂直型独立移动 B2C 平台的代表企业有凡客诚品、红孩子、麦包包、北斗手机网、绿森数码、锐意网、新蛋网、库巴购物网等。其中，凡客诚品以高品质中等价位的品牌定位，配合高回报的互联网广告宣传来提高知名度、塑造品牌、促进销量，已经成为垂直 B2C 的典范，如图 3-22 所示。

3. 综合型独立平台——京东商城

综合型独立平台的代表企业有京东商城、当当网、卓越网等，这种 B2C 平台有自有仓库，有库存系列产品，以提供更快的物流配送和客户服务。

例如，京东是中国目前最大的自营式电商企业，2013 年全年，活跃用户数达到4740 万人，完成订单量达到 3233 亿。2014 年 5 月 22 日，京东在纳斯达克挂牌，成为仅次于阿里、腾讯、百度的中国第四大互联网上市公司。作为中国 B2C 市场的 3C

网购专业平台，京东商城无论在访问量、点击率、销售量还是业内知名度和影响力上，都在国内 3C 网购平台中具有较大影响力，如图 3-23 所示。

特点：网站独立、专注于某垂直领域、自建物流体系。如：凡客诚品商城专注于服装行业并以目录营销为特点，支持全国 1100 城市货到付款、当面试穿、30 天无条件退换货。

优势：有利于形成自己的渠道品牌影响力；不用受制于平台功能，可以独立开发平台新功能；更具有专业化竞争力。

劣势：开发管理运营成本高，前期在供应商处拿不到有优势的价格。

图 3-22　垂直型独立平台——凡客诚品

特点：行业跨度广、以零售商开通为主、开放接口、物流由独立平台负责、付款由独立平台代收。例如，京东商城共有 13 大类 3150 万种 SKU(Stock Keeping Unit，库存量单位)的商品。

优势：流量较大、专业物流团队。例如，京东推出"次日达"服务：消费者在一定时间点之前提交的现货订单(以订单出库后完成拣货的时间点开始计算)，将于次日送达。

劣势：同质化严重、竞争激烈。

图 3-23　综合型独立平台——京东商城

4．团购网站——美团

所谓团购网站，简单地说，就是为了让商家让利，大家组团一起买东西的网站，一般情况下网站是作为一个中介存在的，它负责把买家介绍给卖家，然后从卖家那里收交易佣金。团购网站做的是电子商务，这一点应该毋庸置疑，那么它是哪一种模式的电子商务呢？

首先，可以确定的是，团购站的市场人群是以个人为主的消费者，即所谓的Customer，也就是 C，团购网站的卖家毋庸置疑是 B，也就是说，团购网站其实从本质上说应该归类于 B2C，只不过是一种特殊形式的 B2C 而已，因为它既不同于像当当网、卓越网那样的把商品进货到自己的仓库然后再销售的网购站，也不同于淘宝商城那样的为一些较大卖家提供自销服务的网购平台。B2C 团购网站的代表企业有美团、拉手网、糯米网等。

例如，美团网是 2010 年 3 月 4 日成立的团购网站，有着"美团一次，美一次"的宣传口号，为消费者发现值得信赖的商家，让消费者享受低折扣的优质服务；同时为商家找到最合适的消费者，给商家提供最大收益的互联网推广，如图 3-24 所示。

特点： 销售产品价格低，产品销售周期短。例如，满座网的服务包括餐厅、酒吧、KTV、SPA、美发店等，消费者能够以低廉的价格进行团购并获得优惠券，并为消费者发现值得信赖的商家，让消费者享受超低折扣的优质服务。

优势： 一次销售数量庞大，限时超低价更容易吸引消费者。商家只需要支付少量的费用，就能享受到移动互联网爆炸式的宣传效果。

劣势： 单价低，利润不高，信誉度难解决，仅停留在一个促销手段的尴尬局面。

图 3-24 团购网站——美团网

团购模式从被正式引入中国，就瞬间爆发式扩张至千家网站，而且仅仅用了不到一年时间。快速膨胀的背后动因除了本土山寨文化的强大外，还受益于中国服务业的互联网化需求的驱动。年轻的网上消费群体对于高性价比的消费和商家对营销的需求导致行业爆发式增长。因此，**未来，整个团购服务模式有可能发生变化，但是传统服务业的移动互联网之门由此已经正式开启，并保持快速的成长。**

3.4 移动 C2C 电子商务模式

作为目前电子商务的主要形式之一，C2C 电子商务近年来在世界范围内得到了快速成长。**移动 C2C 电子商务就是指独立于买卖双方，在交易活动中为买卖双方提供信息发布、查找、贸易磋商、支付、物流等服务，帮助双方达成交易的移动互联网贸易平台。**

信息导读

C2C(Consumer to Consumer)就是个人对个人的电商商务模式，比如淘宝网上的小店铺。例如，百度收购了糯米，阿里收购了高德地图，腾讯投资了口袋购物；此外，淘宝也创办淘点点，百度开通直达号，腾讯设立微信店铺，这一系列的动作显示出互联网巨头看准移动 C2C 市场大有可为，新型移动 C2C 商业模式已成为资本市场中最具投资潜力的"赛道"。

3.4.1 认识移动 C2C 电子商务模式

比如一个消费者有一台手机，通过网络进行交易，把它出售给另外一个消费者，此种交易类型就称为 C2C 电子商务，如图 3-25 所示。

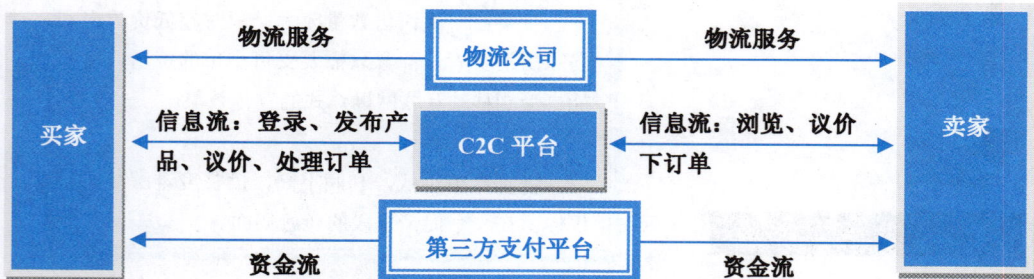

图 3-25 C2C 电子商务

移动 C2C 电子商务平台的主要特征如图 3-26 所示。

随着手机购物监管措施和社会信用体系的逐步建立和不断完善，移动 C2C 电商在近年来一直呈现高速增长的态势，累积了大量的用户和市场资源。目前，整个市场发展正在从高速发展期向成熟稳定期过渡。

提供移动信息交流平台	电子商务将传统的交易搬到了网上，移动 C2C 电商更是将传统的商业模式从 B2B 和 B2C 扩展到了 C2C，给通过手机上网进行物品买卖的人们提供了一个发布和获取信息的平台。
提供一系列的配套服务	移动 C2C 电商平台除了向买卖双方提供信息交流的渠道外，还需要满足买卖双方资金和货品交换的需求，即提供相应的支付平台和物流系统，以及在买卖双方出现交易纠纷时提供相应的客户服务。
用户数量多且身份复杂	移动 C2C 电商平台对于所有人都是开放的，并且是免费的。因此，几乎任何人都可以注册成为网站的用户。除了数量众多，C2C 电商的用户的身份也较为复杂，不少用户都同时具有买家和卖家的双重身份。
商品种类多、质量参差不齐	移动 C2C 电商平台上不仅有人们日常生活中的常用物品，也有各种各样的新鲜玩意，如个人收藏、顶级奢侈品等。此外，商品的质量也是参差不齐：新的、旧的、正品的、仿冒的、品牌的、山寨的等。
交易次数多、资金规模小	由于 C2C 电商中参加交易的双方尤其是买家往往是个人，其购买的物品往往又都是单件或者少量的，因此与 B2B 完全不一样，C2C 命中注定就是"薄利多销"，数量小、批次多是目前绝大部分中国 C2C 卖家所面临的现实。

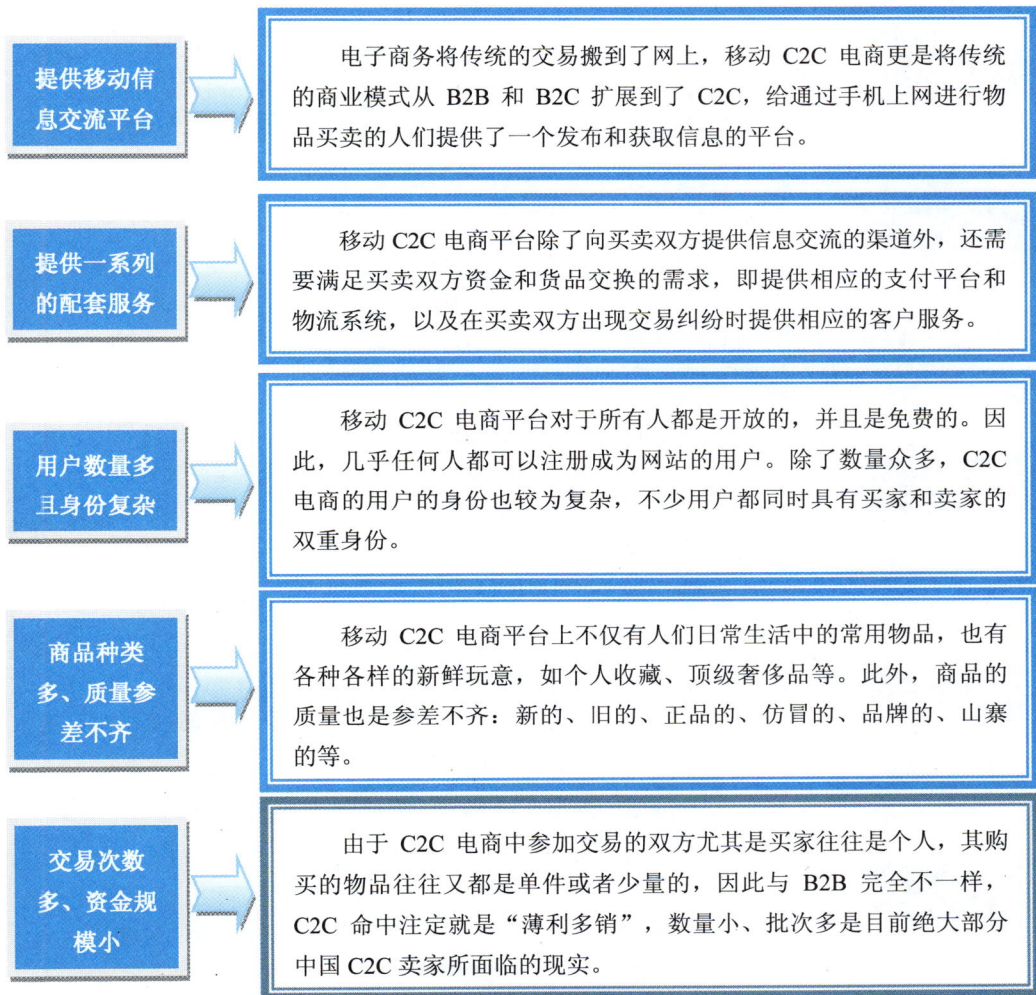

图 3-26　移动 C2C 电子商务平台的主要特征

　　虽然目前移动 C2C 电商的市场规模和格局相对稳定，但在行业内部，各企业为了寻求新的增长点和早日实现大规模盈利，在许多方面已经开始了新一轮的拓展，这也成为我国 C2C 电子商务市场在未来几年内的发展趋势，如图 3-27 所示。

| 趋向一 | 海外代购模式成为 C2C 市场的补缺模式，难以通过此模式在短时间内改变市场竞争格局，但是不失为一种差异化的竞争手段。 |

| 趋向二 | 逐步完善 C2C 市场的收费政策，并产生多元化的盈利模式。移动 C2C 电商平台除了承担交易平台的功能外，还直接面对巨大的终端消费群体，掌握海量的移动用户购买路径和购买习惯等信息，这其中蕴含的巨大媒体价值将通过网络营销等手段被逐步释放，从而为 C2C 电商平台带来更加多元化的盈利模式。 |

| 趋向三 | 提供的产品或服务会越来越差异化，充分利用自身资源打造独特性的商品或服务。移动 C2C 电商平台间的竞争是人气、信息流、物流、资金流的竞争，如何结合既有自身资源，是 C2C 平台取得领先优势的关键。 |

| 趋向四 | C2C 与 B2C 等其他模式的融合。例如，为了自身的发展，原先小规模的 C2C 个人商家也有向 B2C 经营转变的需要。目前国内的绝大多数 C2C 运营商已经开始从 B2C 等其他电子商务模式寻求发展空间，致力于实现多种模式的互动和互补。 |

| 趋向五 | 移动电商将以社交为中长期核心。由于移动终端与人体的深入融合关系，使得社交会是移动互联网较长期的主题之一，社交不仅仅是朋友间的社交，还包括人文精神的社交、品牌感的社交等。 |

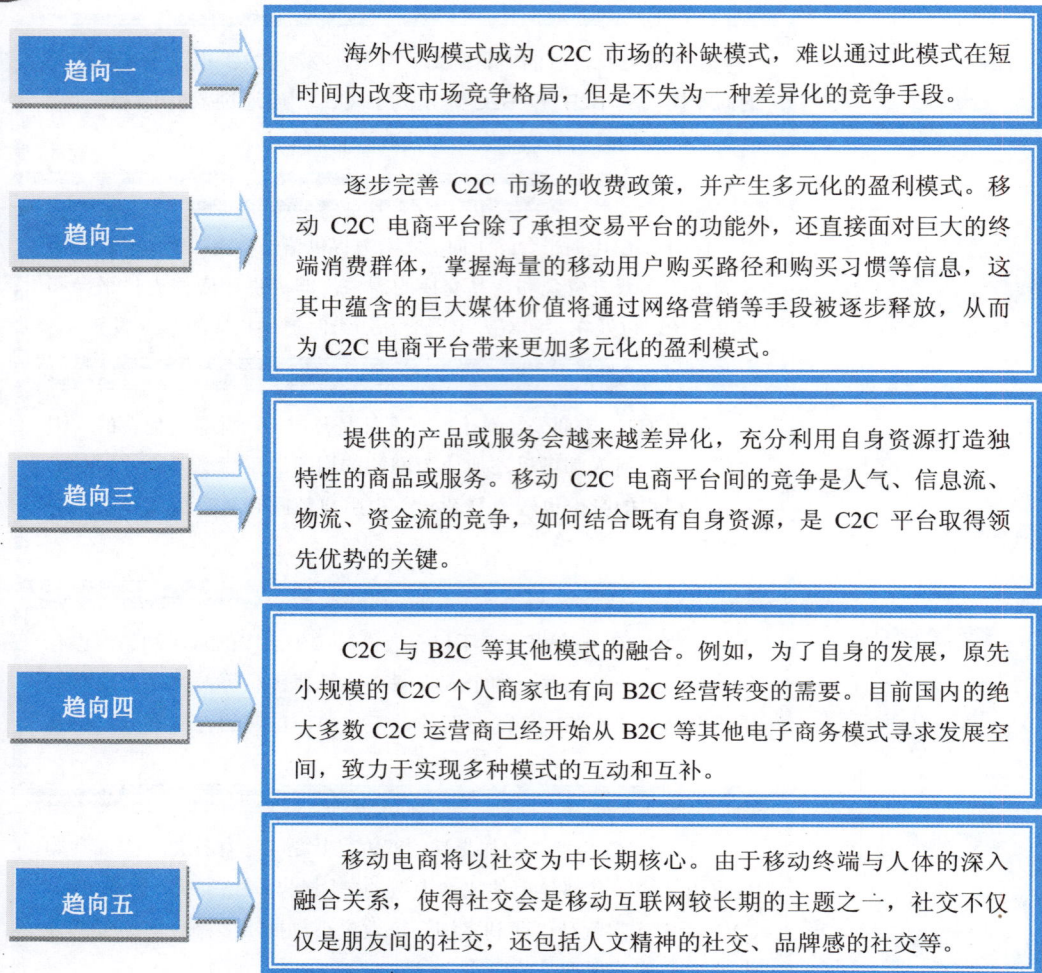

图 3-27　C2C 电子商务市场的发展趋势

3.4.2　移动 C2C 电商的两大商业模式

在移动终端和移动互联网快速发展背景下，移动电商是否会诞生一种属于移动互联网的新电商模式？还是 PC 电商移植到移动互联网并深入发展？下面将探讨移动 C2C 电商的两大商业模式。

1．网店模式——淘宝网

在如今的 C2C 领域中，淘宝网是当之无愧的电商霸主。**淘宝在国内的 C2C 市场份额超过 60%，拥有近 5 亿的注册用户数，每天有超过 6000 万的固定访客，是国内**

最大的网购平台之一。 由于淘宝网开店的门槛比较低，小到一包餐巾纸，大到家用电器，可以买到的商品应有尽有。因此，用户在该平台购物挑选的余地也比较大，可以进行较多的对比。如图 3-28 所示为手机淘宝客户端。

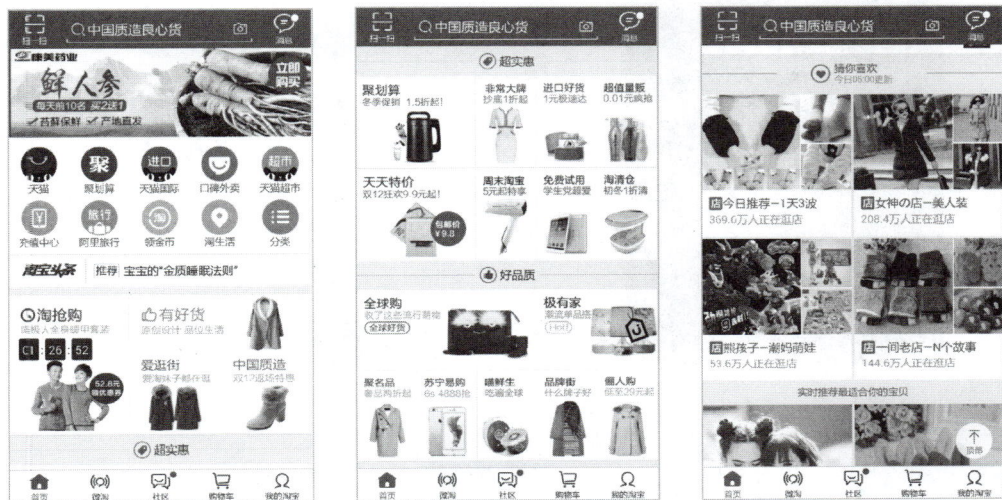

图 3-28　手机淘宝 APP

专家提醒

　　淘宝是 C2C 电商中第一家在电视台和路牌做广告的公司，也是将娱乐营销和体育营销运用得非常熟练的一家公司。手机购物中，用户最担心的就是诚信和支付安全问题。为保障交易安全，淘宝设立了多重安全防线：全国首推卖家开店要先通过公安部门验证身份证信息。现在又有了手机和信用卡认证；每个卖家有信用评价体系，记录了交易价格等信息，如果卖家有欺诈行为，信用就会很低。

2. 微店模式——微店网

　　微店网是由云商微店网络科技有限公司推出的一个云推广电子商务平台，微店网的上线，标志着个人网商群体的真正崛起。微店网既为网民提供了一个创收的平台，又为商家提供了一个优质的网络销售渠道，节省了推广宣传的费用。

　　在微店网开微店无需资金成本、无须寻找货源、不用自己处理物流和售后，比较适合作为大学生、白领、上班族的兼职创业平台，如图 3-29 所示。

　　微店网最大的特色就是创建了云销售的电子商务模式，为网民创造了一个新的角色——微店主，他们只需要做宣传、做推广，让顾客、消费者从自己的店铺里购买商品，以此来赚取"佣金"。云销售的电子商务模式如图 3-30 所示。

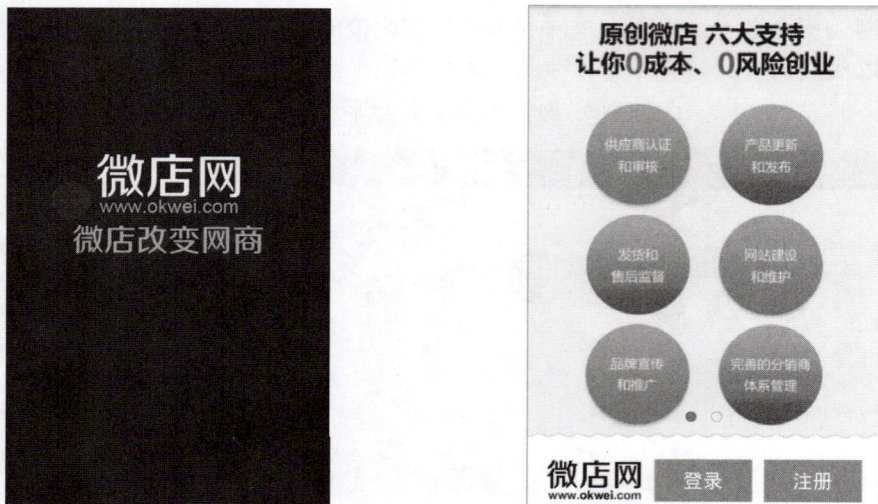

图 3-29　微店网手机平台

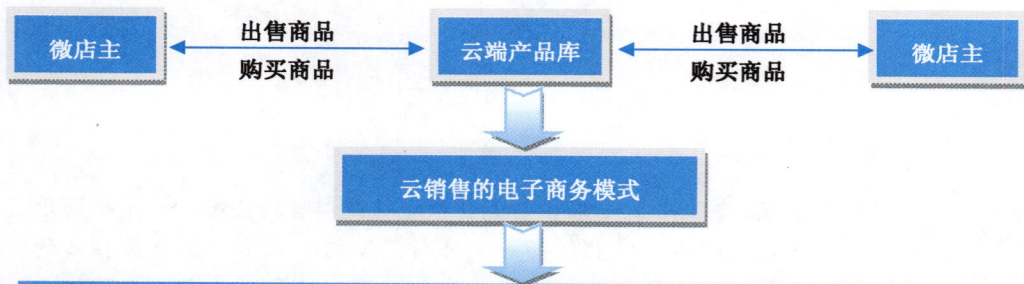

图 3-30　云销售的电子商务模式

微店主进驻到微店网平台上来，他们所发布的商品不仅仅是在自己的店铺里，微店网做了一个云端产品库，商品发布后都会达到云端产品库，而每一个微店都是与云端产品库相关联的，也就是说，微店主发布的产品，在每一个微店里，都可以找到和出售。

例如，云端产品库就好像一个巨大的水池，而微店主就是装在水池周围的水龙头，水可以从任何一个水龙头流出，商家将产品发布到云端产品库后，就会有大量微店主推广、销售这些产品。

3.5　移动 O2O 电子商务模式

不知什么时候开始，我们习惯了遇事就打开电脑、拿出手机，各种"本地服务"也开始与网络如影随形。网络与现实，二者越来越多同时与消费行为相勾连。从 PC

端到移动端，衣、食、住、行，样样都开始触网。这就是 O2O，它紧密联系着线下生活与线上活动。

信息导读

　　智能手机、智能眼镜、智能手表……随着越来越多移动终端的出现和普及，移动互联网和 O2O 概念与人们的日常生活越发紧密相连。无论是成熟的传统企业、如火如荼的电子商务企业，还是以电信、银行、娱乐等为代表的与民生相关的企业，都在探索和践行 O2O 模式，因为 O2O 中孕育着极富创新性的商业模式。

3.5.1　认识移动 O2O 电子商务模式

　　O2O 即 Online to Offline，也即将线下商务的机会与互联网结合在一起，让互联网成为线下交易的前台。这样，线下服务就可以从线上来揽客，消费者可以在线上筛选服务，成交可以在线结算。

1. O2O 模式的发展过程

　　O2O 模式的发展过程如图 3-31 所示，其主要特点是推广效果可查，每笔交易可跟踪。

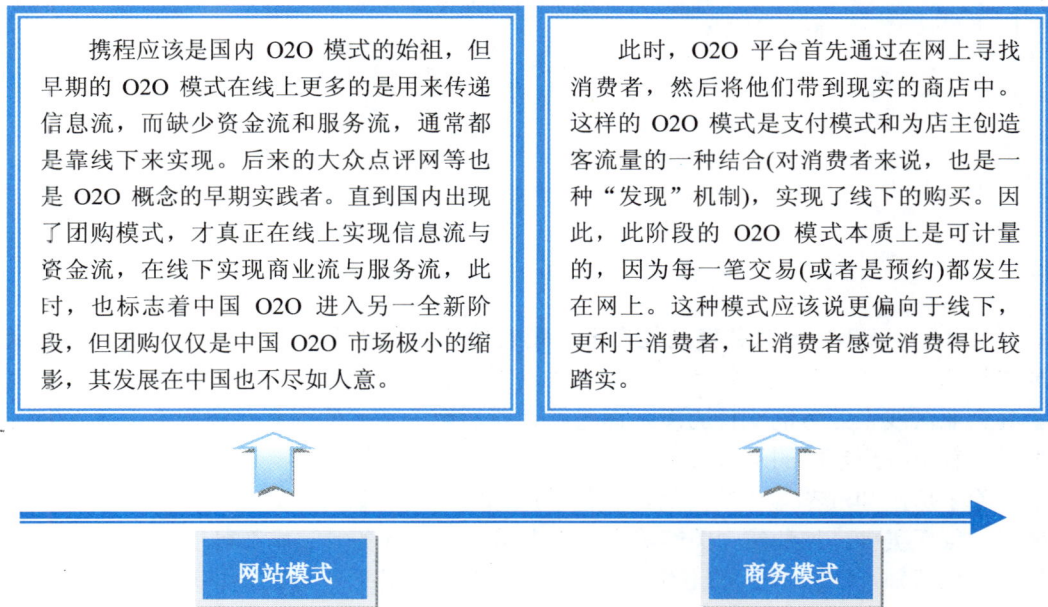

　　携程应该是国内 O2O 模式的始祖，但早期的 O2O 模式在线上更多的是用来传递信息流，而缺少资金流和服务流，通常都是靠线下来实现。后来的大众点评网等也是 O2O 概念的早期实践者。直到国内出现了团购模式，才真正在线上实现信息流与资金流，在线下实现商业流与服务流，此时，也标志着中国 O2O 进入另一全新阶段，但团购仅仅是中国 O2O 市场极小的缩影，其发展在中国也不尽如人意。

　　此时，O2O 平台首先通过在网上寻找消费者，然后将他们带到现实的商店中。这样的 O2O 模式是支付模式和为店主创造客流量的一种结合(对消费者来说，也是一种"发现"机制)，实现了线下的购买。因此，此阶段的 O2O 模式本质上是可计量的，因为每一笔交易(或者是预约)都发生在网上。这种模式应该说更偏向于线下，更利于消费者，让消费者感觉消费得比较踏实。

网站模式　　　　　　商务模式

图 3-31　O2O 模式的发展过程

2．O2O 的产品细分领域

随着移动互联网的发展，O2O 进入了 2.0 时代。线上的变化表现为：不再是单纯以团购为核心的营销和导流模式，而是更加注重信息决策、交易与服务。而线下的变化则表现为：行业领域更加细分，且线下商家的自主性增强。

从国外 O2O 模式的发展来看，租车、旅游、生活信息服务是先期适用于 O2O 的传统行业，也取得了令人瞩目的发展。从中国国情来看，餐饮、汽车租赁、酒店住宿及旅游也将为 O2O 提供巨大发展机会。这一方面是消费者真实需求驱动的；另一方面是线下市场发展驱动的。O2O 的主要产品细分领域如图 3-32 所示。

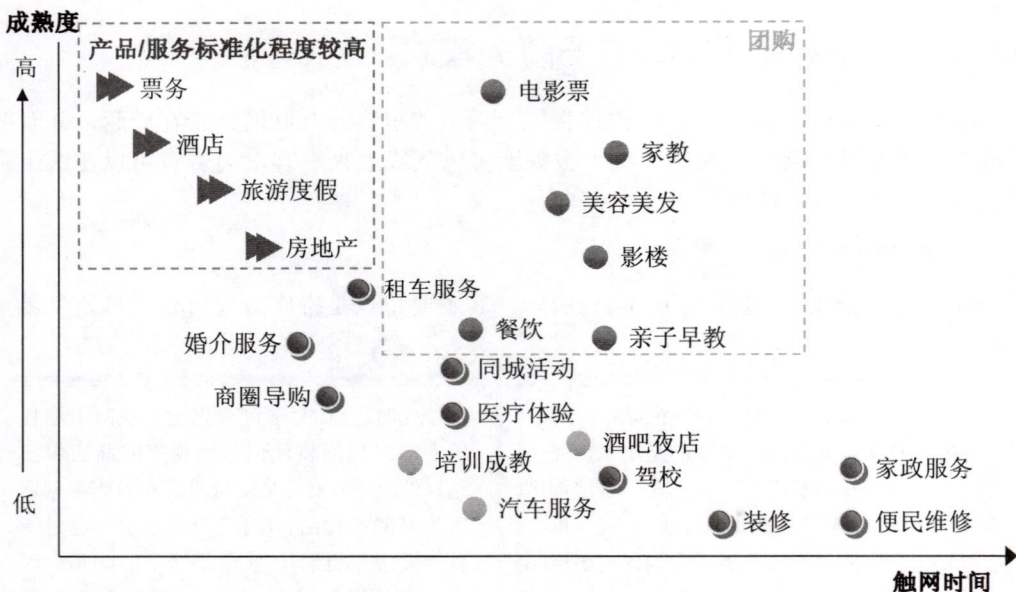

图 3-32　O2O 的主要产品细分领域

实际上，**O2O 最为关键之处在于，销售的产品是否拥有一个清晰、被认可的标准和规范。** 其实，传统企业走向线上最大的困难就在于企业家思维的转变，这直接会影响企业对线上业务的支持力度，而隐藏在背后至关重要的因素其实就是消费者的线上需求有没有想象中的那么大。

除了房产和汽车等传统商品，其他的产品哪些适合做 O2O 呢？我们认为，娱乐休闲、餐厅美食、加油站、美容美发、健身房、生活服务等领域都可以做 O2O。

可想而知，O2O 模式的诞生会促使很多新兴的网络公司专门提供这样的服务，尤其是团购类的网站，或者是本地的信息生活类平台。对于一些传统的企业来说，与这样的互联网平台合作无疑是最好的选择。

O2O 模式的提出改变了很多人传统的购物方式，随着越来越多的 O2O 平台的建立和发展，O2O 模式已成为一个亿级的市场。

3. 移动互联网与 O2O 的结合

与传统互联网相比，移动互联网在 O2O 领域有着很多先天的优势。生活中，对移动互联的依赖越来越多，移动互联无疑是未来市场上的最大蛋糕，而 O2O 无疑也成为众多企业角逐的重点。

O2O 模式现在的确很热门，不过，企业不能只是对其进行简单的复制，不是每个采取 O2O 模式的企业都能活得很滋润。其实，评判一种 O2O 模式是否优秀，并不在于其形式如何，而在于这种形式是否能盘活企业的实体资源，提升企业的竞争力；又是否能融合更多的资源、提升企业的生存发展和创新能力。

例如，"宠宠熊"的 O2O 电商模式就与其他宠物电商大不相同，它将主要资金投入到实体店的运作中，并以围绕宠物主题的"门店服务+电商+社交"模式来实现重度 O2O 矩阵，如图 3-33 所示。

电商平台

线下门店

消费者在线上注册成为会员，即可享受免费接送服务。同时，可以通过官网和手机 WAP 网站在线上购买宠物用品，由设立于各城市的仓库配送到门店，再由门店的司机配送到家。

"宠宠熊"重点打造线下门店，其定位是服务和体验，以此打造线下的运营壁垒。不过，"宠宠熊"并不在门店推销和销售宠物用品，会员可以去独立的线上平台购物，再由宠宠熊门店直接配送到家。

图 3-33 　"宠宠熊"的 O2O 电商模式

"宠宠熊"依靠"重门店、轻营销"的 O2O 商业模式取得了成功：2015 年以来，宠宠熊在上海、深圳两地已拓展数十家店，在过去不到 3 年的时间里，宠宠熊已凭借优秀的团队与创新模式，前后融资了 5000 万。

在移动互联网时代，通过网站找商家肯定不如打开手机通过地理位置的方式找商家更方便。从使用习惯来说，移动互联网无疑具有先天的优势。基于移动互联网的品牌一旦建立起来，就会离用户更近。

因此，瞄准用户需求，做成某一需求领域的第一品牌，是 O2O 创业者成功的关键所在。移动互联网已从"撒网捕鱼"阶段进入到"占位"阶段。O2O 的消费群体个性化比较明显，因此，其应用更应该走向差异化。

3.5.2 移动 O2O 电商的五大商业模式

O2O 作为强调线上线下结合的电子商务模式，与移动 APP 应用有着天然的结合点。实际上，O2O 作为未来电子商务发展的主要模式之一，其在移动互联网的应用前景非常广阔，商业模式也是多种多样。

1. 优惠模式——布丁优惠券

优惠券通常指持有人在购物或消费时享受折价、优惠价或换取赠品的一种凭证。在众多的促销手段中，优惠券的运用被认为是范围最广、成效最显著的方式之一。

例如，2010 年 11 月，布丁移动首款产品布丁优惠券上线，提供包括麦当劳、必胜客、DQ、吉野家等餐饮连锁的优惠券内容，如图 3-34 所示。布丁优惠券是一款"直接出示、无须打印"的优惠券 APP，集合了全国精品连锁餐饮的电子折扣券，用户只须在餐厅柜台出示手机优惠券图片，即可立即省钱享用美食。

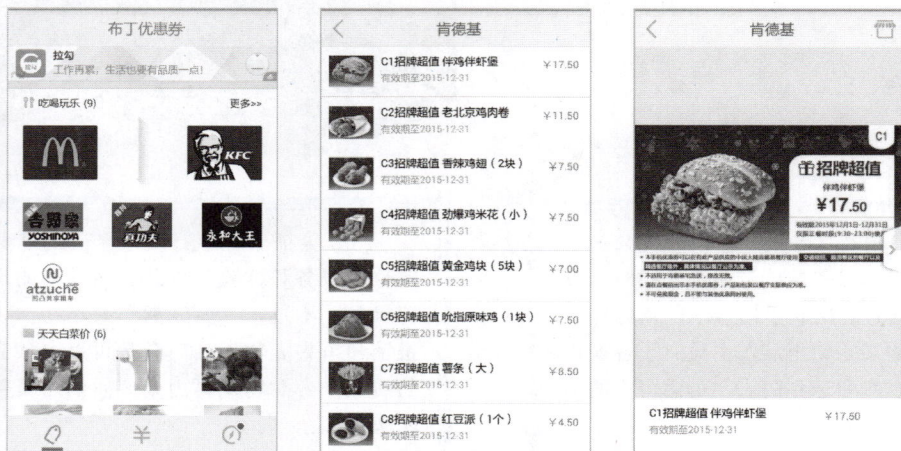

图 3-34 布丁优惠券 APP

相对于数以千万计的独立餐馆，餐饮连锁不像团购那样需要强大的推广团队，在内容管理以及合作难度上要低得多，商户和用户都有相应需求，巨头又看不上这样的小生意，因此，布丁的优惠券生意一度做得风生水起。

优惠券虽然只是一个广告平台，但电子凭证是有价的，不管是后付费还是预付费，因为它有价值流动，商业模式就容易建立。据悉，布丁还准备推出一种超声波双向认证的机制，通过在线下商家安放一个小小的超声源设备，来实现跟消费者的手机对接，确认用户的到店消费。

布丁优惠券的理念是帮助线下零售商家建立一套虚拟的 CRM 系统，能够帮助商家管理所有的用户，精准地分析这些用户的行为。同时，布丁优惠券帮用户提供更好的体验，更好的信息获取的方式，包括支付的形式，把移动互联网的营销做得更好。

布丁优惠券能够以一种最简单、最直接的方式将本地海量的折扣或是优惠信息提供给用户，并且用户只要向商家出示手机中的对应页面，即可享受优惠服务，如此使用机制就目前来说是门槛最低，也是见效最快的。此外，布丁优惠券中包含多元的活动专题(如图 3-35 所示)及信息检索功能，无疑让用户们变成了地地道道的"生活帮"，哪里有物美价廉的好东西，只要打开应用，便能了如指掌。

图 3-35　布丁优惠券中的奖励任务

O2O 为什么能成为一个独立的、自成体系的模式？大众点评、布丁优惠券、美团都能够存在并壮大，其原因到底是什么？

其实，答案就在第二个"O"上，即对线下商户的控制和商户的关系。怎样让消费者在线下感觉更舒服，这些都需要花时间去做和积累的。

O2O 是一个自成体系的平台和盈利模式，所有互联网巨头都只有第一个"O"(Online)，没有第二个"O"(Offline)。当布丁优惠券覆盖到足够多的店，积累了足够多的用户数据并产生了足够精准的分析，且其他人觉察到这些东西的厚度的时候，O2O闭环的火候就到了。

2. 积分模式——折800

积分营销作为一种先进的商务手段，在O2O模式中大有作为。企业可以在线上商城中最明显的位置写上：进店送积分，购物送积分，秀贴送积分，推荐送积分，积分抵现金，积分换宝贝等信息。在O2O营销中以积分互动为核心，主要作用如图3-36所示。

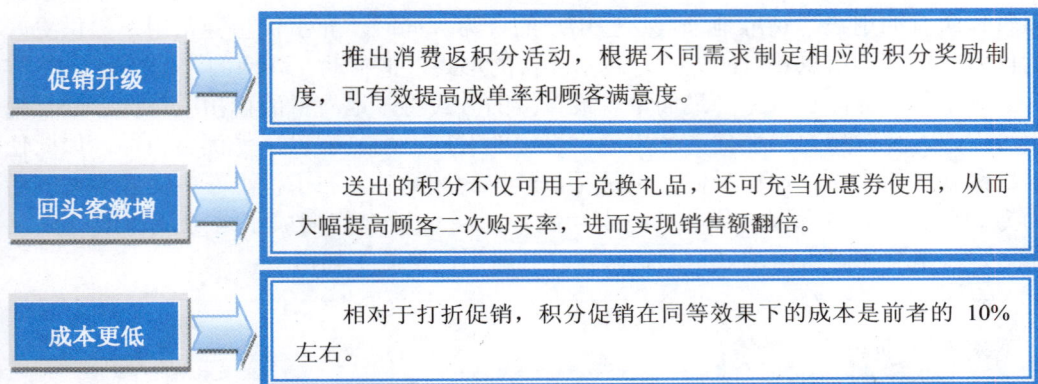

促销升级	推出消费返积分活动，根据不同需求制定相应的积分奖励制度，可有效提高成单率和顾客满意度。
回头客激增	送出的积分不仅可用于兑换礼品，还可充当优惠券使用，从而大幅提高顾客二次购买率，进而实现销售额翻倍。
成本更低	相对于打折促销，积分促销在同等效果下的成本是前者的10%左右。

图 3-36 积分在 O2O 电商中的作用

- 进店送积分：可以让犹豫的顾客立即成为你的会员，用赠送积分购物，购物送积分可以促使他再次消费。
- 秀贴送积分：可以激励积分者现身说法，为你宣传商品或服务。
- 推荐送积分：可以把你的老顾客变成你的推销员，帮你推荐新顾客。

专家提醒

电子商务一个很明显的特征是冲动消费，消费者可能并不是长久地谋划某项购买活动，而是看到心仪的产品或服务时突然产生购买欲望，而传统互联网由于受到电脑便捷性的限制，很难及时满足用户的消费需求。不过，移动互联网则以其便捷性和相应的技术手段获得了用户的青睐。手机消费具备实时性、随机性等特征，正好可以为O2O铺平道路。

例如，隶属于国内专业团购导航网站团800的"折800"，是一家超高性价比商品限时特卖的网站，每日聚合来自品牌直供商家、淘宝天猫商家专供"折800"用户独享折扣的超划算网购商品信息，每日更新给力商品超过千余款。

"折800"已为安卓手机和iPhone推出了客户端软件，并且通过近两年的发展，迅速得到了用户的喜爱，成为用户每天利用碎片时间必须浏览的手机应用之一，如

图 3-37 所示。

图 3-37 "折 800" APP

随着折 800 日益成熟和壮大，与折 800 合作的商家和品牌商也越来越多。即使作为超高性价比特卖性质的电商网站，折 800 玩法也不只局限于低价、打折、促销等，而是可以创造各类好玩、新颖、有效的营销玩法，来帮助商家取得理想销量。

"折 800" APP 具有十分强大的积分功能，当用户首次进入 APP 时，即可领取积分，还可以通过签到、关注微信或 QQ 空间等任务来赚取积分，如图 3-38 所示。

图 3-38 "折 800" 的赚积分功能

"折 800" 的积分可以用来领取暗号团商品的暗号、参与幸运抽奖活动、参与疯

狂竞拍活动、参与积分兑换活动，如图 3-39 所示。

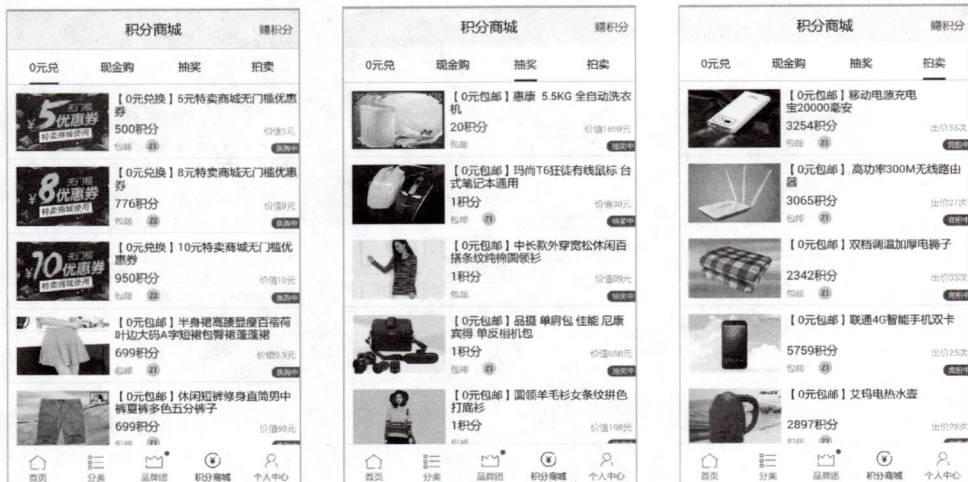

图 3-39 积分的作用

成功的积分营销＝"充满诱惑的积分礼品"＋"完善细致的服务"＋"客户的积极参与"＋"客户的良好感受"。 由此可以看出，区别于常规的打折、优惠、返利等营销方式，积分礼品更需要具备超高的价值魅力，足以诱惑客户由心动到行动，积极参与其中。

在移动 O2O 电商模式中，商家可能出于控制采购成本的目的，不可能为用户提供无限制的选择礼品种类，这样就普遍造成积分礼品的大同小异。另外，由于用户无法切实触摸、体验这些积分礼品，而只能通过图片展示、文字说明以及用户的评价获取礼品信息，因此商家在准备积分礼品时，必须使其具备让人一见倾心的魅力，以差异化价值和强势的品牌效应，成功诱惑客户进行礼品兑换。

专家提醒

> 暗号团是指团长跟店铺联系，约定暗号和优惠价格。团员直接报暗号去买东西享受优惠价，商家直接给团员发货。

3. 返利模式——返利网

线下返利是指提供"衣食住行吃喝玩乐"的商家与返利网站合作，会员在商家那里消费成功后，可获得一定比例的金额返现。商家通过与返利网站合作，获得客流量和回头客，而会员通过返利网站获得无任何门槛的优惠，使商家、消费者和 O2O 平台达到共赢的状态。

例如，为引流返利市场 O2O，国内最大的网上导购平台——返利网会做线下返利的业务，通过线下的市场来发展其 O2O 的服务，如图 3-40 所示。

进入"返利网"APP 的主页，如图 3-41 所示。目前，消费者可以通过返利网中的"返利卡"、"旅行返利"、"任务返利"等模块获取线下返利。

"返利网"APP 提供的主要线下服务。

商家可通过"限量秒杀"推动销售，加大曝光度，从而提升品牌影响力。

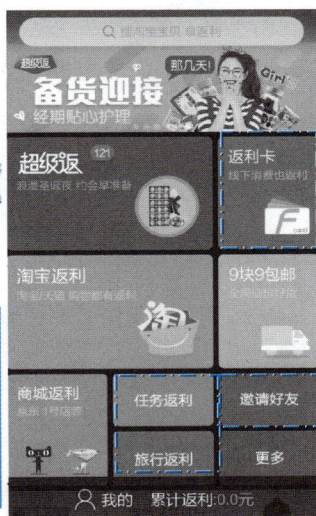

图 3-40　"返利网"APP

图 3-41　主页

例如，点击"旅行返利"按钮，进入"旅行商家"界面，可以看到各大商家的返利幅度，如图 3-42 所示。选择相应的商家后，即可查看该商家推出的线上服务，如酒店、机票、火车票、团购、用车、汽车票、美食、旅游等，如图 3-43 所示。

返利网可从网上商城得到一定比例的销售提成，返利网再把提成与自己的会员分享，这就是现金返利的来源。

图 3-42　"旅行商家"界面

图 3-43　选择线上服务

例如，选择"酒店客栈"服务后，APP 会自动定位，用户也可以自行选择城市，并出现相应的酒店列表，如图 3-44 所示。点击"地图"按钮，用户还可以通过地图模式查看线下商家的具体地址、路线以及叫车，如图 3-45 所示。

图 3-44　查找酒店

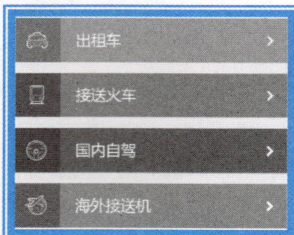

图 3-45　地图模式

服务行业的问题是区域性问题，移动 O2O 应用很巧妙地解决了区域性的信息闭塞，而返利网的返利模式不仅利用互联网的信息快捷性为商家创造盈利点，还采用返利的方式为商家解决重复消费的难题，如图 3-46 所示。

图 3-46　移动 O2O 电商的返利模式

对于商家来说，顾客黏性一直是他们感到头痛的地方，也是目前众多 O2O 网站中无法解决的问题，而团购带来的用户也只是一次性的某个低价产品的使用，对于让消费者进行二次消费也是非常困难的。但返利网通过线下返利的模式，轻而易举地解决了这个难题。

4. 信息搜索——58 同城

O2O 模式最明显的模式是什么呢？**简单地说，就是为消费者提供商家信息，把线上的消费者带到现实的商店中去，首先，在线支付购买或者是预订线下的商品和服**

务，然后再到线下去享受服务。

例如，成立于 2005 年的 58 同城，目前已经在全国 320 个主要城市开通分站。58 同城定位于本地社区及免费分类信息服务，帮助人们解决生活和工作所遇到的难题。

登录"58 同城"APP 后，可以看到其信息覆盖二手物品、房产、招聘、二手车、宠物、家政服务、本地服务等项目，如图 3-47 所示。例如，点击"本地服务"按钮后，还可以在展开的子菜单中选择教育培训、商务服务、汽车服务、装修建材、婚庆摄影、医疗健康、餐饮美食、旅游酒店、农林牧渔、批发采购等本地性十分强的线下服务，如图 3-48 所示。

从 58 同城提供的线下服务可以看出，它属于重型 O2O，本地服务的介入程度较深。重型 O2O 对服务体验有较强的控制和保障，在商家合作中有较强议价能力，能很快收到佣金，能提供个性化服务。

图 3-47　"58 同城"APP

图 3-48　"本地服务"界面

例如，选择"婚纱摄影"后，即可查看"全城"或"附近"的婚纱摄影信息，以及通过电话、微信、QQ 等社交方式进行互动，还可通过"58 同城"APP 进行免费预约，如图 3-49 所示。

如今，分类信息已成为最具生命力的一项移动互联网应用，它开创了全新的信息传播途径，聚合了海量个人信息和大量商家信息，为网民解决日常生活中的焦点、难点问题提供了最便捷的解决途径。

58 同城继续升级移动客户端的体验，推出了一款免费即时通信工具——58 帮帮，供 58 同城网站的信息发布者和信息浏览者进行在线交流。

O2O 本身指向的是生活服务信息领域，分类信息网在这方面占有先天优势。对于分类信息网站来说，移动互联网不仅是突破口，更是试金石。O2O 主要应用场景都与手机密不可分：

● 用户可以通过 O2O 服务网站查找自己需要的服务，利用手机支付，再到线

下消费。

图 3-49 查看本地服务

- 用户可以通过手机 APP 应用进行相关产品或服务的查找，利用手机支付，到线下消费。
- 用户可用手机在线下实体店扫描 RFID、二维码获得产品信息，查找产品并用手机支付，然后商家将产品送到用户手中，或者用户在线下消费。

5. 服务推荐——食神摇摇

如今，从团购开始，互联网的渠道特性开始大规模伸向线下。然而，这其中也有明显的不同之处，主要是由于移动终端的普及。目前 O2O 的爆发主要还是集中在生活电商领域，依赖于目前移动终端的不断演进和发展，其功能越来越强大，**"移动终端+LBS 推送+线上支付"这一完美的组合**，统一通过移动互联网集成在一起。

商家把自己的优惠信息发布到移动 O2O 平台上，用户通过 LBS 获得相关的推荐信息，再使用电子优惠券进行附带支付后，就可以享受到商家提供的服务和产品了。因此，在服务推荐模式中，O2O 仅仅是商家的另外一个渠道，就如商家发的 DM 宣传单一样。

另外，基于移动互联网与移动社交平台的海量数据分析，移动 O2O 平台还可以利用大数据将电商营销带入个性化时代，如图 3-50 所示。应用互联网平台的大数据分析，可以告诉电商企业什么是正确的营销时间和方向，谁是正确的用户，什么是应该发表的正确内容等，这正好切中了企业在移动互联网端的需求。

在 O2O 的商务模式中，互联网展现的是通向实体商务的渠道价值，然而与先前的纯互联网渠道不同，由于牵涉到垂直的商业领域，网站经营者对于实体商务的运作能力要求很高。手机移动互联网会在这个模式中扮演越来越重要的角色，与 PC 互联网形成互补，而非取代。

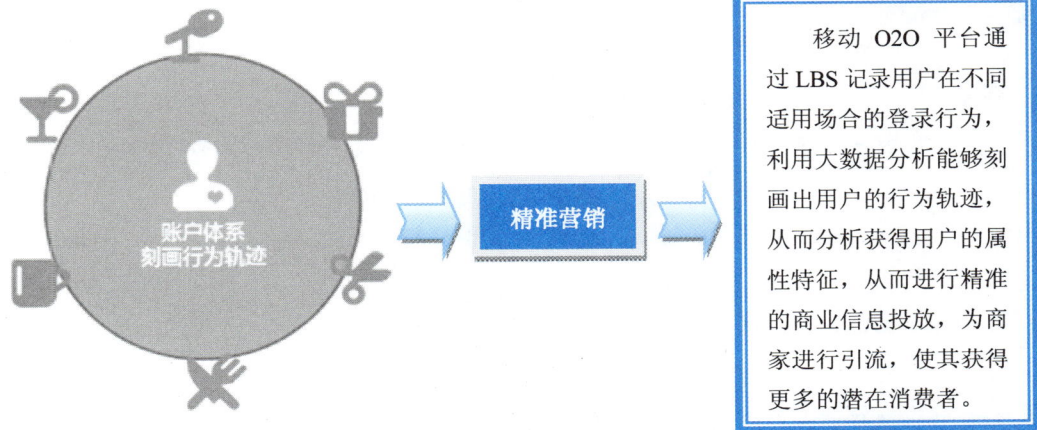

移动 O2O 平台通过 LBS 记录用户在不同适用场合的登录行为，利用大数据分析能够刻画出用户的行为轨迹，从而分析获得用户的属性特征，从而进行精准的商业信息投放，为商家进行引流，使其获得更多的潜在消费者。

图 3-50　利用大数据进行精准推送

例如，"食神摇摇"APP 就是一款个性化餐厅服务推荐应用，可以帮助用户解决"吃什么"、"去哪里吃"、"贵不贵"的难题。进入 APP 后，可以选择"附近"、"排行"等选项，如图 3-51 所示。点击"附近"选项，即可显示用户周围的餐厅，如图 3-52 所示。

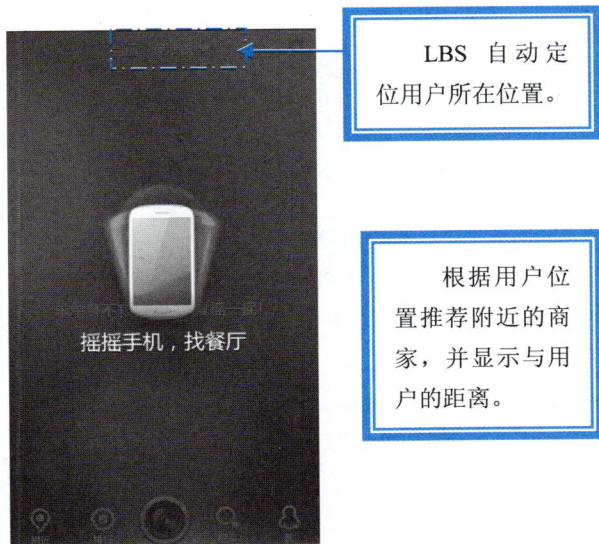

LBS 自动定位用户所在位置。

根据用户位置推荐附近的商家，并显示与用户的距离。

摇摇手机，找餐厅

图 3-51　APP 主界面

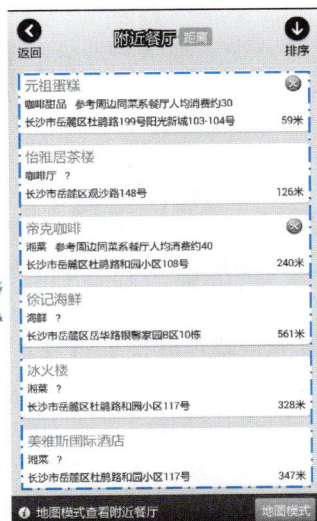

图 3-52　显示用户周围的餐厅

在主界面点击"排行"选项，即可显示用户所在城市本周最受欢迎的餐厅，如图 3-53 所示。用户也可以在主界面摇一摇手机，系统会随机为用户推荐一家不错的餐厅，如图 3-54 所示。

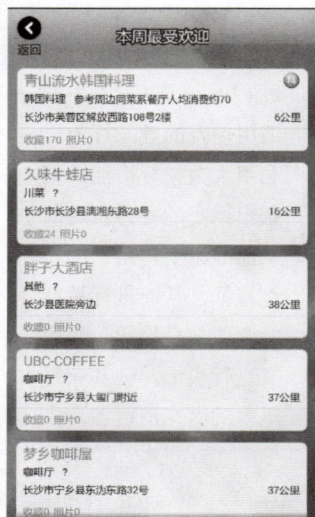

摇一摇手机，根据用户的喜好及口味等，自动推荐最合适的餐厅。

根据距离、评价、优惠券、忌口等进行最优排行。

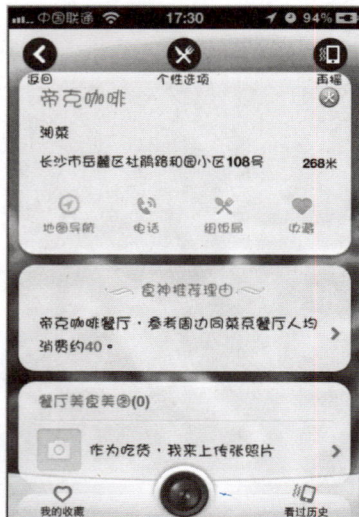

图 3-53　本地餐厅排行

图 3-54　随机推荐的餐厅

专家提醒

O2O 电子商务主要面向第三产业——服务业。中国服务业电子商务领域每年有数十万亿元的交易额，市场上还没有强大的竞争对手，该领域属于蓝海市场。O2O 服务业领域覆盖面广、企业数量庞大、地域性强，很难在电视、互联网门户做广告，而 O2O 电子商务模式完全可以满足这个市场需要。

日常生活中，衣食住行在很大程度上都与本地化相关，例如出门查找公交路线、寻找本地的商家的折扣信息等。从先前 Google 一直要收购 Groupon 到最近自己做了 Google Offer，无不显示出搜索巨头极力让自己的搜索变得更加本地化。

对于实体商家和企业而言，**O2O 模式在一定程度上降低了本地商家对店铺地理位置的依赖，减少了租金方面的支出。**对消费者而言，O2O 可提供丰富、全面、及时的本地商家的产品与服务信息，能够快捷筛选适宜的商品或服务，且价格实惠。

无论是搜索信息还是主动推荐，在社会化网络中，这两种方式都会存在，我们寻找信息的时候也会采用各种方式来进行，只不过现在的信息很泛滥，寻找信息要解决的真正难题并不是找信息，而是怎么帮用户过滤掉那些无用的、不相干的信息。

移动支付：移动电商必不可缺的环节

第4章

随着市场化进程的不断加快，以及信息技术的不断进步，我国电子商务已经走出发展探索期，传统的 B2B、B2C 电商模式早已成熟，而移动终端——智能手机的普及，使人们逐步摆脱了 PC 终端，移动互联网因此开始飞速发展。移动支付的出现，使电子商务向创新迈出了步伐——出现了移动电商。

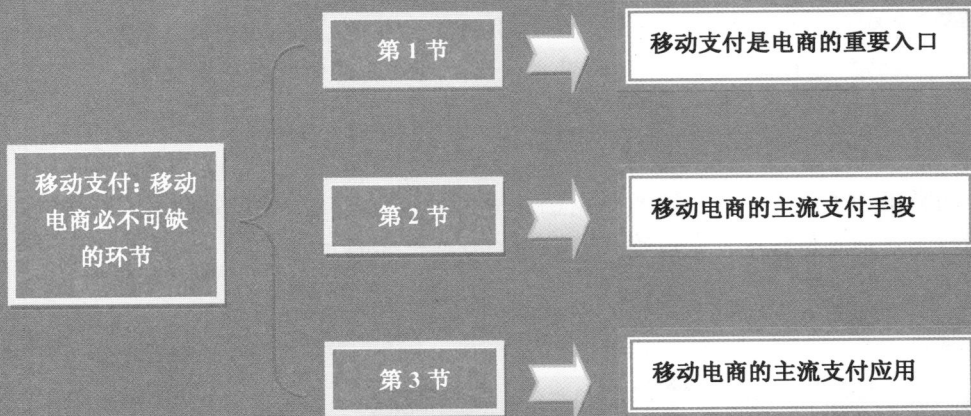

移动支付：移动电商必不可缺的环节

第1节 ➡ 移动支付是电商的重要入口

第2节 ➡ 移动电商的主流支付手段

第3节 ➡ 移动电商的主流支付应用

4.1　移动支付是电商的重要入口

　　移动支付作为电商的一种交易模式，手机和移动 PC 都只是承载电商消费的介质，比起传统 PC，携带应用更为方便。**最靠谱的"移动钱包"就是消费者的智能手机本身——智能手机容纳各种支付、积分和奖励应用的方式会变得像现实中钱包容纳卡片和现金一样**，如图 4-1 所示。

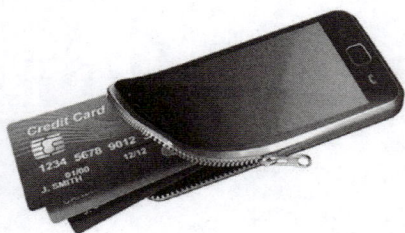

图 4-1　移动钱包

信息导读

　　手机支付是金融服务和电信服务的结合体，移动支付作为电子商务的重要一环，已经成为网络购物、小额支付等的主要选择。随着统一技术标准的制定和技术安全方面的进步，一个庞大的产业空间将会形成。

4.1.1　移动支付创新电商模式

　　随着中国手机普及率的提高，市场环境日趋成熟，移动支付发展潜力巨大，但缺乏统一的移动支付标准，始终制约着产业的发展，如图 4-2 所示。

智能移动设备的普及、人们的移动消费需求，促使移动支付标准不断得到完善

标准

图 4-2　移动支付的标准在逐步完善

成熟的移动支付系统在不断推进着移动互联网的发展，中国人民银行公告明确采用 13.56MHz 的 NFC 技术后，让移动支付有了统一技术的标准，NFC 智能终端顺理成章地就成了移动支付的热点。另外，国内三大电信运营商同时获得央行支付牌照，这意味着，"刷手机"支付时代即将到来，如图 4-3 所示。

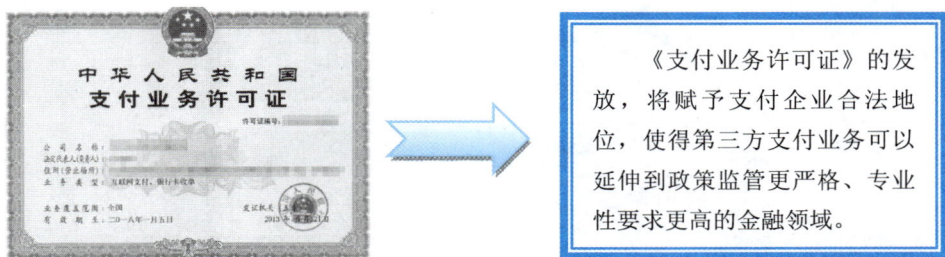

《支付业务许可证》的发放，将赋予支付企业合法地位，使得第三方支付业务可以延伸到政策监管更严格、专业性要求更高的金融领域。

图 4-3　央行支付牌照

移动支付的产业链对手机支付的推广和应用具有非常重要的意义，如图 4-4 所示。随着移动支付产业标准的出台，NFC 技术将大规模商用，也将随智能机一起普及，为移动支付的发展奠定用户基础。

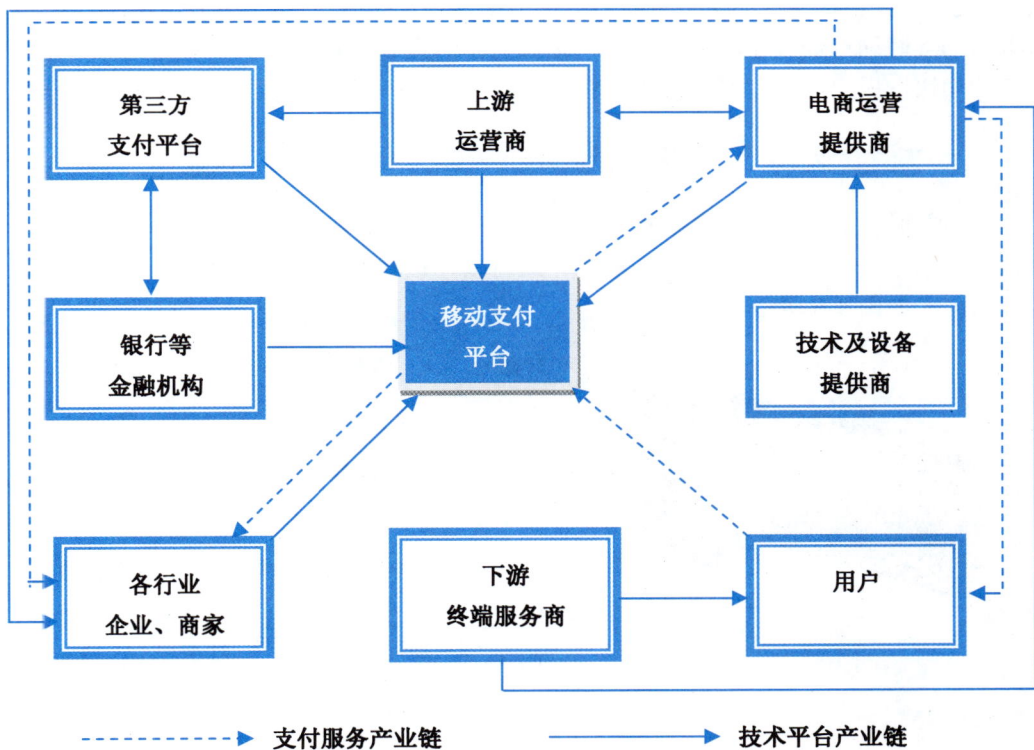

图 4-4　移动支付的产业链

"互联网+"战略的落实，使互联网思维加速渗透到传统行业，而一切的交易都离不开支付，如图 4-5 所示。另外，随着线下消费场景的增加以及巨头补贴，也有效提高了移动支付的使用频次，促进了使用习惯的形成。

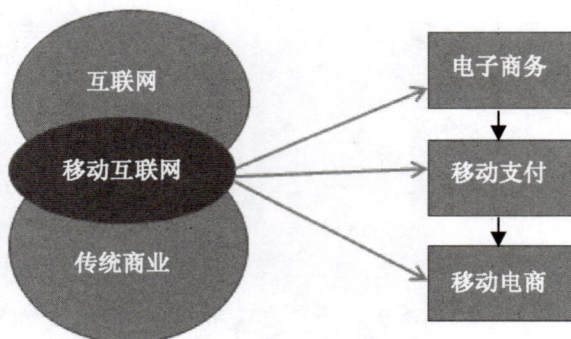

图 4-5 "互联网+"加速移动支付和电商的发展

据悉，2015 第一季度中国第三方移动支付市场交易规模达 20015.6 亿元，同比上涨 139.2%，继续呈现出高速增长的态势。全球移动互联网用户总数超过 10 亿人，意味着移动互联网已经或正在改变着 10 亿人的生活方式。移动支付体系的完善，生活节奏的加快，用户消费习惯的改变，将促使新型电子商务模式快速发展。

4.1.2　移动支付的动力与阻碍

作为新时代的我们，衣食住行、吃喝玩乐都离不开移动支付，吃饭团购、电影选座、水电煤采购，动动手指即可下单并完成付款，移动支付已经渗透到我们生活中的方方面面，如图 4-6 所示。

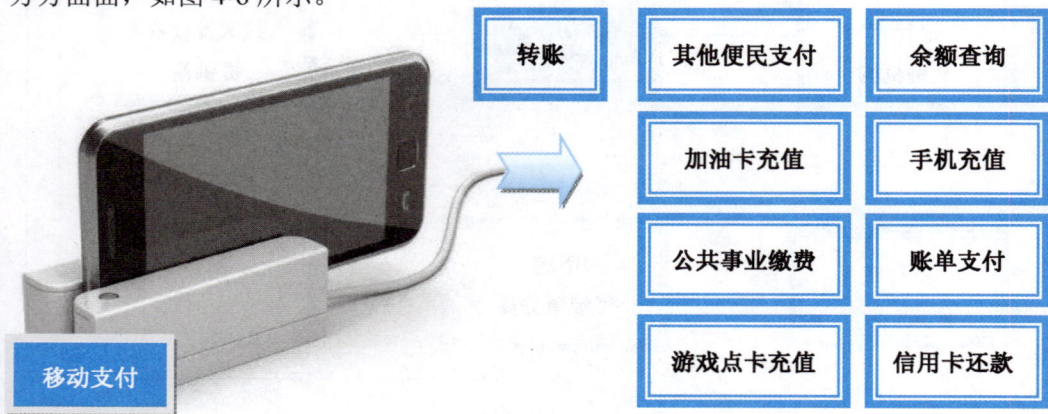

图 4-6　移动支付渗透到生活中的方方面面

移动互联网技术的飞速发展带动了移动支付的技术创新，而用户对于支付便捷性的需求也在催生新的支付方式的产生。不过，移动支付技术的安全性、用户使用习惯的培养以及产业链的梳理和完善，是目前移动支付企业需要着手解决的问题。

移动支付的发展动力与阻碍因素如图4-7所示。

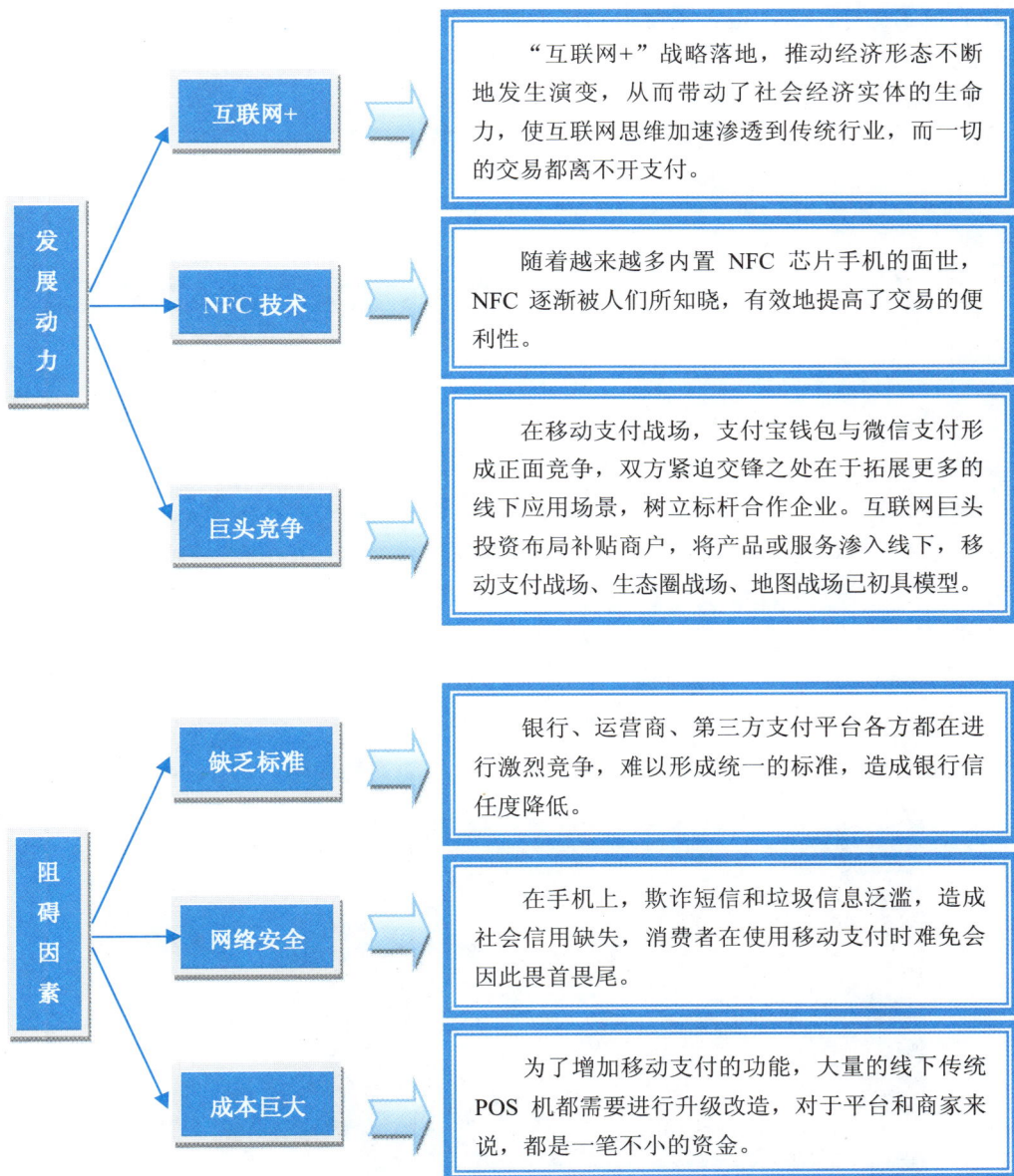

发展动力

互联网+ ➤ "互联网+"战略落地，推动经济形态不断地发生演变，从而带动了社会经济实体的生命力，使互联网思维加速渗透到传统行业，而一切的交易都离不开支付。

NFC技术 ➤ 随着越来越多内置 NFC 芯片手机的面世，NFC 逐渐被人们所知晓，有效地提高了交易的便利性。

巨头竞争 ➤ 在移动支付战场，支付宝钱包与微信支付形成正面竞争，双方紧迫交锋之处在于拓展更多的线下应用场景，树立标杆合作企业。互联网巨头投资布局补贴商户，将产品或服务渗入线下，移动支付战场、生态圈战场、地图战场已初具模型。

阻碍因素

缺乏标准 ➤ 银行、运营商、第三方支付平台各方都在进行激烈竞争，难以形成统一的标准，造成银行信任度降低。

网络安全 ➤ 在手机上，欺诈短信和垃圾信息泛滥，造成社会信用缺失，消费者在使用移动支付时难免会因此畏首畏尾。

成本巨大 ➤ 为了增加移动支付的功能，大量的线下传统POS 机都需要进行升级改造，对于平台和商家来说，都是一笔不小的资金。

图4-7 移动支付的发展动力与阻碍因素

4.1.3 移动支付的三大主要类型

智能手机的兴起带动了移动互联网的发展，而众多的电商企业也从中发现了新的商机，O2O、F2C 等创新电商模式应运而生。**企业要生存，电子商务要发展，则需要更好的技术支持，这在很大程度上加快了移动支付标准的产生，加快了支付领域的多元化进程。**

目前，移动支付的三大主要类型如图 4-8 所示。

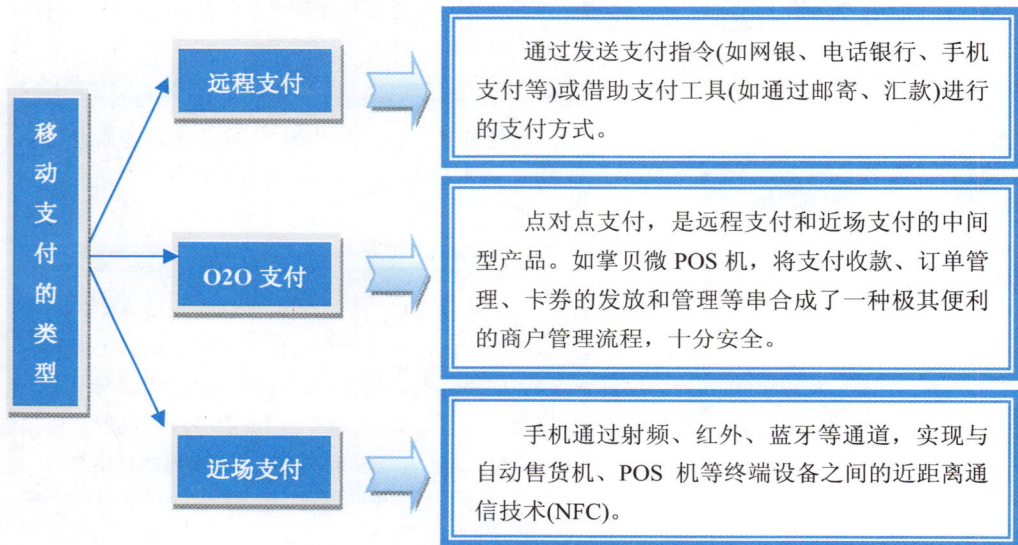

图 4-8 移动支付的三大主要类型

例如，Apple Pay 就是苹果发布的一款 O2O 移动支付应用，如图 4-9 所示。

图 4-9 Apple Pay

目前，美国已经有 110 万信用卡激活了 Apple Pay，用户数量不断攀升，并且苹果正在努力推广到欧洲和亚洲市场。

4.2　移动电商的主流支付手段

以手机为载体，通过与终端读写器近距离识别进行的信息交互，运营商可以将移动通信卡、公交卡、地铁卡、银行卡等各类信息整合到以手机为平台的载体中进行集成管理，并搭建与之配套的网络体系，从而为用户提供十分方便的支付以及身份认证渠道。本节将介绍几种主流的移动支付手段。

信息导读

企业要生存，电子商务要发展，都需要更好的技术支持，在很大程度上，移动电商的发展又加快了移动支付标准的产生，加快了支付领域的多元化进程。

4.2.1　NFC 支付

NFC 是一种非接触式识别和互联技术。NFC 手机内置 NFC 芯片，是组成 RFID 模块的一部分，可以当作 RFID 无源标签来支付使用，也可以当作 RFID 读写器来进行数据交换和采集，如图 4-10 所示。

NFC(近距离无线通信技术)是由非接触式射频识别(RFID)及互联互通技术整合演变而来的，在单一芯片上结合感应式读卡器、感应式卡片和点对点的功能，能在短距离与兼容设备进行识别和数据交换，其工作频率为 13.56MHz。

图 4-10　内置 NFC 芯片的 NFC 手机

权威调研机构 Technavio 的最新报告显示，预计 2015 年到 2019 年间，NFC 芯片的复合年均增长率将会达到 50.6%，NFC 芯片增长的阻碍主要来自于目前较高的价格，但其市场还是会持续增长的。目前主流的 NFC 支付设备主要有以下两种。

- NFC 手机：NFC 手机是指带有 NFC 模块的手机。**目前 NFC 技术应用还不**

丰富，这将成为 NFC 手机的主要发力点，特别是推动 NFC 手机关于移动
支付的发展。

专家提醒

　　除了 NFC 手机外，还有许多可穿戴的智能移动设备也可以嵌入 NFC 芯
片。例如，英飞凌科技股份公司为各种型号的三星 Gear S2 智能手表提供嵌
入式安全芯片(eSE)，该芯片可保护用户的敏感数据，支持基于近场通信
(NFC)技术的安全非接触式支付交易，进一步提升了便捷性和移动性，如
图 4-11 所示。

图 4-11　三星 Gear S2 智能手表

● NFC 支付终端：主要包括 NFC 收款机(NFC POS 机)和 NFC 自动售货机、
NFC 读卡设备等，如图 4-12 所示。

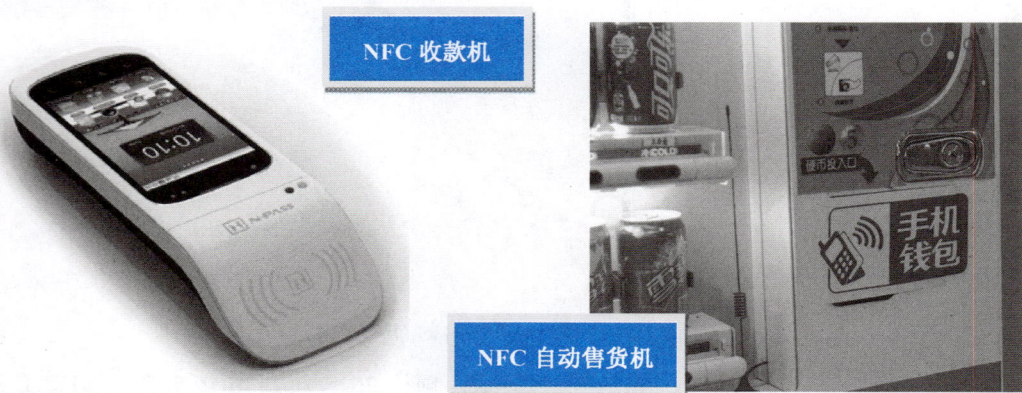

图 4-12　NFC 支付终端

NFC 支付与二维码扫码支付的区别在于，NFC 是一种高频无线通信技术，不需

要使用移动网络。应用 NFC 技术的手机相当于把手机变成了支付终端，可以直接刷机支付。

NFC 手机与卡的结合，最早是对卡信息进行读取，国内如碰碰米(如图 4-13 所示)、支付宝等，最初都是读取公交卡余额。

图 4-13　碰碰米

另外一方面，拥有金融背景的企业也会开拓这一市场，最具代表的就是卡卡联，可以对金融 IC 卡进行电子现金的圈存以及主账户的余额查询，如图 4-14 所示。

图 4-14　卡卡联

银行方面也对 NFC 应用进行了开拓。例如，中信银行推出了 NFC 手机支付，仅需一个手机，便能轻松实现传统银行卡的全部功能：消费、圈存、查询、转账、现金等，如图 4-15 所示。

用户不但可以在中国境内贴有中国银联"闪付"标识的特约商户直接"刷手机"，完成付款步骤，还可以直接用手机实现"在线充值"和"实时余额显示"等功能。

图 4-15 中信银行 NFC 手机支付

随着 NFC 技术的逐步完善，也是作为移动运营商寻求业务发展的一个突破口，现在 NFC 技术已经确定为 4G 手机的标准配置，以 NFC 为入口打入互联网，对虚拟产品进行支付，甚至可以拓展到电商。

4.2.2 短信支付

手机短信支付是手机支付的最早应用，将用户手机 SIM 卡与用户本人的银行卡账号建立一种一一对应的关系，用户通过发送短信的方式在系统短信指令的引导下完成交易支付请求，操作简单，可以随时随地进行交易。例如，在手机游戏中经常会使用这种支付方式来购买道具等，如图 4-16 所示。

图 4-16 手机游戏中的短信支付

手机短信支付服务强调了移动缴费和消费。在非智能手机时代，短信支付是经常被 SP 广泛使用的一种快速的支付方式，它直接从 SIM 卡进行扣费。由于那时的手机短信支付存在不少缺陷，后来被取缔了。

再后来，运营商又开发了部分接口，让一些公司可以通过用户主动发送短信，再通过短信让用户确认的方式来进行支付服务。不过，这种业务的坏账率相对比较高，因此目前仅在游戏、手机铃声等虚拟行业中被使用。

专家提醒

SP 指移动互联网应用服务的直接提供者，负责根据用户的要求开发和提供适合手机用户使用的服务。

4.2.3　扫码支付

扫码支付是一种基于账户体系搭起来的新一代无线支付方案，如图 4-17 所示。

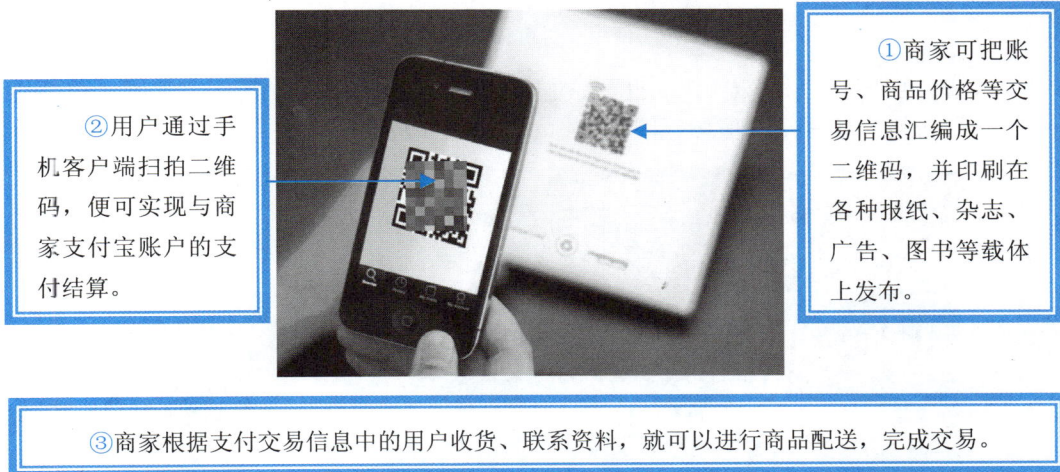

②用户通过手机客户端扫拍二维码，便可实现与商家支付宝账户的支付结算。

①商家可把账号、商品价格等交易信息汇编成一个二维码，并印刷在各种报纸、杂志、广告、图书等载体上发布。

③商家根据支付交易信息中的用户收货、联系资料，就可以进行商品配送，完成交易。

图 4-17　扫码支付

2014 年 3 月 13 日，央行发布《中国人民银行支付结算司关于暂停支付宝/公司线下条码(二维码)支付等业务意见的函》，叫停支付宝、腾讯的虚拟信用卡产品，同时叫停的还有条码(二维码)支付等面对面支付服务。央行要求二维码支付等面对面支付服务暂停，但实际上二维码支付在市场上从未销声匿迹。

当下无论是微信、支付宝等第三方支付平台以及硬件设备商，还是银行系、银联，各家都在积极布局二维码支付。例如，支付宝钱包推出快的打车二维码支付返现，如图 4-18 所示，乘客只需要扫一下快的司机的专属收费二维码，就会进入相应的付款界面。

图 4-18 使用支付宝钱包扫码支付车费

又如，创度软件科技(上海)有限公司开发出创度收银系统，实现在收银小票上打印二维码价格，顾客用微信扫码即可支付，如图 4-19 所示。

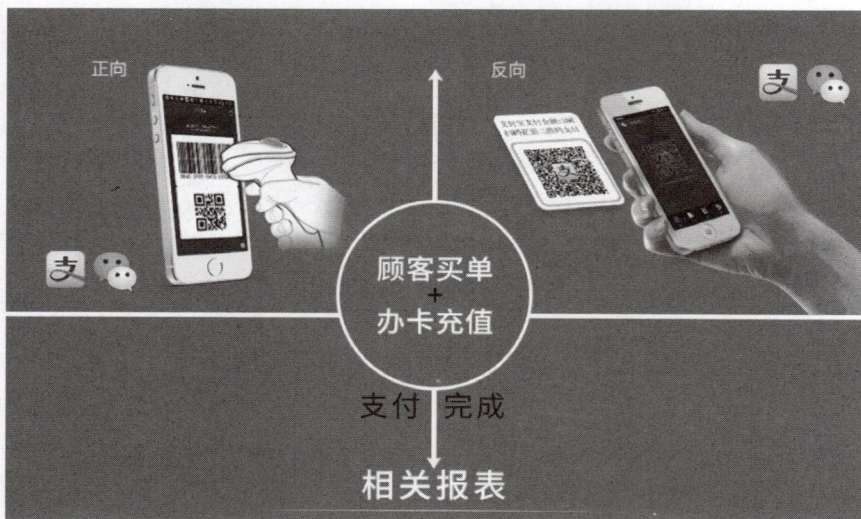

图 4-19 创度收银系统

银行方面，目前多个银行手机客户端 APP 当中已经增加了"扫一扫"功能，中行、民生、平安等多家银行均支持二维码转账，交行手机银行推出了二维码预约取现功能，中信银行推出了异度支付。

专家提醒

中信银行推出的"异度支付"产品包含了二维码支付、NFC 支付、全网跨行收单等子产品。使用中信银行卡的用户，只须在智能手机上安装中信银行手机银行客户端并绑定银行卡，即可实现二维码无卡支付，如图 4-20 所示。二维码支付功能安全性高，而且快速、便捷。为控制风险，中信银行控制每张银行卡的日支付限额，针对个别客户可提高或降低限额。

图 4-20 "异度支付"产品

扫码支付在国内兴起并不是偶然的，形成背景主要与我国 IT 技术的快速发展以及电子商务的快速推进有关，如图 4-21 所示。

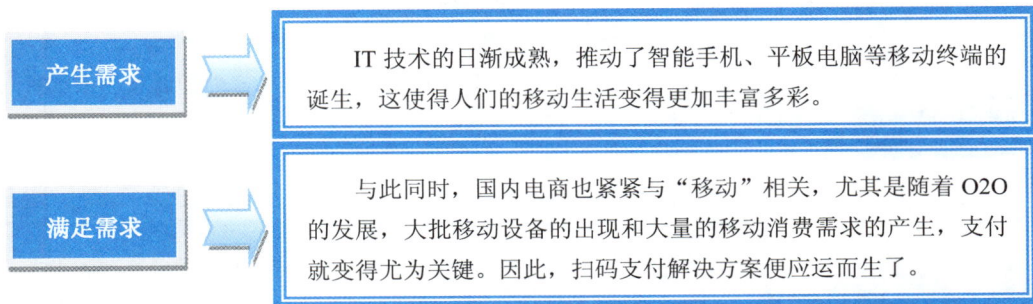

产生需求 → IT 技术的日渐成熟，推动了智能手机、平板电脑等移动终端的诞生，这使得人们的移动生活变得更加丰富多彩。

满足需求 → 与此同时，国内电商也紧紧与"移动"相关，尤其是随着 O2O 的发展，大批移动设备的出现和大量的移动消费需求的产生，支付就变得尤为关键。因此，扫码支付解决方案便应运而生了。

图 4-21 扫码支付兴起的原因

移动支付的核心价值是便捷，而扫码支付可以只在用户、商户和第三方支付之间进行，是多种移动支付方式中最为方便和容易推广的，是移动支付的首选，其"钱"

景十分广阔。

4.2.4　指纹支付

指纹支付即指纹消费，是采用目前已成熟的指纹系统进行消费认证，即顾客使用指纹注册成为指纹消费折扣联盟平台会员，通过指纹识别即可完成消费支付。

支付宝作为最大的网购支付平台，已经完美支持指纹识别支付，从硬件级别上保护消费者购物的安全性，可以有效防止恶意软件窃取用户支付密码信息，如图 4-22 所示。

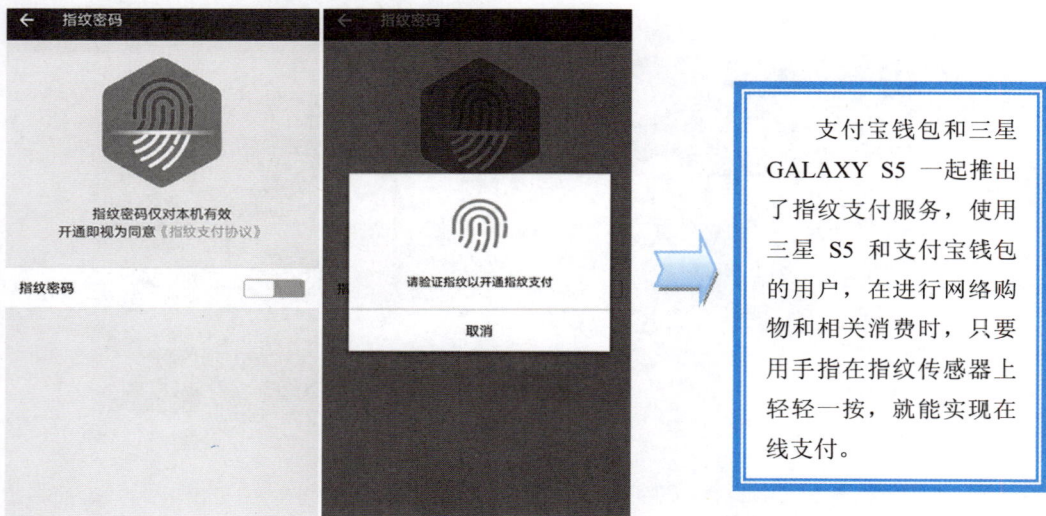

支付宝钱包和三星 GALAXY S5 一起推出了指纹支付服务，使用三星 S5 和支付宝钱包的用户，在进行网络购物和相关消费时，只要用手指在指纹传感器上轻轻一按，就能实现在线支付。

图 4-22　支付宝支持指纹识别支付

指纹支付的主要优势如图 4-23 所示。

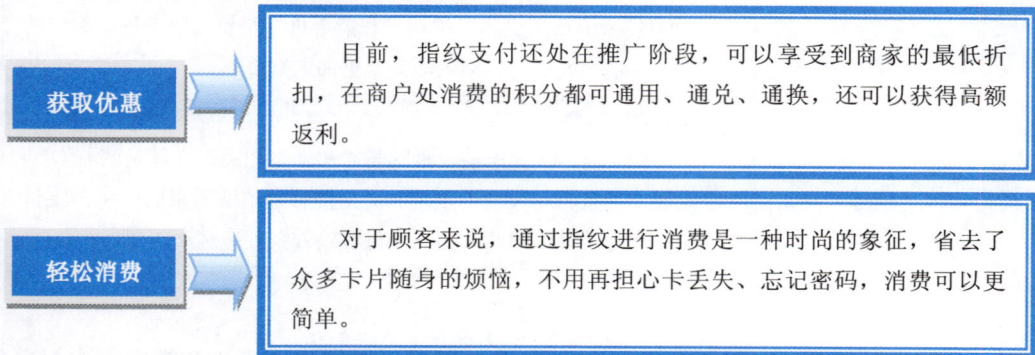

获取优惠

目前，指纹支付还处在推广阶段，可以享受到商家的最低折扣，在商户处消费的积分都可通用、通兑、通换，还可以获得高额返利。

轻松消费

对于顾客来说，通过指纹进行消费是一种时尚的象征，省去了众多卡片随身的烦恼，不用再担心卡丢失、忘记密码，消费可以更简单。

图 4-23　指纹支付的主要优势

4.2.5　声波支付

声波支付主要是利用声波的传输，完成两个设备的近场识别，如图 4-24 所示。

支付过程： 在第三方支付产品的手机客户端里，内置有"声波支付"功能，用户打开此功能后，用手机麦克风对准收款方的麦克风，手机会播放一段"咻咻咻"的声音；售货机听到这段声波之后就会自动处理，用户在自己手机上输入密码，售货机就会吐出商品。

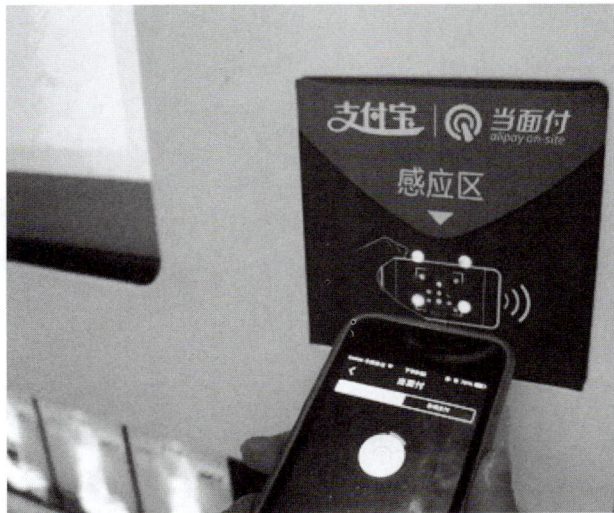

图 4-24　声波支付

在支付宝中，"声波支付"功能主要用于解决两位用户之间的快速支付问题，如图 4-25 所示，是支付宝进入线下支付市场的一个重要举措。

图 4-25　支付宝的"声波支付"

对于线下商家来说，声波支付所需感应设备的成本仅 50 元左右，远远低于传统 POS 机，颇具吸引力。对于售货机行业而言，使用支付宝支付的好处在于，其支付模

块的成本更低，同时具有可以灵活为商品定价、减少人工干预售货机运营、货款实时到账等优势。

4.2.6　光子支付

2015 年 01 月 23 日，平安银行在第二届中国互联网金融高层论坛上表示将推出移动支付更安全、更便捷的全新支付体验"光子支付"、将物联网技术在供应链金融服务中广泛应用，并将为客户提供一系列由科技创新带动的业务创新和服务创新。

2015 年 6 月，深圳光启智能光子技术有限公司和平安银行在平安银行总行大厦联合推出了移动支付技术——光子支付。

"光子支付"主要是通过一束光来实现授权、识别及信息传递的支付技术，可以将银行卡绑定在一个"光 ID"上，未来可将会员卡、购物卡等包含在内，如图 4-26 所示。

"光子支付"可以克服电磁捕获及干扰，每次发射的光都动态变化。实际操作中，用户只须打开手机闪光灯，对着 POS 机上的光子支付感应器照一下，其他环节与刷卡支付无异。

图 4-26　光子支付

"光子支付"以光为支付介质，利用手机闪光灯，实现数据从手机到 POS 机的传输。用户无须更换 SIM 卡或者添加设备，只须安装软件即可使用。商户端的改造也很简单，只需外接一个光子接收芯片。

> **专家提醒**
>
> "光子支付"并不需要连接网络，市面上的主流智能手机，只需要具备闪光灯功能，都能支持"光子支付"。"光子支付"的每一笔交易，均通过可见光点对点信息传输，采用独创光子动态加密，每道光均不同且单次有效，同时考虑到用户习惯，在支付交易中，用户还需要在 POS 机输入交易密码，从而实现双重安全保障。

通过"光子支付"解决方案，银行、商家、互联网公司等可以给用户提供新颖、便捷、安全的手机支付体验。

4.2.7　人脸支付

人脸识别支付系统是一款基于脸部识别系统的支付平台，它于 2013 年 7 月由芬兰创业公司 Uniqul 全球首次推出。人脸识别支付系统不需要钱包、信用卡或手机，支付时只需要面对 POS 机屏幕上的摄像头，系统会自动地将消费者面部信息与个人账户相关联，整个交易过程十分便捷，如图 4-27 所示。

图 4-27　人脸识别支付系统

2015 年 3 月 16 日，马云在全球知名的 IT 和通信产业盛会 CeBIT 的开幕式上，向德国总理默克尔与中国副总理马凯，演示了蚂蚁金服的 Smile to Pay 扫脸技术，为嘉宾从淘宝网上购买了 1948 年汉诺威纪念邮票，如图 4-28 所示。

图 4-28　蚂蚁金服的 Smile to Pay 扫脸技术

过去，人脸识别技术主要是基于人物的脸部局部特征描述进行分别；而现代的人脸识别技术则是直接将大量的人脸数据以裸像素的形式输入到系统中，通过系统运

算，得到区分不同人的视觉特征。即使做了整容手术，该技术也能从几百项脸部特征中找出"原来的你"。

蚂蚁金服方面表示，自己对于生物识别技术的热衷，最主要是为互联网金融业务做相应的技术储备，目前相关的具体产品正在筹备中。在移动支付和互联网金融领域，一个"靠脸吃饭"的时代正在向我们走来。

4.2.8 智能 SD 卡支付

在 SIM 卡的封装形式下，EEPROM 容量已经达到极限。通过使用智能 SD 卡来扩大 SIM 卡的容量，可以满足业务拓展的需要。

例如，北京市政交通一卡通公司联合数据安全解决方案供应商握奇数据、北京亿阳汇智通股份有限公司共同推出了移动支付产品——"e 乐通"，该产品采用握奇移动支付家族的新一代 SD 技术，如图 4-29 所示。

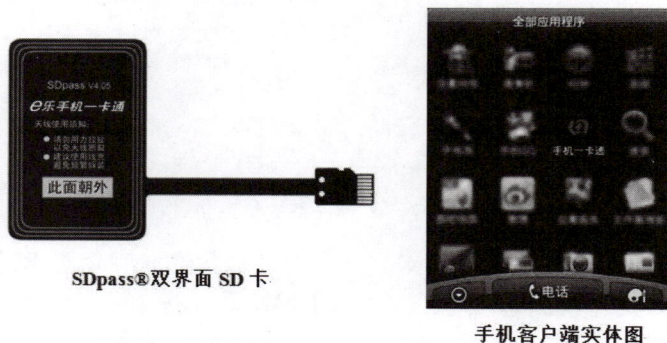

SDpass®双界面 SD 卡

手机客户端实体图

图 4-29 "e 乐通"智能 SD 卡

专家提醒

> SIM Pass 是一种多功能的 SIM 卡，支持 SIM 卡功能和移动支付的功能。SIM Pass 运行于手机内，为解决非接触界面工作所需的天线布置问题给出了两种解决方案：定制手机方案和低成本天线组方案。
>
> SIM Pass 是一张双界面的多功能应用智能卡，具有非接触和接触两个界面。
>
> ◆ 接触界面：可以实现 SIM 应用，完成手机卡的通信功能。
> ◆ 非接触界面：可以同时支持各种非接触应用。

"e 乐通"将北京市政交通一卡通与手机、计算机相结合，支持使用手机现场刷卡、手机与计算机网络支付功能的新型便民服务，可在全市所有公交、地铁、出租及市政交通一卡通合作商户中刷卡使用，并享受不同程度的优惠。

智能 SD 卡通常是在 SD 卡内部嵌入智能安全芯片，对移动支付过程进行安全认证，保障交易数据的加密传输以及存储。用户通过 SD 中内置的手机客户端软件实现远程移动支付和近场移动支付等业务。

4.2.9　RFID-SIM 支付

RFID-SIM 卡一卡通系统是中国移动、电信、联通公司推广的一种新型的身份认证和移动支付业务系统。RFID-SIM 是双界面智能卡技术向手机领域渗透的产品，如图 4-30 所示。RFID-SIM 既有 SIM 卡的功能，又可实现近距离无线通信。

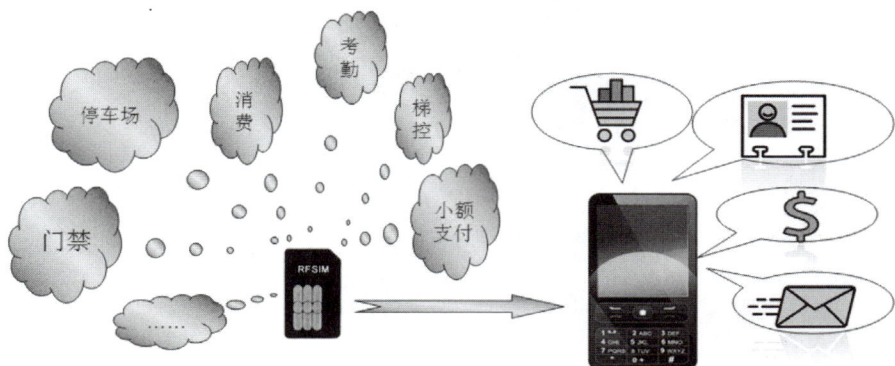

图 4-30　RFID-SIM 的主要功能

RFID 支付方式由于具备很高的安全性和便利性，被认为是未来移动支付发展的主流。 用户只需更换一个新的 RFID-SIM 手机卡(如图 4-31 所示)，可以保留原有手机号码、不更换手机，在保留原有手机的通信功能的基础上，使用手机在读卡设备上轻轻一挥，就可以实现小额消费、门禁、考勤、停车场等扩展功能，成为真正意义上的手机一卡通。

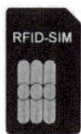

图 4-31　RFID-SIM 卡

专家提醒

RFID 是射频识别技术，它主要是通过无线电信号识别特定目标的，并可读写数据，但仅仅是单向的读取。NFC 可以看作是 RFID 的子集，用的是 RFID 的高频(13.56MHz)标准，但却是双向过程。

4.2.10　MPOS 支付

MPOS 是新型支付产品，与手机、平板电脑等通用智能移动设备进行连接，通过互联网进行信息传输，外接设备完成卡片读取、PIN 输入、数据加解密、提示信息显示等操作，从而实现支付功能的应用，如图 4-32 所示。

图 4-32　MPOS 支付设备

例如，深圳盒子支付信息技术有限公司推出的"盒子支付"创造性地将刷卡器与智能手机等移动设备相结合，开创了移动 POS 支付的新方式，如图 4-33 所示。

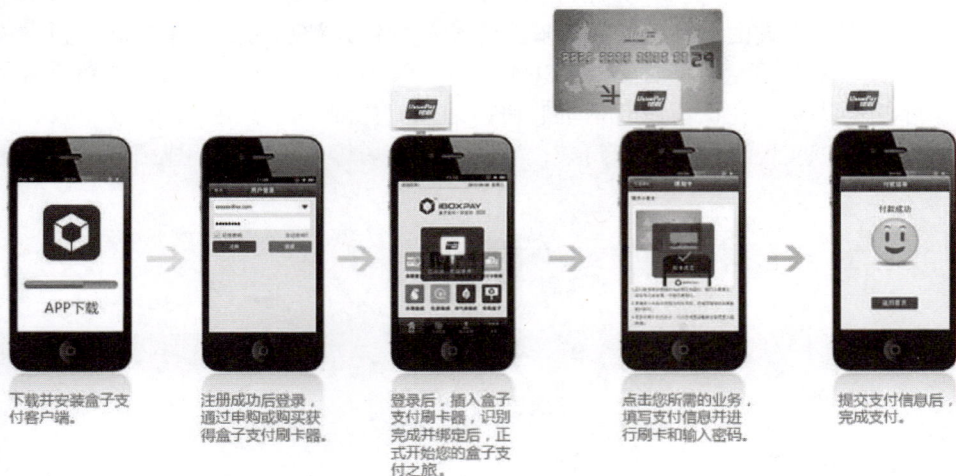

| 下载并安装盒子支付客户端。 | 注册成功后登录，通过申购或购买获得盒子支付刷卡器。 | 登录后，插入盒子支付刷卡器，识别完成并绑定后，正式开始您的盒子支付之旅。 | 点击您所需的业务，填写支付信息并进行刷卡和输入密码。 | 提交支付信息后，完成支付。 |

图 4-33　"盒子支付"的流程

MPOS 可以用于账户充值、信用卡还款、转账汇款、个人还款、手机充值、订单支付、个人还贷、支付宝订单、支付宝充值、银行卡余额查询、彩票、公共缴费、机票预订、酒店预订、火车票购买、租车、商品购物、高端旅游等。

4.3 移动电商的主流支付应用

作为移动互联网与互联网金融的基础产业，移动支付毋庸置疑将会是"掌上生活+金融"的未来战场，这是 BAT 已经抢占的高地，而下一场争夺战则将在支付宝、微信支付、百度钱包等巨头之间展开。

> **信息导读**
>
> 手机支付作为网络支付手段补充的一环，对电子商务的发展至关重要，只有完善地实现移动支付，才能使移动电子商务真正做到随时随地地进行。

4.3.1 支付宝

阿里巴巴通过旗下的两个最大电商平台淘宝和天猫，将支付宝培养成为国内最大的互联网支付平台，实名用户达 3 亿多。

目前，淘宝、支付宝的阿里系应用已经全面进军移动平台。**支付宝也成立了独立品牌的支付宝钱包，借助声波支付、余额宝、线下扫码等一系列的功能升级和推广，进行了长期的用户培养，将用户从原互联网支付平台中逐渐迁移过来**，如图 4-34 所示。

图 4-34 支付宝钱包

根据 Analysys 易观智库发布的《中国第三方移动支付市场季度监测报告 2015 年第 3 季度》数据显示，移动支付市场的总体格局继续保持稳定，支付宝以 71.51%的市场占有率继续占据移动支付市场首位。

高市场份额的背后是增速放缓，一个个困境接踵而至，移动端面临微信的正面挑战，支付宝战略进入迷茫期。支付宝 9.0 混合了"微信"+"大众点评"，是险棋也是机遇，开始尝试"支付+社交+O2O"来建设未来的用户应用场景。

支付宝目前也是在围绕着"场景"开拓市场，开通了"城市服务"这一功能，为当地居民提供了包含公积金查询、港澳台签注等 14 项便民服务，使得支付宝应用场景更加丰富，如图 4-35 所示。

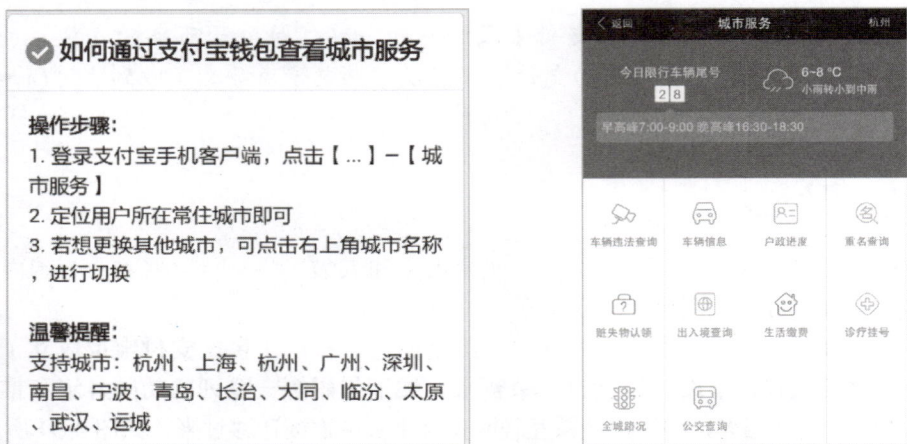

图 4-35　支付宝钱包

2015 年 9 月 23 日，支付宝宣布将投入 10 亿元人民币，推出"全民开店"计划，如图 4-36 所示。

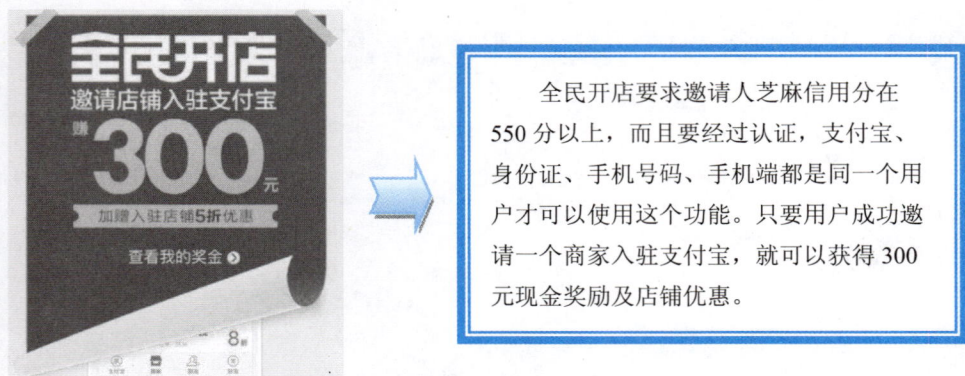

全民开店要求邀请人芝麻信用分在 550 分以上，而且要经过认证，支付宝、身份证、手机号码、手机端都是同一个用户才可以使用这个功能。只要用户成功邀请一个商家入驻支付宝，就可以获得 300 元现金奖励及店铺优惠。

图 4-36　"全民开店"计划

支付宝在加大线下市场开拓的同时，也在不断加强国际化发展路线，一方面规避微信支付、百度钱包、京东的挑战和压力，丰富引用场景，另一方面，率先开拓海外，占据先发优势。

专家提醒

例如，支付宝联手乐天国际合作，中国游客在韩国旅游时，可以在首尔明洞等商业区的乐天、星巴克等商铺用手机支付宝直接扫码付款，并且在韩国退税也直接可以退到支付宝账上。

4.3.2　QQ 钱包和微信支付

根据腾讯控股有限公司公布的截至 2015 年 9 月 30 日未经审核的第 3 季度财报，QQ 钱包和微信支付累计绑卡用户数已超过 2 亿，庞大的用户群、频繁的社交支付保障了本季度财付通交易规模的大幅增长，此外，对服务商全面开放申请也吸引了相当数量的小微商户，如图 4-37 所示。

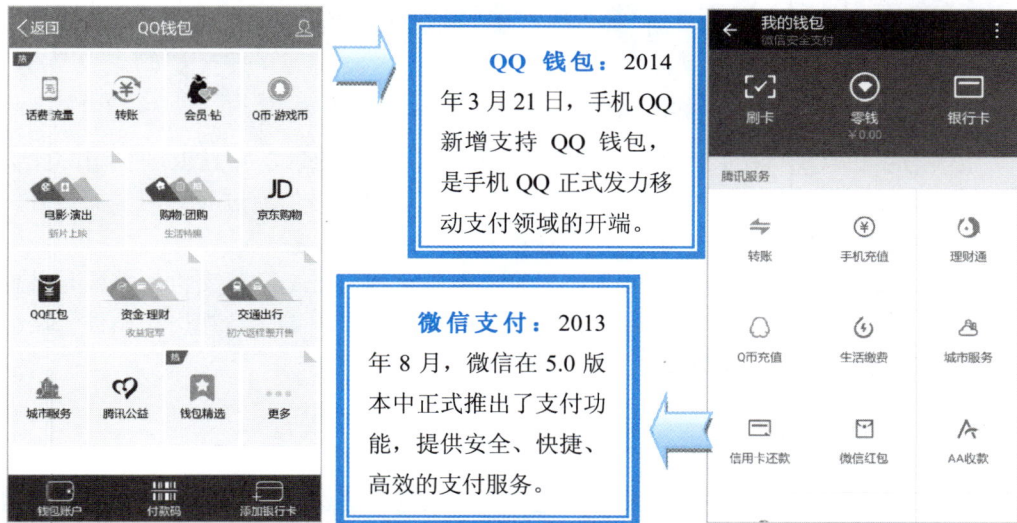

QQ 钱包：2014 年 3 月 21 日，手机 QQ 新增支持 QQ 钱包，是手机 QQ 正式发力移动支付领域的开端。

微信支付：2013 年 8 月，微信在 5.0 版本中正式推出了支付功能，提供安全、快捷、高效的支付服务。

图 4-37　QQ 钱包和微信支付

2015 年第 3 季度，支付宝以 18980.0 万人的季度活跃人数继续占据第一名；微信支付位列第二，季度活跃人数为 15274 万人；百度钱包和 QQ 钱包分别以 3880 万人和 3765 万人活跃人数位列第三、四位；翼支付以 650 万人的活跃人数排在第 5 位。另外，根据微信方数据披露，**微信支付绑卡用户达 4 亿，进一步培养了国内用户的支付习惯**。微信支付和 QQ 钱包的主要战略如图 4-38 所示。

微信红包可以实现发红包、查收发记录和提现。除了方便和游戏性，红包能够在微信平台上引爆还有一个最重要的原因，那就是社交化。微信具备一个难以复制的先天优势——强大的社交关系链，这是其他产品多大规模的装机量都无法取代的。例如，2015年8月20日，七夕全天微信红包收发总量达14.27亿次，突破了2015除夕10亿的峰值。

微信支持"指纹支付"和"面对面收钱"功能。

"指纹支付"具有唯一性、随身性、终身不变性，在公共场合使用更可防止他人窥视自己输入密码的过程。

"面对面收钱"功能简化了收款流程。点击"微信对话框"右上角的"+"，选择"收钱"，然后设置金额，就能生成专属二维码，别人只需一扫，就能轻松支付。

微信支付推进"城市服务"合作，为"互联网＋公共服务"连接用户"最后一公里"提供全面、标准、开放的支持。微信城市服务从2014年12月在广州上线开始，经过一年的发展，截至2015年12月，微信城市服务已上线了14个省72个城市，拥有超过3000项服务，提供的服务涉及公安、交管、医疗等27个类别，覆盖用户超过2.5亿，累计服务人次超过4000万。

图 4-38　微信支付和 QQ 钱包的主要战略

微信与手机 QQ 将会继续开拓线下市场，丰富应用场景，并且也进行国际化尝试。微信支付活跃人数与 QQ 钱包活跃人数都增长迅速，微信通过对商户全面放开，QQ 钱包也进入线下，且接入滴滴打车 APP 中。

随着移动应用与线下市场的融合，无论是支付宝钱包还是微信支付，抑或是其他支付方式，积极布局线下市场，目的就是希望借生活场景的扩大增加用户粘性，培养顾客的消费习惯，打造移动 O2O 交易闭环。

4.3.3　百度钱包

目前，百度在移动端的布局采用的是"多线共进"的策略，通过将手机百度、百度地图、百度糯米、百度钱包、百度外卖、直达号等应用作为主要武器，转型成为一家真正的移动互联网公司。

2015 年，百度钱包活跃用户数有较大提升，环比增长了 38.8%。如图 4-39 所示，为百度钱包 APP。截至 2015 年 9 月底，百度钱包的激活账户为 4500 万，同比增长了 520%。在 O2O 的棋局里，百度钱包搭建的"入口+场景+支付"的全新移动生态模式，给商户和个人用户都提供了"一站式"服务，如图 4-40 所示。

图 4-39　百度钱包 APP

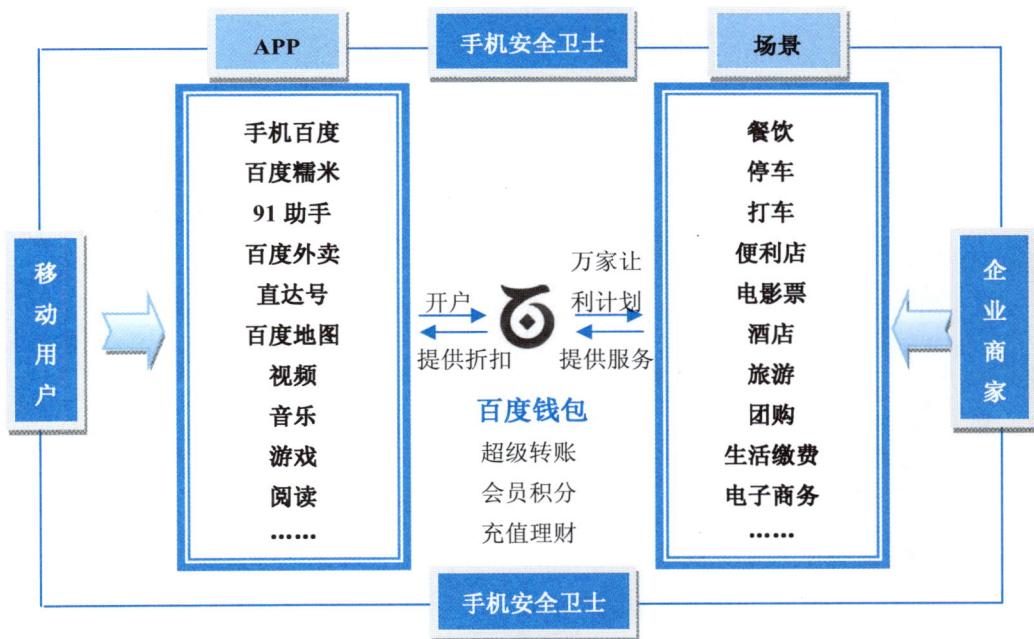

图 4-40　百度钱包服务示意

百度 CEO 李彦宏表示，百度在移动互联网时代要连接 360 行。**百度钱包作为百度移动服务生态里不可或缺的一环，这个用支付方式聚合了 O2O 大潮下生活服务的 APP 或许将成为百度系生活服务的又一入口。**

发展趋势：移动电商
的道路将走向何方

第 5 章

近年来，移动互联网的快速普及为我国移动电子商务的发展奠定了基础，移动电子商务快速发展，对经济社会生活的影响不断增大，正成为我国经济发展的重要推动力。本章将重点分析移动电商的现状和发展趋势，为移动电商指明方向。

发展趋势：移动电商的道路将走向何方

第 1 节 ➡ 中国移动电商发展现状分析

第 2 节 ➡ 中国移动电商发展趋势分析

5.1 中国移动电商发展现状分析

在移动互联网时代，随时随地的浏览和操作成为用户体验最直接的要求，也是电商模式发展的趋势之一。移动电子商务的深入开发和成熟应用早已成为可能，大大增强了用户的体验效果。

> **信息导读**
>
> 移动电商将因特网、移动通信技术、短距离通信技术及其他信息处理技术完美地结合，使人们可以在任何时间、任何地点进行各种商贸活动，实现随时随地线上线下的购物与交易、在线电子支付以及各种交易活动、商务活动、金融活动和相关的综合服务活动等。

5.1.1 移动电商的技术日趋完善

目前，移动定位(LBS)、二维码以及移动支付等技术已经日趋完善，并不断推动移动电商的发展。

1. 移动定位(LBS)

LBS 服务的价值，就像浏览器是接触 Web 互联网最重要的入口一样，LBS 将成为移动互联网的入口，如图 5-1 所示。在 APP 移动电商中，LBS 是个值得期待的领域，并且存在很多的机会，是线下商家构建移动商店的重要工具。

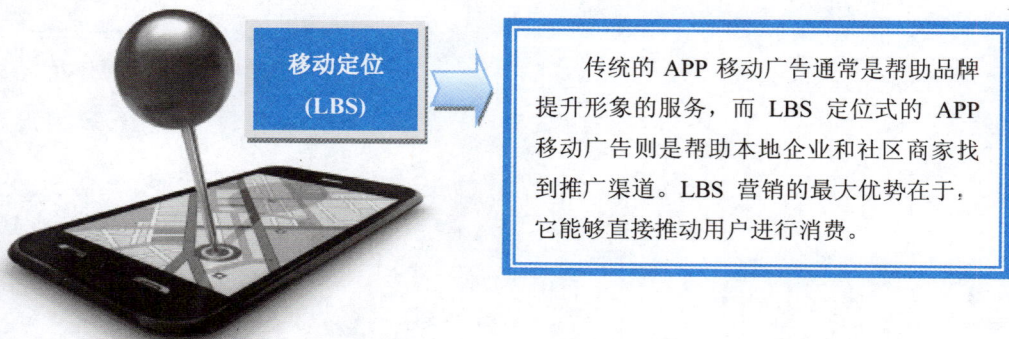

移动定位
(LBS)

传统的 APP 移动广告通常是帮助品牌提升形象的服务，而 LBS 定位式的 APP 移动广告则是帮助本地企业和社区商家找到推广渠道。LBS 营销的最大优势在于，它能够直接推动用户进行消费。

图 5-1 LBS 服务的价值

目前，LBS+O2O 的商业模式在传统行业已经具备了清晰的盈利模式，LBS 与餐饮行业结合起来，可以很好地解决餐饮行业的营销问题。例如，由上海爱餐商务咨询有限公司研发运营的"外卖超人"就是一个 LBS+O2O 的移动外卖订餐平台，入住活跃餐馆超过 15000 家，截至目前，覆盖了 17 个城市，如图 5-2 所示。

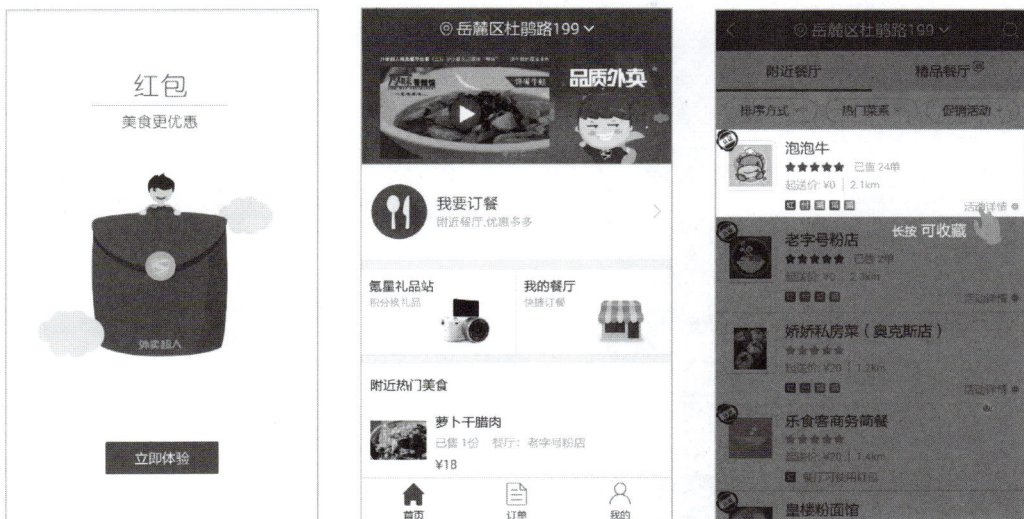

图 5-2 "外卖超人"APP

一般利用 LBS 搜索美食的人都是要马上消费或即将消费的人，LBS 可以帮助餐饮行业找到这些有需求的用户，从而提高营销的准确性；其次，LBS 营销更多的是口碑营销，其中的评论都是用户的实际消费体验，相比店家的自我营销(发放传单等)来说，LBS 营销的效率更高。

专家提醒

商家需要注意的是，仅仅局限于以地理位置定位进行相应的信息推送，很容易掉入"众口难调"的"泥潭"。与互联网上的大众需求相比，移动互联网面对的是无处不在的个性化需求。照搬互联网的商铺点评模式，无法让移动中的消费者真正体会到随时随地消费导航的便利。我们认为，真正"杀手级"的移动电商应用尚需一种能即时满足消费需求、尽可能减少用户操作，与位置、情境相配套的推荐引擎，这些都还需要商家与开发者一起努力。

2. 二维码

二维码已经不是陌生的词汇，这个黑白小方格组成的矩阵图案只需用手机轻松一拍，就可以获得意想不到的丰富信息以及优惠折扣，如图 5-3 所示。**二维码的应用在传统商业和移动互联网商业之间架起了一座桥梁，推动微营销迈上一个新的台阶。**

二维码是用特定的几何图形按一定规律在平面分布的黑白相间的矩形方阵记录数据符号信息的新一代条码技术，由一个二维码矩阵图形和一个二维码号，以及下方的说明文字组成。经手机 APP 运算解析后，二维码可以指向任何网址、文字、图片、视频、游戏等，因此被称为移动互联网广告最好的商用载体。

图 5-3　扫二维码获取优惠

例如，美国最大的本地电话公司、最大的无线通信公司 Verizon 最近做了一个成功的促销活动，推动销量增加了 200%。店内顾客扫描二维码后，会在 Facebook 上分享他们的比赛信息，如图 5-4 所示。假如有朋友通过该链接购买了一台 Verizon 手机，原顾客就有机会赢得一台智能手机。

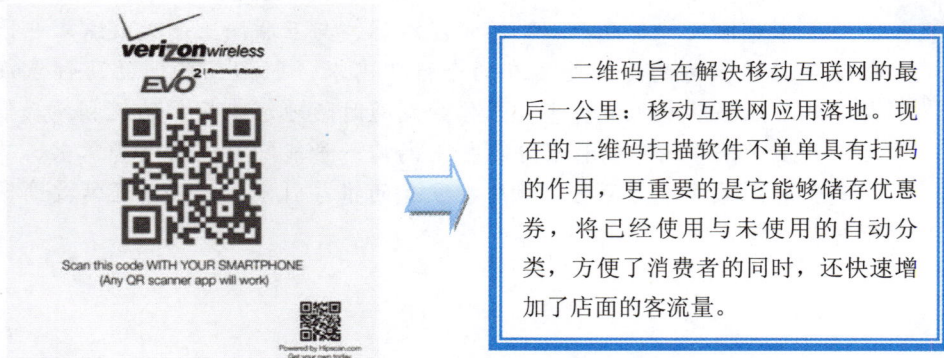

二维码旨在解决移动互联网的最后一公里：移动互联网应用落地。现在的二维码扫描软件不单单具有扫码的作用，更重要的是它能够储存优惠券，将已经使用与未使用的自动分类，方便了消费者的同时，还快速增加了店面的客流量。

图 5-4　Verizon 的活动二维码

据悉，在该活动中 Verizon 仅投入了 1000 美元，而获得了 35000 美元的回报。此外，Verizon 还在 25000 名 Facebook 用户中增加了品牌认知度。

互联网的纵深发展，使电子商务在商业体系中的比重日益增加，与人们日常生活的关联也更为紧密。现如今，移动与互联网的结合又让电子商务在未来的发展面临着空前的机遇，通过二维码电子凭证实现线上与线下消费的对接，成为各行业移动电商发展的新趋势。

5.1.2　APP Store 的下载不断增加

随着移动互联网时代的来临，智能手机、平板电脑等移动设备已经成为人们生活中必不可少的工具。这些设备之所以变得不可或缺，很大程度上是因为海量应用 APP 的广泛使用。这些应用成为人们获取信息、解决问题以及生活娱乐的重要工具。

随着移动互联网的日益强大，迎面而来的是各种需求的增加，新 APP 注册数量稳步上升，截至 2015 年 10 月，已经有 74 万 APP 完成了注册服务，与 2014 年同期相比，增长了 80.7%。

另外，苹果宣布 APP Store 应用(如图 5-5 所示)的累积下载量已经超过了 1000 亿次，营收相比 2014 年提升了 25%，在 APP Store 消费的用户数量增长了 18%，创出历史最好水平。用户下载行为向手机端转移已成定局，移动应用下载手机端的比例目前已超过 PC 端，未来，移动互联网将占据大部分流量。

图 5-5　APP Store

智能手机的出现改变了人们的信息交互方式。2015 年，电商移动化的趋势更加明

显，垂直电商 APP 的周下载量已接近 150 万，其中诸如女装、母婴、化妆品等各种细分种类应有尽有，垂直电商势必更加火爆。

移动电商现在发展十分迅速，用手机上网购物现在已经成为网购的一个主流方式。不论如何，似乎每个人或多或少都会下载一些 APP，用它购买一些东西。以掌上1号店手机客户端为例，它同时推出了包括 iPhone、Android、Wap 三个版本的手机登录方式，完全涵盖了现今所有手机能够使用的登录方式，如图 5-6 所示。

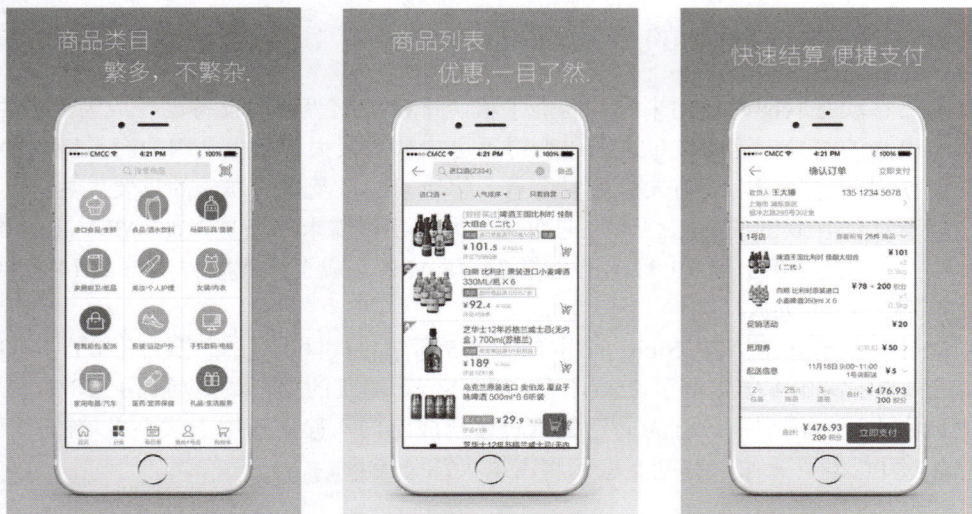

图 5-6　掌上 1 号店的手机客户端

用户的需求决定了市场的走向，移动电商市场从用户体验上打破了传统的模式，给人以耳目一新的感觉，恰如其分地契合了人们的体验需求。优秀的用户体验使之逐渐渗透到人们生活中，无需复杂的平台和时间的束缚，只须轻松触控，随时随地即可完成操作，这将成为生活中一种不可或缺的消费方式。

5.1.3　合理的移动电商产业链分布

移动电商作为一种新兴的商业模式，延续了传统电子商务迅猛的发展势头，并随着移动终端和移动网络的发展，必将成为新经济力量之一。我国的移动电子商务还处于初级阶段，各产业链主体竞争激烈，移动电子商务产业链机制也在日趋合理化。

移动电商产业链是指移动电子商务中各个产业主体之间基于一定的技术经济关联，并依据特定的逻辑关系和时空布局关系客观形成的链条式关系形态。如果想要抓住移动电子商务的机会，创业者首先要做的，就是去了解移动电商的行业概况。移动电商的产业生态主要由 6 个部分组成，如图 5-7 所示。

移动支付 (Mobile Payments)	零售支持 (Retail Enablement)
移动零售 (Mobile Retail)	交易平台 (Marketplaces)
按需服务 (On-Demand Services)	基于 APP 的服务 (App-based Services)

图 5-7　移动电商的产业生态

　　当然，做好移动电商不能仅仅停留在理论基础上，还必须深入产业链过程，创造出新的商业模式。例如，对于餐饮企业来说，想让用户通过手机订餐，就应该考虑把食物的制作过程、主料和辅料采购信息等以不同的方式提供给人们，以获得人们的信任，如图 5-8 所示。也就是说，要把相关行业产业链的过程，通过创新的商业模式进行优化重组，创造出新的价值，这才是移动电商的核心。

例如，乐厨 APP 是一款针对智能厨房领域推出的 APP 应用，拥有清新的风格，优化做菜的每一个步骤，让用户在家里就能享有餐馆的美味佳肴。

图 5-8　乐厨 APP

　　移动电商与传统电商相比，就好像是当年的电商与传统零售业的关系。虽然移动

互联网正在快速发展，但移动电子商务产业链尚不成熟，不过，新的移动电商巨头们将在快速找到和适应移动电商发展的浪潮中成长起来。如图 5-9 所示，为移动电商产业链的分布情况。

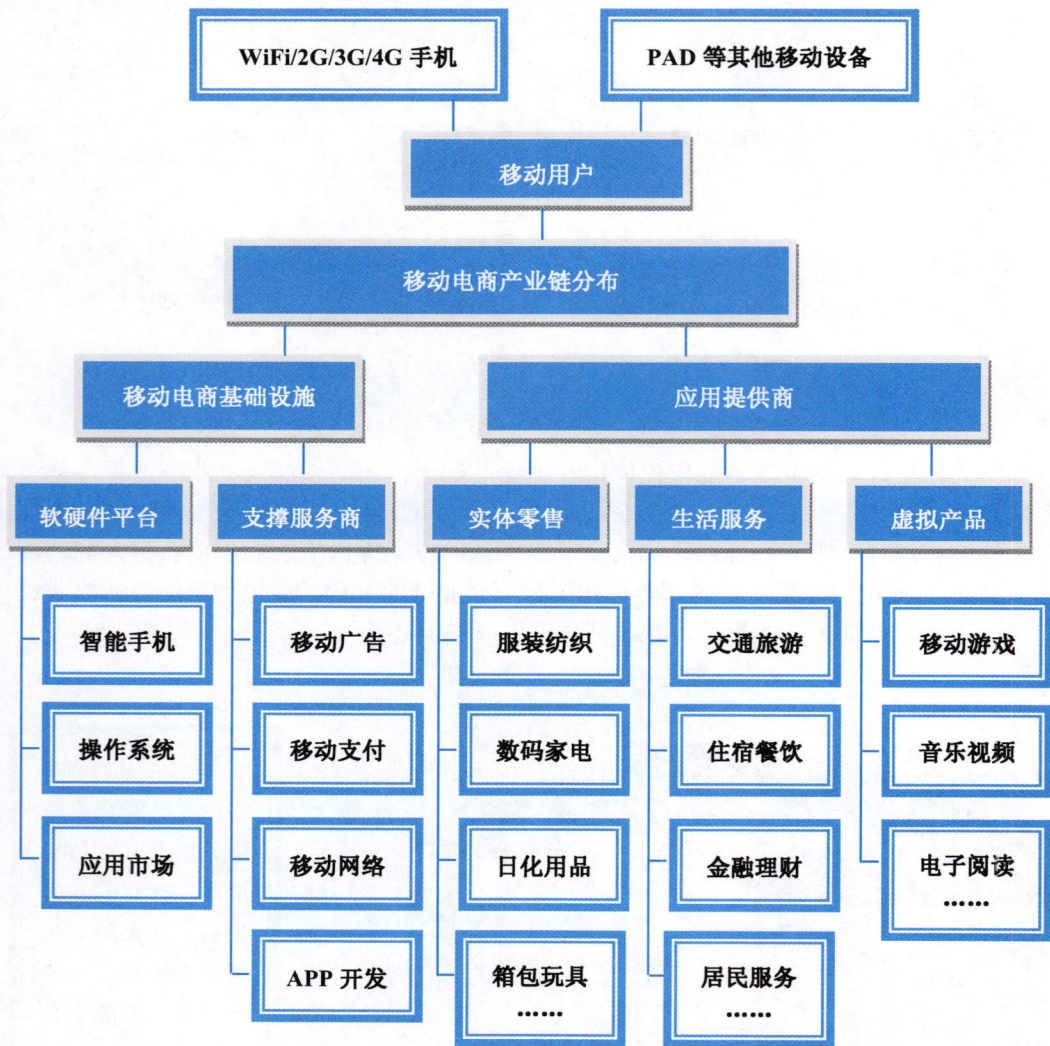

```
┌──────────────────────────┐    ┌──────────────────────────┐
│  WiFi/2G/3G/4G 手机       │    │  PAD 等其他移动设备        │
└──────────────────────────┘    └──────────────────────────┘

              ┌──────────────────┐
              │    移动用户        │
              └──────────────────┘

         ┌──────────────────────────┐
         │   移动电商产业链分布        │
         └──────────────────────────┘

  ┌──────────────────┐          ┌──────────────────────┐
  │  移动电商基础设施    │          │     应用提供商          │
  └──────────────────┘          └──────────────────────┘

┌──────────┐ ┌──────────┐ ┌──────────┐ ┌──────────┐ ┌──────────┐
│ 软硬件平台  │ │ 支撑服务商 │ │ 实体零售  │ │ 生活服务  │ │ 虚拟产品  │
└──────────┘ └──────────┘ └──────────┘ └──────────┘ └──────────┘

┌────────┐ ┌────────┐ ┌────────┐ ┌────────┐ ┌────────┐
│ 智能手机 │ │ 移动广告 │ │ 服装纺织 │ │ 交通旅游 │ │ 移动游戏 │
└────────┘ └────────┘ └────────┘ └────────┘ └────────┘

┌────────┐ ┌────────┐ ┌────────┐ ┌────────┐ ┌────────┐
│ 操作系统 │ │ 移动支付 │ │ 数码家电 │ │ 住宿餐饮 │ │ 音乐视频 │
└────────┘ └────────┘ └────────┘ └────────┘ └────────┘

┌────────┐ ┌────────┐ ┌────────┐ ┌────────┐ ┌────────┐
│ 应用市场 │ │ 移动网络 │ │ 日化用品 │ │ 金融理财 │ │ 电子阅读 │
└────────┘ └────────┘ └────────┘ └────────┘ │ ……     │
                                             └────────┘
             ┌────────┐ ┌────────┐ ┌────────┐
             │ APP 开发 │ │ 箱包玩具 │ │ 居民服务 │
             └────────┘ │ ……     │ │ ……     │
                        └────────┘ └────────┘
```

图 5-9　移动电商产业链的分布情况

总之，移动端是小屏幕、移动、随时随地的，这导致移动端营销推广也将与 PC 端完全不同。**要想做好移动电子商务，必须在这么一个小小的屏幕上充分发挥人的主观能动作用，与交互技术结合起来，这才是移动电子商务发展的无限前景。**

5.1.4　不断提升的高性能智能终端

随着智能终端在手持设备领域的快速普及，消费者对于智能终端的选择也已经呈现多样化和个性化，特别是对于智能终端内容的选择，已经成为消费者更为看重的一个关键因素。据市场调研机构数据显示，2014 年手机出货量超过 1 亿部，2015 年搭载"中国芯"的智能手机有望占国内 20%的市场份额，如图 5-10 所示。

联芯科技 LC1860 芯片是我国首颗自主创新并面向公开市场商用的 4G SoC 芯片，采用 28 纳米工艺，支持 LTE-TDD/LTE-FDD/TD-SCDMA/WCDMA/GGE，可帮助终端用户实现从 3G 到支持全球 4G 制式的无缝迁移，全面支撑 TD-LTE 4G 大规模商用和移动互联网快速发展，实现产业良性互动和转型升级。

图 5-10　联芯科技 LC1860 芯片

随着移动互联与宽带业务的高速发展，智能手机、智能汽车(如图 5-11 所示)、智能家居、智能可穿戴设备融合趋势明显，由此推动包括智慧城市等领域的变革，4G 芯片产品将会发挥不可估量的作用。4G 芯片产品既符合移动互联时代大数据实时传输的需求，同时兼具优秀的多媒体处理能力，能够兼顾移动互联网市场对智能硬件的要求。

图 5-11　智能汽车

如今，智能终端的屏幕越来越大，色彩清晰度也越来越高，而且速度也更快。性能的提升，也吸引了更多的用户去购买和使用。近两年的苹果、三星等产品的盛行，就说明了这样的道理，如图5-12所示。

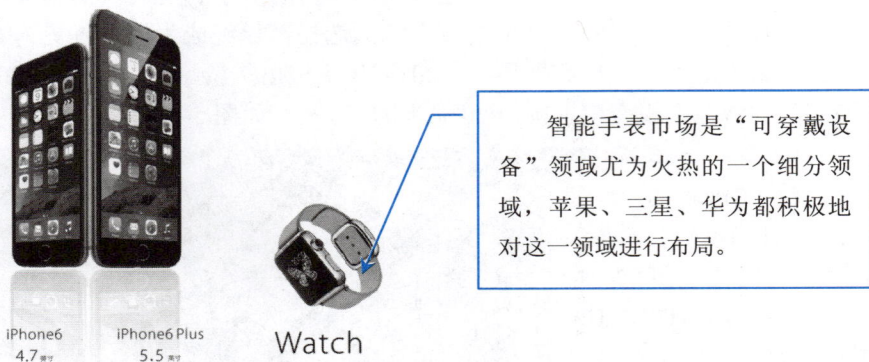

智能手表市场是"可穿戴设备"领域尤为火热的一个细分领域，苹果、三星、华为都积极地对这一领域进行布局。

图 5-12　苹果智能设备

由于用户的需求和技术的发展之间相互的作用，在不断推动着智能终端向着更高速运算、更智能化的方向发展，因此，又会吸引更多的用户使用，并使得移动服务向纵深发展和延伸，从而推进移动电商的前进。

5.1.5　国家政策积极推进"互联网+"

"互联网+"是把互联网的创新成果与经济社会各领域深度融合，推动技术进步、效率提升和组织变革，提升实体经济创新力和生产力，形成更广泛的以互联网为基础设施和创新要素的经济社会发展新形态，如图5-13所示。

"互联网+"行动计划将推动移动互联网、云计算、大数据、物联网等与现代制造业结合，促进电子商务、工业互联网和互联网金融健康发展，引导互联网企业拓展国际市场。

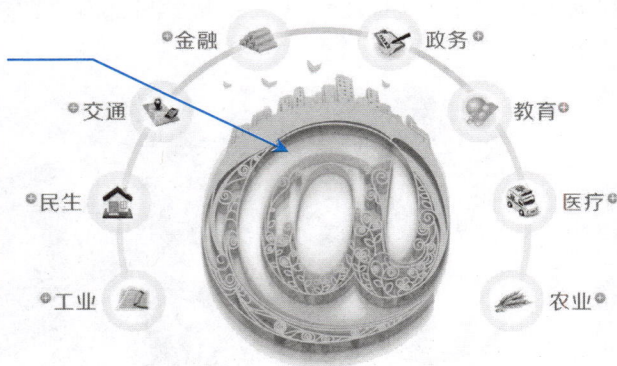

图 5-13　互联网+

在"互联网+"的战略指导下，传统行业中存在的很多不合理性都将被互联网企业颠覆，如小米手机、雕爷牛腩、家电管家等产品的出现，直接改变了手机、餐饮及家电维修行业在运营中及营销中存在的各种弊端，不但让人们可以享受更加便捷的生活，也不断地影响和激励着传统的生产商进行自我改革。

例如，唯品会通过对消费者的消费心理、用户大数据和商品大数据进行综合分析，营造个性化购物场景，打造多条每天不重样的时尚购物街，为消费者提供更多更具"新鲜感"的"逛街"体验，进一步提高了对用户的吸引力，并提高了用户黏性，如图 5-14 所示。

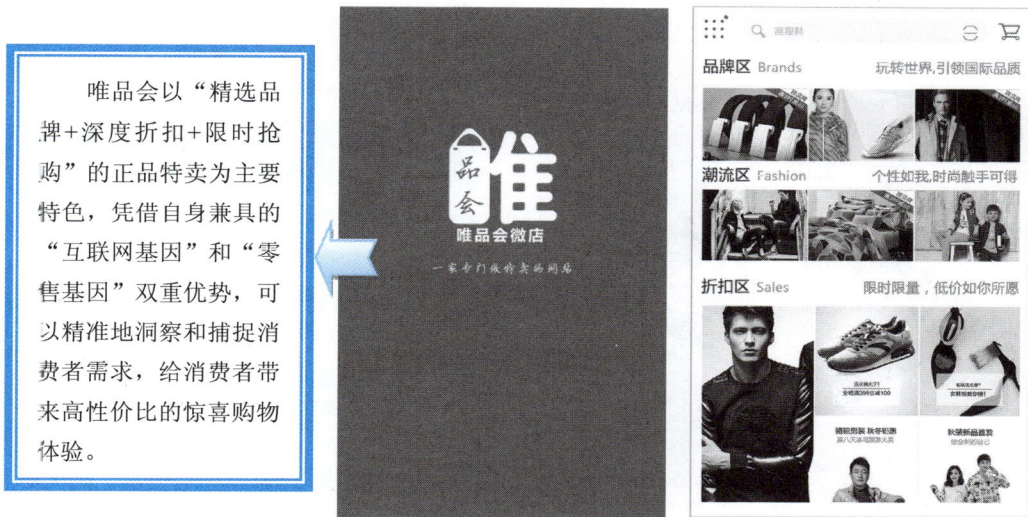

> 唯品会以"精选品牌+深度折扣+限时抢购"的正品特卖为主要特色，凭借自身兼具的"互联网基因"和"零售基因"双重优势，可以精准地洞察和捕捉消费者需求，给消费者带来高性价比的惊喜购物体验。

图 5-14　唯品会 APP

除了零售行业外，"互联网+"时代的电子商务还将不断深化与其他产业的融合，网络化生产、流通、消费更加普及，标准规范、公共服务等支撑环境基本完善。每一个行业的商业形式及电商模式的改变，都是一种创新。

在"互联网+"的带动下，移动电商中蕴含着众多的商业机遇，可以帮助企业取得更好的发展，同时，也会让消费者享受到信息的便利。

5.2　中国移动电商发展趋势分析

移动电子商务应用及其构建的新经济模式正日趋浮现，企业如何借助信息化时代带来的改变突破企业现代营销瓶颈，已是当务之急，品牌企业应将移动电子商务提至战略高度。今后，很多具有特性的移动电商企业会得到进一步的发展，充分利用硬件平台，实现客户关系管理，挖掘市场潜力。

电商近年来的变化越来越大，**未来的发展趋势主要将围绕移动化、O2O、社交化、个性化定制、智能化、体验化等方面进行发展。**

5.2.1 移动化

随着移动互联网与智能终端设备的普及，越来越多的消费者在购物时选择了移动电商，如图 5-15 所示。

移动电商的本质是电商的移动化

移动电商只是电商的一种表现形式，也可以理解为电商的移动化。移动化并不是去 PC 化，而是实现 PC 端与移动端的整合。

图 5-15　电商移动化

据 eMarketer 最新数据显示，2015 年全球智能手机用户达到 19.1 亿，2016 年该指数将增长 12.6%，达到 21.6 亿。eMarketer 预测，2015 年全球智能手机用户比例首次超过全球人口的十分之一，到 2018 年，全球三分之一的消费者将是智能手机用户，总数超过 25.6 亿人。通过这些比例的变化，不难发现移动化将会成为电商未来的发展趋势之一。

另外，我国目前的信息化发展总体形势良好，移动互联网商业化进程加速，电子商务由价格战向平台战转变。未来，移动互联网的应用从娱乐主导向消费和电子商务转移，移动电子商务业务内容将不断丰富，我国信息化建设总体形势依然良好。

随着移动通信技术的进一步发展和 Web 应用技术的不断创新，我国移动互联网产业增长强劲。说到电子商务，就必须提到双十一这一"节日"，2015 年天猫双十一的交易总额达到 912.17 亿元，其中，无线交易额为 626.42 亿元，无线成交占比为 68.67%，远远高于 PC 端，又一次创造了中国的消费奇迹，如图 5-16 所示。天猫作为具有中国电商行业代表性的电子商务平台，这一数据十分具有说服力。到 2015 年，中国移动电商市场规模将破千亿。

结合移动购物的特点，天猫双十一优化了各种产品细节，设计了早高峰上下班，22:30 后的难忘今宵专场，取得了很大成功，同时利用地理位置、时间维度、消费者画像等一系列阿里的大数据，来推送个性化商品。

图 5-16 2015 年天猫双十一的交易总额

专家提醒

阿里巴巴集团公布的第三季度财报数据显示，阿里移动月度活跃用户 3.46 亿，全球第一大移动生活平台的地位不可撼动。

从 PC 端转移到移动端，如今的消费者跟互联网连接的方式已经发生了根本性的转变，移动互联网正在逐渐渗透至各行各业，像医疗、餐饮、美妆、住宿等，只有你想不到的，却没有移动互联网承载不了的，如图 5-17 所示。

图 5-17 各行业的移动化将势不可挡

5.2.2 O2O 化

在未来几年，**O2O 都是移动互联网电子商务的主流发展方向。**中国的发展是从工业时代直接进入了互联网时代，互联网的浪潮还未站稳，如今已经又进入移动互联

网时代了。因此，后工业时代和移动互联网时代催生了有中国特色的移动 O2O 电子商务模式的诞生，如图 5-18 所示。

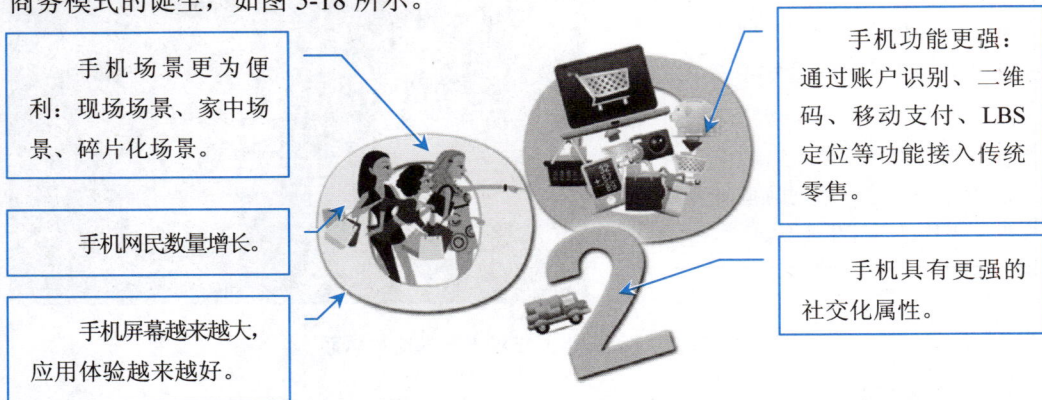

手机场景更为便利：现场场景、家中场景、碎片化场景。

手机网民数量增长。

手机屏幕越来越大，应用体验越来越好。

手机功能更强：通过账户识别、二维码、移动支付、LBS 定位等功能接入传统零售。

手机具有更强的社交化属性。

图 5-18　移动 O2O 电子商务模式兴起的原因

如今，在智能手机的分销市场上，电商单一渠道独大的模式正在被打破，将线上线下打通的多元化渠道的 O2O 模式才是未来终端渠道发展的方向，如图 5-19 所示。

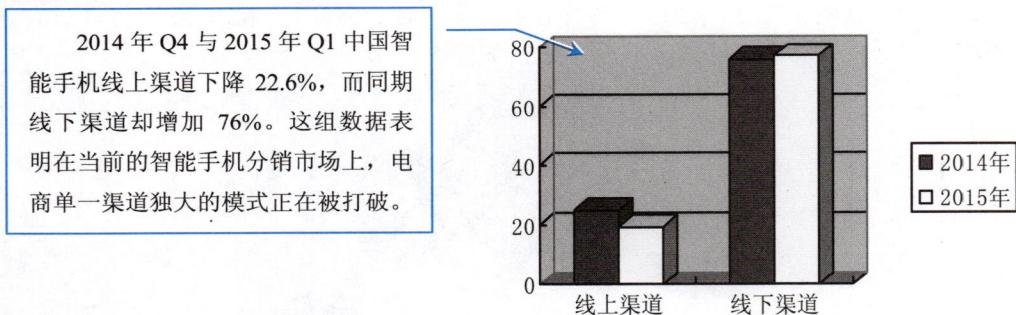

2014 年 Q4 与 2015 年 Q1 中国智能手机线上渠道下降 22.6%，而同期线下渠道却增加 76%。这组数据表明在当前的智能手机分销市场上，电商单一渠道独大的模式正在被打破。

图 5-19　形成多元化渠道的 O2O 模式

在传统的商业经营理念中，把顾客变成常客，用服务和产品吸引顾客，才是商业的本质目的。任何概念只能促进商业的发展，商业本质一定还是得尽心做好产品和服务。因为消费者需要的永远是优质的产品和良好的服务体验。

例如，原本是快递巨头的顺丰速运，因其与电商密不可分的关系，选择了以"社区实体店+网购预售+快速配送"的形式布局 O2O。顺丰速运 2014 年 5 月 18 日在全国铺开名为"嘿客"的便利店，首批布局全国 518 家，如图 5-20 所示。从未来的发展规划看，顺丰速运还将继续扩大在全国"嘿客"店的布点，以完成"最后一公里"的客户与市场的把握。

"嘿客"建立了快速库存流转与样板调换机制，借助互联网软技术重组门店商品货源；利用移动互联网工具、移动支付及电商技术实现门店的服务链改革；最后通过门店分区陈列销售，厂商与店铺全渠道营销政策，以及客流导入策略，以互联网思维重塑实体门店的价值。

图 5-20 "嘿客"便利店

所以，无论是客户网络、服务理念，还是高科技技术的运用上，顺丰具备成熟的条件。有了"嘿客"实体店之后，顺丰与消费者的接触点会越来越多，其关系也会更加紧密。

如果 O2O 模式运行的好，将会达成"三赢"的效果，如图 5-21 所示。这种"三赢"的效果早已吸引得各大互联网巨头对 O2O 蠢蠢欲动，未来还将成为中小开发者的"金矿"，也是移动互联网电子商务的下一个风口。

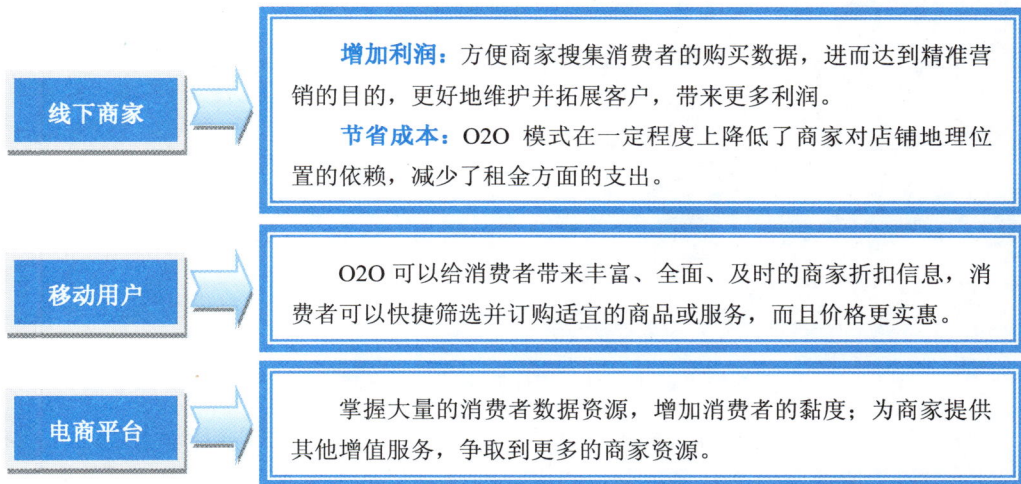

线下商家
增加利润： 方便商家搜集消费者的购买数据，进而达到精准营销的目的，更好地维护并拓展客户，带来更多利润。
节省成本： O2O 模式在一定程度上降低了商家对店铺地理位置的依赖，减少了租金方面的支出。

移动用户
O2O 可以给消费者带来丰富、全面、及时的商家折扣信息，消费者可以快捷筛选并订购适宜的商品或服务，而且价格更实惠。

电商平台
掌握大量的消费者数据资源，增加消费者的黏度；为商家提供其他增值服务，争取到更多的商家资源。

图 5-21 移动 O2O 模式对商家、用户和电商平台的好处

5.2.3 社交化

如今，在移动互联网上导入社交化的元素，并将社交场景与社交进行连接，已经成为移动电商向社交化发展的趋势，如图 5-22 所示。

随着移动互联网、社交网络的到来，电话、短信等传统的联络方式已经逐渐落寞，商家和消费者之间的沟通方式变得多种多样，手机 QQ、微信、Facebook、微博、Twitter 等开始用来维持彼此的互动关系，在移动社交媒体上，消费者能随时享受商家提供的服务，而商家也能随时了解消费者的需求，这样的联络方式使得商家与消费者之间的联系更加紧密。

图 5-22　移动电商向社交化发展

　　随着移动互联网和社交网络的发展，产生了一种全新的社会化移动社交电商模式，它是企业或者个人基于社会化媒体开店的新型电商——**微商**，如图 5-23 所示。

与淘宝的商业模式类似，微商同样有天猫平台(B2C 微商)也有淘宝集市(C2C 微商)；所不同的是，微商基于移动社交网络"连接一切"的能力，可实现商品的社交分享、熟人推荐与朋友圈展示。

图 5-23　基于社会化媒体开店的新型电商——微商

　　微商的本质是社交电商，其运营重点在于其社交基因，只有将基于人之间关系的"信任"和"情怀"引入社交电商，将电商的社交常态化，才能真正增加消费者对商家平台的粘性。

　　例如，"物色"就是一款这样的社交化移动电商应用，用户无须进货、发货，只需要有独到眼光挑选货品，即可轻松快速开店，如图 5-24 所示。用户可以快速将自己的店铺分享到社交平台，帮助好友寻找消费潮流、展现自己的时尚格调、挖掘自己买手眼光独到的潜力。

图 5-24　"物色"APP

未来，移动电商的发展更离不开社交网络，是因为社交网络是一个低成本双向交互渠道，是品牌营销和口碑推广的窗口，这也将成为移动互联网电商社交常态化的一种趋势。

专家提醒

移动电商具有传统电商的所有优势，而且还具有其无法比拟的移动性特征，能够迅速渗透电子商务业态，渗透到一个行业，渗透到底层的线下商家，为大众带来方便和价值。随着社交平台的火爆和移动终端的普及，社交互动已经成为人际交往、工作需要、娱乐、生活中的必需，社交化已成为移动电商的重要发展趋势之一。

5.2.4　个性化

在移动电商出现的初期，许多传统企业认为做一个 APP 就是移动电商，其实这种认识是非常片面的，APP 只不过是一种传播手段而已。

随着越来越多的传统行业涉足移动电商，进行移动互联网转型，各行业将因不同行业性质出现行业化的移动电商发展特点。在移动互联网转型的过程中，企业也将通过行业化突出产品和服务的个性化特性，契合其目标客户的需求，如图 5-25 所示。

因此，**移动电商最重要的是体现用户的个性化需求，这才是最有价值的。**定制化的发展，无疑是一个节省数据中心开支的重要手段，互联网用户可以根据自己的用户需求去要求传统企业生产适合自己的产品，如图 5-26 所示。

互联网的发展使大数据成为企业争夺的焦点，移动电商与大数据的结合，使移动电商进入个性化时代。在个性化移动电商时代，大数据的应用显得尤为重要，针对不同场景、时间和地理位置的海量消费者数据都被纳入研究对象，并以此来提高信息的推送精准度。

图 5-25　个性化的移动电商

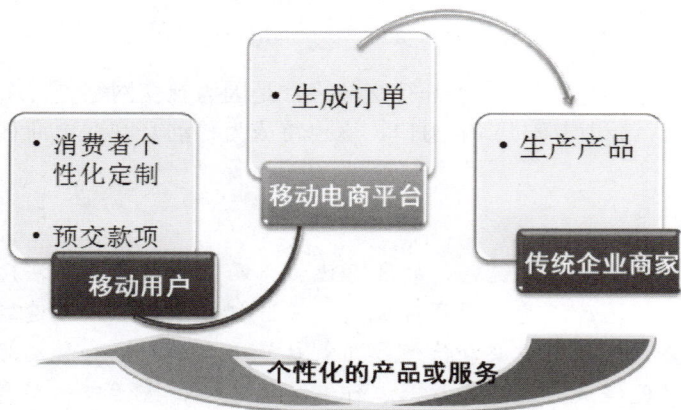

图 5-26　移动电商的定制化流程

例如，精于营销的地产界优秀人物蔡雪梅将推出中国首个生活方式预制开发平台——Elab，如图 5-27 所示。据悉，Elab 将定位于"以用户驱动为核心的新房定制交易系统"，创造以"居者"为主体展开的全新"互联网+房地产"运营模式，利用移动互联技术与大数据系统完成客户需求开发以及与之匹配的规模化产品定制及营销，构建一个全新 C2B 的房地产 O2O 运营平台。

定制化服务给消费者带来的是个性化的感受，结果是没有哪两个人能够得到完全相同的体验。因此这是一种量身打造，有需有供的活动，它不会出现生产过剩，也不会出现需求抱怨，进而可以保证经济运行的平衡与稳定。

个性化的逆转开发模式——用户价值最大化

用户 → 预制 预售 拿地 回款 建造 交付 → 土地

图 5-27　Elab 项目的价值模型

5.2.5　智能化

从感觉到记忆再到思维这一过程称为"智慧"，智慧的结果产生了行为和语言，将行为和语言的表达过程称为"能力"，两者合称"智能"。"智能化"是指由现代通信与信息技术、计算机网络技术、行业技术、智能控制技术汇集而成的针对某一个方面的应用，如图 5-28 所示。

移动时代必然要求高度信息化，中国电商信息化与智能化建设起步较晚，需要政府、电商企业、物流企业、IT 厂商等相关方面相互配合，协同作战。把握好物联网与云技术研究和推广的良好契机，将中国的移动电商系统导入赶超世界先进水平的快车道。

图 5-28　移动电商的智能化趋势

如今，人们在家、办公室、车上所使用的各种各样的设备、硬件都会联网，这个联网意味着商业模式的改变。例如，国内著名电商京东也在积极布局智能应用领域，先是重磅推出京东 JD+、云平台，之后又推出超级 APP 并成立了智能集团，全面布局以打造健康的智能电商生态圈。

在中国家电及消费电子博览会上，京东推出智能家居样板体验间，以智慧客厅、智慧厨房、智慧书房、智慧卧室、智慧健康等板块划分，全面细致地呈现智能家居生活情景，为到场参观人员提供亲身体验智能未来的机会，如图 5-29 所示。

用户可在京东线下体验店直接体验智能盒子、智能手表、智能手环、智能秤、智能家居等智能化产品。

图 5-29　京东智能家居中的电器智能化——手机远程控制

另外，全球最大的网上零售商亚马逊也推出了智能手机 Fire Phone，具有影像识别技术，可以"裸眼 3D"观看实物，或者观看街道图，同时配备 3D 影像拍摄功能，如图 5-30 所示。与此同时，亚马逊还推出了 Dash 扫描棒、电视影音棒(Fire TV Stick)、智能 Echo 音响等一系列的智能化产品。

图 5-30　智能手机 Fire Phone

从电商巨头京东、亚马逊的动作可以看出，移动化、可穿戴的智能化产品层出不穷。然而，目前传统电商向移动电商的转化率较低，很有可能被涌现出的新移动技术和 APP 等智能化设备取代。

因此，京东、亚马逊等只有**利用新技术，尝试移动化、智能化的购物手段，寻找与用户建立连接的新渠道，才能最终卖出更多商品。**

5.2.6　体验化

以前的实体门店通常是担任商品流通中心的职责，而现在的实体门店更多地是消费者体验服务及实现与商家持续沟通交流的中心。由此可见，体验化将是移动电商发展的又一重要趋势。

很多拥有线下门店天然优势的传统企业，已经意识到体验化优势带来的好处。例如，苏宁云店被称为"可以玩上一天的生活驿站"，将体验化做到极致，如图 5-31 所示。苏宁云店采用全新的"所见即商品"的全新情景化布展模式，这意味着凡是消费者在现场看到的产品，都能够通过手机扫码等方式进行购买。

云店是苏宁易购依托互联网+技术打造的全新互联网门店，承担着苏宁易购落地、用移动互联网手段与用户交互、服务周边社区人群的职能。商品交易流通可以通过线上平台实现，但是身临其境的感受、无微不至的服务、情感丰富的沟通、面对面信任感的建立提升却只能通过门店带给消费者。

图 5-31　苏宁云店

移动互联网的发展只是为电商提供了一种新的传播工具，但内容永远是传播的王道，把握了内容，可以在任何媒体时代纵横驰骋。**体验化的核心不是媒体的传播，而是品牌内容的互动。**

例如，源自瑞典的牛仔品牌 Dopure 首先在天猫开了一家旗舰店，由于产品价位较高，所以在初期并没有多少顾客。Dopure 利用体验式营销，在全国开展了试穿活动，淘宝达人、微博达人、知名歌手、校园里追逐梦想的学生等都成为 Dopure 免费赠送牛仔裤的对象。通过赠送，第一批用户很深刻地体验到了 Dopure 的品质，于是在网络上形成了非常好的口碑，Dopure 也变成为数不多的在天猫快速成长的牛仔品牌之一。

因此，移动电商不但要很好地完成"提示消费"的阶段性任务，更要为消费者制造极佳的可参与、可互动的体验化环境，让消费者与品牌深度接触，让消费者愿意分享自己亲身参与品牌的精彩体验。

移动互联网勃兴的好机会既然已经到来，电商红海正在把所有人的产品推到消费者面前，此时，是否能够提供最佳的用户体验，就是企业能否抓住用户命门的关键。

微信：八亿消费者打造的商业帝国

第6章

微信，是一种生活方式，它远远超越了对交流平台的定义，它功能强大。从免费的短信聊天工具，到最火热的语音交流软件，微信不断完善和发展，给用户带来全方位、高品质的服务体验。凭借着微信的庞大用户基数，基于微信的移动电商模式势必会变得火热。

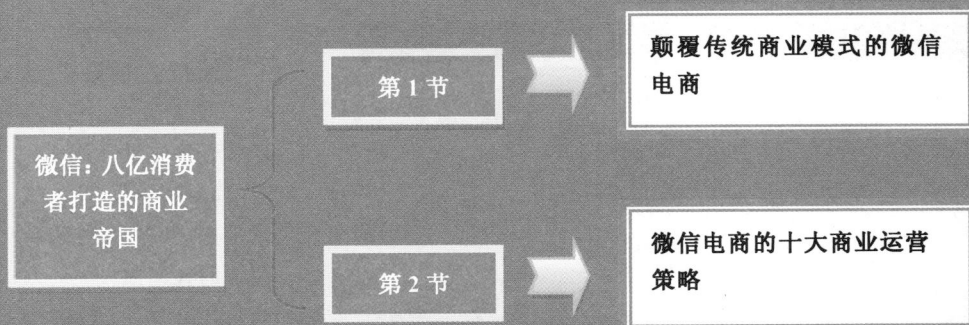

微信：八亿消费者打造的商业帝国

第1节 → 颠覆传统商业模式的微信电商

第2节 → 微信电商的十大商业运营策略

6.1　颠覆传统商业模式的微信电商

自 21 世纪以来，移动互联网的变迁越来越快。曾几何时，大家见面聊天就问对方有没有微博，到了 2013 年，以二维码为代表的 O2O 营销模式在逐步颠覆传统电子商务营销模式；而到了 2014 年，可以说，微信将让微博和 O2O 的新奇感变为过去式，成为快速渗透所有人的营销利器。

信息导读

在移动互联网上进行营销时主要有两类工具，一类是企业自主研发的 APP，另一类则是以微信为代表的社交平台。微信营销是网络经济时代企业营销模式的一种创新，是伴随着微信的火热而兴起的一种移动互联网微营销方式。

6.1.1　认识微信电商

微信是腾讯公司推出的一款社交 APP，用户可以通过手机、平板和网页快速发送语音、视频、图片和文字，如图 6-1 所示。

微信提供公众平台、朋友圈和消息推送、微信支付、游戏平台等功能，用户可以通过摇一摇、搜索号码、附近的人、扫二维码方式添加好友和关注微信公众平台，同时微信可将内容分享给好友以及将用户看到的精彩内容分享到微信朋友圈。

图 6-1　微信的主要功能

微信的发展并不是一帆风顺的，它经历了来自国内国外同类产品的竞争，总体上，可以概括地将微信的绝地逆袭概括为三个阶段：它慢慢从一个纯粹的 IM 应用，变为移动社交应用，进而向社交与电商相结合的平台前进。

　　微信已不单单是一个充满创新功能的手机应用。它已成为中国电子革命的代表。覆盖 90%以上的智能手机，并成为人们生活中不可或缺的日常使用工具，相关数据如图 6-2 所示。

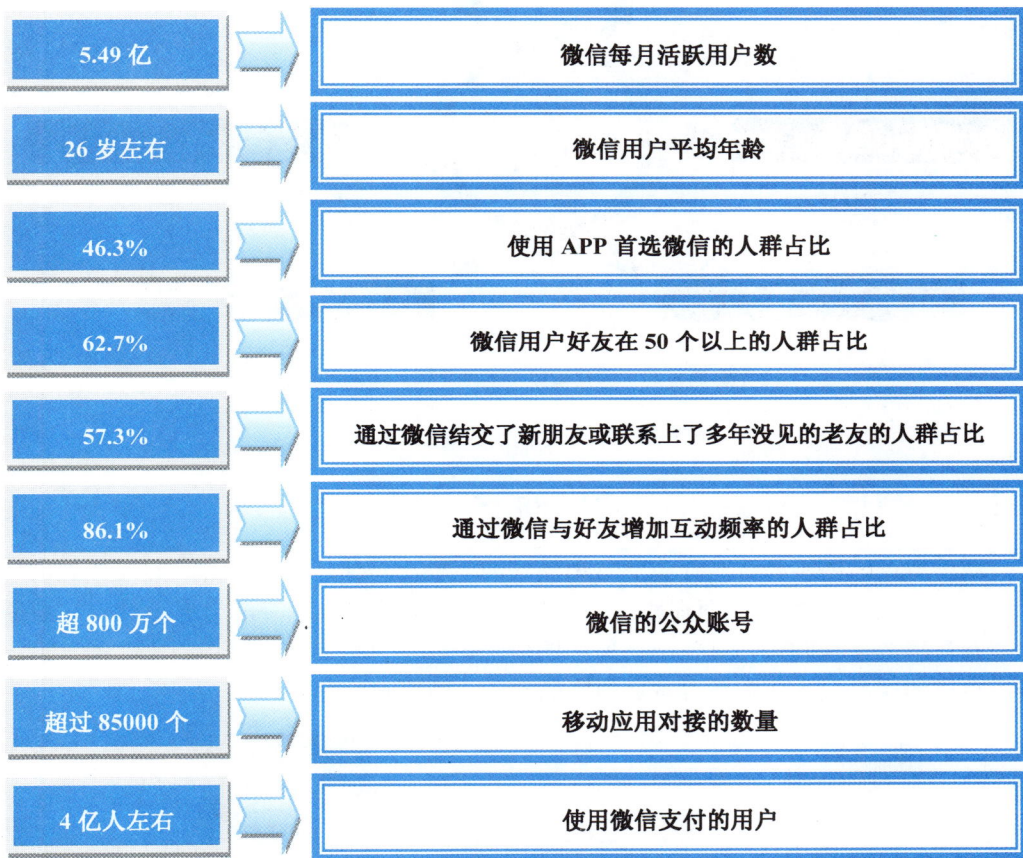

数据	说明
5.49 亿	微信每月活跃用户数
26 岁左右	微信用户平均年龄
46.3%	使用 APP 首选微信的人群占比
62.7%	微信用户好友在 50 个以上的人群占比
57.3%	通过微信结交了新朋友或联系上了多年没见的老友的人群占比
86.1%	通过微信与好友增加互动频率的人群占比
超 800 万个	微信的公众账号
超过 85000 个	移动应用对接的数量
4 亿人左右	使用微信支付的用户

图 6-2　2015 年的微信数据

专家提醒

　　微信营销是企业的机会，企业不仅能够科学合理地建立客户数据库，还可以进行持续的产品营销和口碑营销。通过互动沟通和精细化管理粉丝，企业的目标客户群不断清晰和目标化，推广更加科学和有针对性。

　　微信一对一的交流方式具有良好的互动性，精准推送信息的同时，更能形成一种朋友关系。基于微信的种种优势，借助微信平台开展电子商务也成为继微博之后的又一新兴渠道，如图 6-3 所示。

精准

真实的关系

模式1: 活动式微信-漂流瓶

模式4: 互动式推送-品牌促销

模式2: 地理位置推送-LBS

微信营销

模式5: 陪聊式对话-用户为王

CPM 成本更低

模式3: 社交分享-公众平台

模式6: O2O模式-二维码

模式N: 朋友圈、语音信箱、品牌主页、新闻推送等。

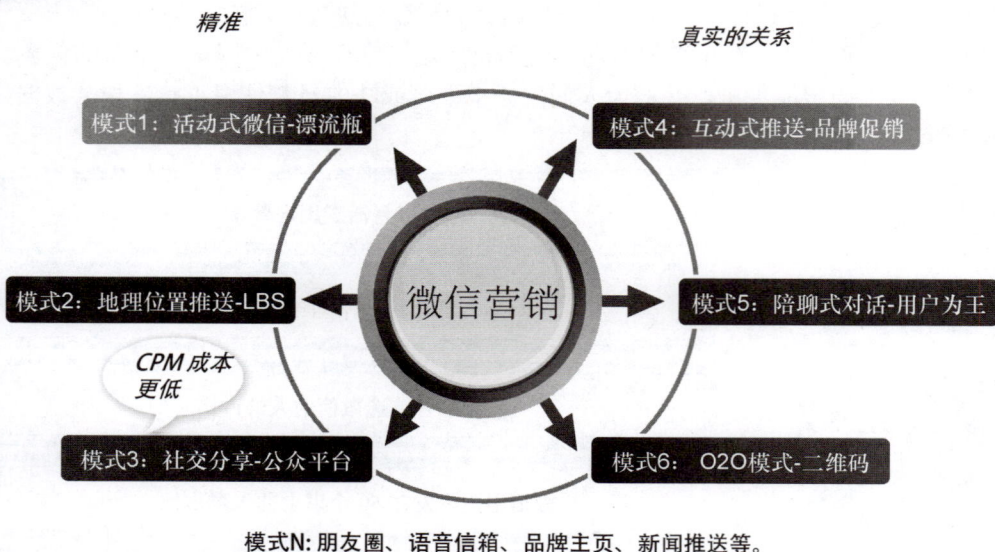

图 6-3　微信电商的主要推广模式

6.1.2　微信重新定义移动电商

微信电商是网络经济时代企业营销模式的一种，是伴随着微信的火热而兴起的一种网络商业方式。微信不存在距离的限制，用户注册微信后，可与周围同样注册的"朋友"形成一种联系，订阅自己所需的信息，商家可以通过提供用户需要的信息，推广自己的产品，从而实现点对点的精准营销，如图 6-4 所示。

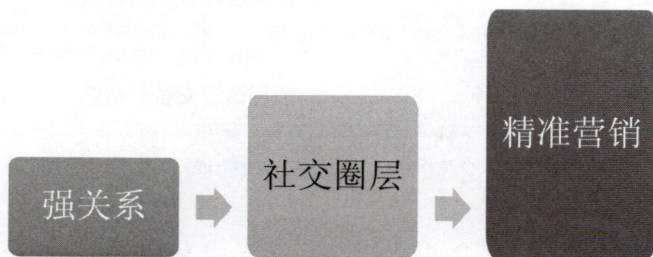

强关系　→　社交圈层　→　精准营销

图 6-4　微信电商的核心价值

随着移动互联网的发展，移动营销渠道开始进入了电商网站的视野，比如美丽说、蘑菇街等社会化电商都纷纷涌入微信，各种形式的导购网站、导购 APP 也层出不穷。电商网站进入移动互联网这个新产业时，可以借助微信降低运营成本、扩大受众群体，而且微信收费低、快捷方便，这些因素对电商网站的营运具有极大的吸引力，如图 6-5 所示。

电商网站不但可以把微信作为二次营销和客户服务工具，还可以将微信作为第三方营销和服务平台，本着商务电子化的初衷，将复杂的"多对多"的交流过程，变为人机交互的简单指令操作。

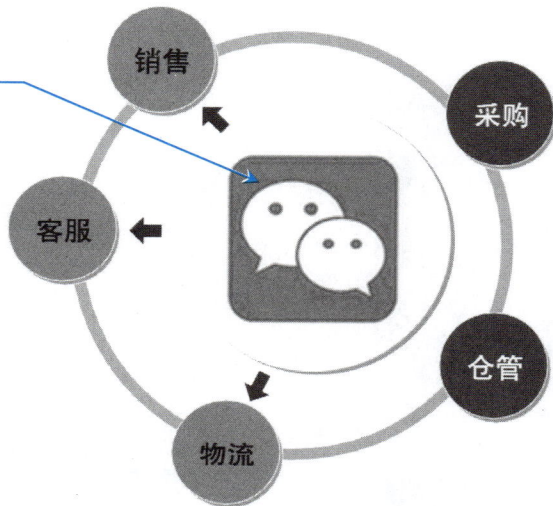

图 6-5　微信在电商网站上的运用

在新的功能和规则下，微信上的电商玩家(电商企业、微信服务商等)也纷纷开始酝酿新的玩法，如图 6-6 所示。

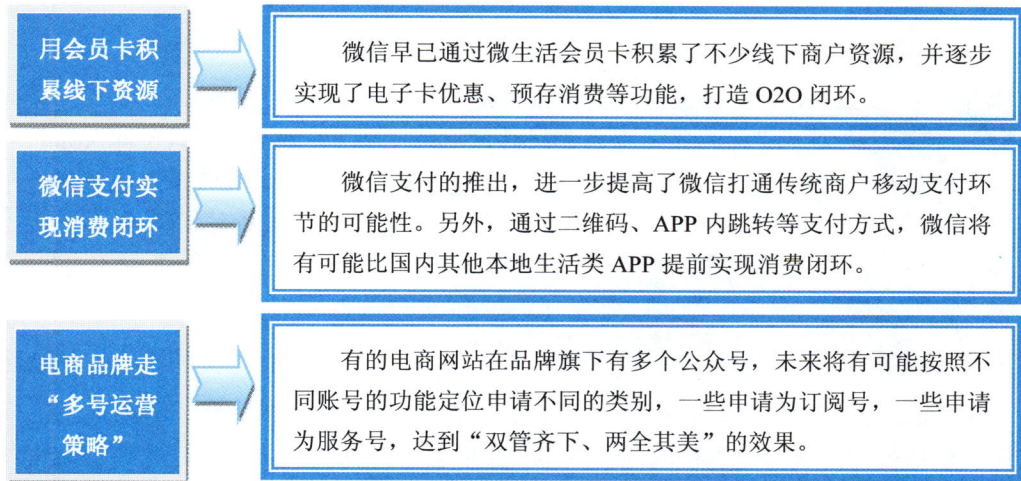

月会员卡积累线下资源	微信早已通过微生活会员卡积累了不少线下商户资源，并逐步实现了电子卡优惠、预存消费等功能，打造 O2O 闭环。
微信支付实现消费闭环	微信支付的推出，进一步提高了微信打通传统商户移动支付环节的可能性。另外，通过二维码、APP 内跳转等支付方式，微信将有可能比国内其他本地生活类 APP 提前实现消费闭环。
电商品牌走"多号运营策略"	有的电商网站在品牌旗下有多个公众号，未来将有可能按照不同账号的功能定位申请不同的类别，一些申请为订阅号，一些申请为服务号，达到"双管齐下、两全其美"的效果。

图 6-6　电商玩家的各种创新

服务商扩展
"非淘宝"
电商客户

微信目前已成为移动互联网最大的流量集中平台之一，对电商网站而言，流量就意味着销售渠道，微信的壮大自然会让做电子商务起家的阿里巴巴开始紧张。

图 6-6　（续）

专家提醒

在互联网时代，最广阔的关系链是 QQ，而微博一系列产品的出现，不可否认是在争夺用户固定上网时间的访问频次和深度，因而 Web 端关系链被打破。这种多关系链争夺用户时间的情况越来越多地出现在无线市场，这意味着用户将接受不同关系链的产品，任何一种关系链都有存在的市场，只要它能满足用户的某种需求。

6.1.3　构建移动电商生态链

随着微信用户的增长和版本的不断升级，微信的商业化进程一直为业内人士广泛关注。微信被称为获得了"移动互联网第一张船票"，其商业化之所以得到了如此多的关注，是因为其具有非常大的商业化价值。

品牌需要微信用户主动添加才能被关注，而添加行为本身就是信任的象征。微信是朋友关系属性比较强的社交工具。在微信上，要关注个人(包括 QQ 好友和通信簿好友)必须要得到对方的认可，反之亦然，所以添加的好友多是亲朋好友等熟人，封闭的熟人网络更有利于建立信任。

因此，倘若成功进入微信，品牌在微信里的粉丝应该是质量更高、忠诚度更高，且购买可能性也更大的。如图 6-7 所示为微信移动电商的生态链。

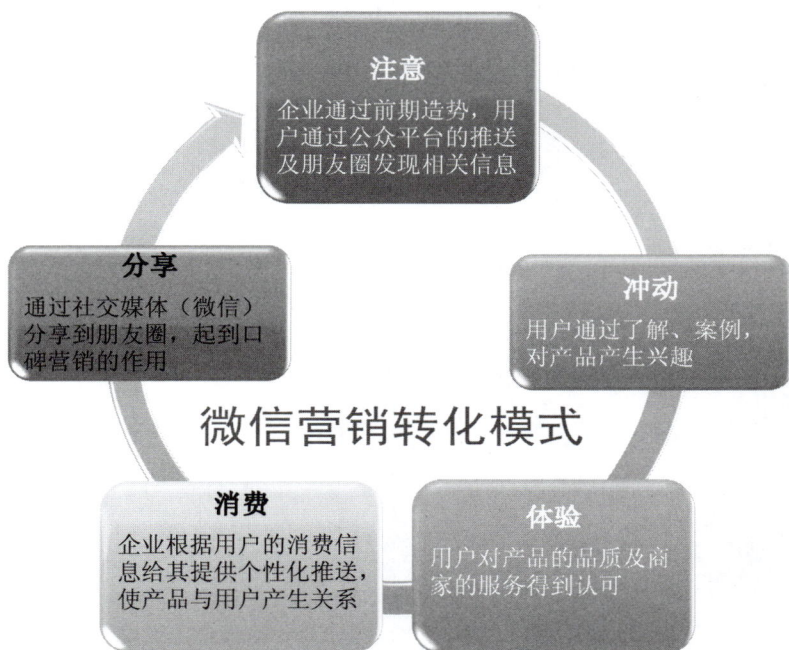

图 6-7　微信移动电商的生态链

由于微信是通过用户自主关注企业品牌的微信公众号，用户对品牌有一定认知度，针对这些用户定向推送内容，必将会有较高的转化率，所以微信是企业精准营销的核心，如图 6-8 所示。精准营销就是精确、细分、可衡量，将需要传达的信息直接推送给潜在用户。

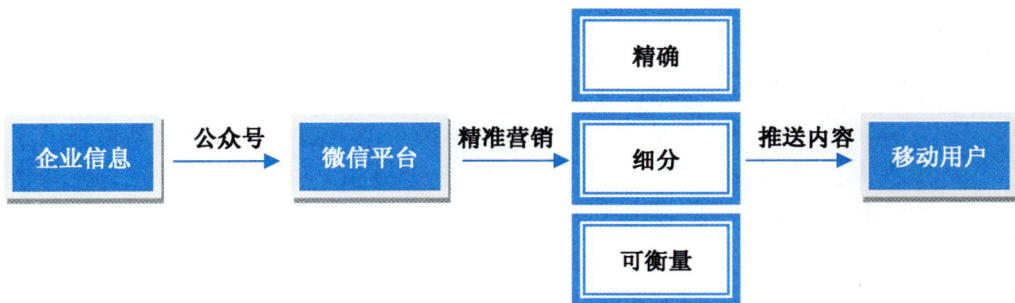

图 6-8　微信精准营销

微信的商业化，对于整个移动互联网来说，也是流量变现的积极探索。 尤其是在微信 5.0 推出之后，微信的商业化进程已经开始推进，它的商业化价值主要体现在用户、行业、公司、产品这四个要素上，如图 6-9 所示。

产品
商业化实现媒体
一款移动端的优秀产品。

公司
商业化实现动力
腾讯强大的技术能力和资源背景。

行业
商业化价值提升
微信所处的行业——移动互联网以及移动即时通信领域十分火热。

用户
商业化价值基础
海量用户是微信商业化的坚实基础，也是任何一款产品商业化的价值基础。

图 6-9　微信的商业化价值

6.2　微信电商的十大商业运营策略

微信电商正在逐步兴起，无论是企业，还是个人，都应该抓住微时代的新机会，做好微信电商。对于企业来说，如何做好微信电商是其占领移动互联网市场的关键性步骤，本节将深度解密微信电商的运营策略。

信息导读

移动端卖产品作为一个趋势已成为不争的事实，可是，如何使用移动产品做营销却是一个很头疼的问题。微信的用户质量和活跃度远超其他平台，被称为移动互联网时代的第一入口。目前，微信公众平台、微信支付、微信小店、微信商城等多种商业模式已经初见成效。

6.2.1　二维码扫描购物

微信用户只要用手机扫描特有的二维码，就可享有电子食品卡，就可享受商家提供的会员优惠活动，商家可设定自己品牌的二维码，通过赠送优惠券吸引用户关注。

二维码在微信中的应用，是每位用户的专属标志，是私密性质的，但与此同时，它又具有可读性，不可避免地成了一个公开的秘密，将隐私和公开完美结合，如图 6-10 所示。

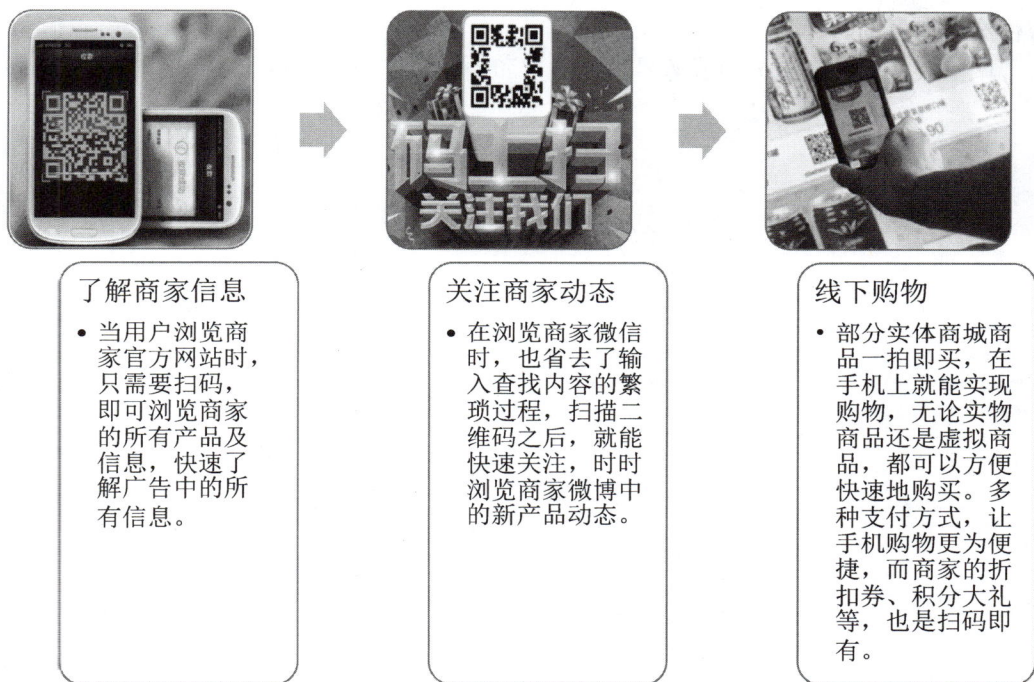

了解商家信息

- 当用户浏览商家官方网站时，只需要扫码，即可浏览商家的所有产品及信息，快速了解广告中的所有信息。

关注商家动态

- 在浏览商家微信时，也省去了输入查找内容的繁琐过程，扫描二维码之后，就能快速关注，时时浏览商家微博中的新产品动态。

线下购物

- 部分实体商城商品一拍即买，在手机上就能实现购物，无论实物商品还是虚拟商品，都可以方便快速地购买。多种支付方式，让手机购物更为便捷，而商家的折扣券、积分大礼等，也是扫码即有。

图 6-10　微信二维码的商业应用

专家提醒

二维码应用快捷便利，主要有以下这些优势。

（1）整合营销。二维码结合传统媒体，能无限延伸广告内容的实用性和时效性，消费者通过扫码，便捷入网，利用手机就能实时获得信息。

（2）即时互动。企业可发动调查、投票、会员注册等活动形式，让用户参与调查、信息评论、活动报名、手机投票等，增加用户的黏度。

（3）立体传播。二维码是移动互联网时代 O2O 最便捷的入口，已经成为当下社会化媒体传播最便捷工具，商家能时刻进行线上和线下的信息传播，用户也能随时随地接受资讯。

6.2.2　公众平台吸引粉丝

微信公众平台是腾讯公司在微信的基础上新增的功能模块，**借助这个交流平台，个人和企业都可以打造一个微信的公众号，并实现与粉丝在文字、图片、语音上的全方位沟通、互动。**

微信公众号又可以分为服务号、订阅号和企业号，如图 6-11 所示。

服务号		订阅号		企业号	
给企业和组织提供更强大的业务服务与用户管理能力，帮助企业快速实现全新的公众号服务平台。		为媒体和个人提供一种新的信息传播方式，构建与读者之间更好的沟通与管理模式。		帮助企业和组织内部建立员工、上下游合作伙伴与企业IT系统间的连接。	
不适用于个人		适用于个人和组织		粉丝关注需验证身份且关注有上限	
群发消息	4条/月	群发消息	1条/天	群发消息	无限制
消息显示位置	会话列表	消息显示位置	订阅号列表	消息显示位置	会话列表
基础消息接口/自定义菜单	有	基础消息接口/自定义菜单	有	基础消息接口/自定义菜单	有
高级接口能力	有	高级接口能力	部分有	高级接口能力	有
微信支付	可申请	微信支付	无		
了解详情		了解详情		了解详情	

图 6-11　微信公众号的三大类别

- 服务号：服务号一般是企业申请注册的，可以帮助企业快速实现新的公众平台，而且服务号可以通过认证增加信任度，如图 6-12 所示。例如，银行和企业做客户服务使用服务号较多。

- 订阅号：订阅号的作用就是媒体社交，订阅号最主要是自媒体或媒体为读者用户提供优质的对他们感兴趣或有价值的内容，从而与关注者建立关系或使用户对自身品牌认可，如图 6-13 所示。

- 企业号：能帮助企业、政府机关、学校、医院等事业单位和非政府组织建立与员工、上下游供应链及内部 IT 系统间的连接，并能有效地简化管理流程、提高信息的沟通和协同效率、提升对一线员工的服务及管理能力，如图 6-14 所示。

2013 年 3 月，微信开放了公众号自定义菜单 API，从此，各路电商可通过自定义菜单搭建一个基于微信的服务平台，对用户进行分类的推送，构建自己的移动导购平台，如图 6-15 所示。如果以前的公众号，还仅限于通过问答形式提供商业服务，那么现在，这一功能意味着社会上的任何机构都可以在微信上搭建自己的导航首页，用户不用再访问电商官方网站，只要运行微信，在公众号消息页面就可以直接进行查看。

订阅号为媒体和个人提供一种新的信息传播方式，构建与粉丝之间更好的沟通和管理模式。

服务号微信认证详情。服务号给企业和组织提供更强大的业务服务与用户管理能力，帮助企业快速实现全新的公众号服务平台。

图 6-12 服务号

图 6-13 订阅号

为了顺应移动互联网在企业端的落地，企业可以将自身的知识管理系统与类微信平台对接，使得员工在工作入口的选择上有多种连接方式，打通了传统业务系统到微信端的最后"一公里"。

商家可利用自定义菜单功能为公众号的会话界面底部增加自定义菜单，用户点击菜单中的选项，可以调出相应的回复信息或网页链接。

图 6-14 企业号

图 6-15 自定义菜单 API

　　凭着平台数亿用户的吸引力，社会各界纷纷加盟这个公众平台，也标志着微信开始了商业化道路的探索，通过在个人与政府、媒体、企业等机构之间建立起交流平台，此举所蕴含的社会意义和商业价值是难以估量的。

　　微信是一款即时通信应用，同时也是一款社交应用。**微信的社交包括两部分，一是熟人社交，二是陌生人社交**，这两部分共同构成了微信的多维化社交体系，使得一

款社交应用拥有更多玩法，如图 6-16 所示。

> 用户可以通过微信与好友进行形式上更加丰富的类似于短信、彩信等方式的联系。微信不仅具有传达各类信息的功能，同时还增加了二维码、LBS 定位、"摇一摇"和"漂流瓶"的功能，将用户的交际圈扩向陌生人，为用户提供一种充满未知和刺激的交友方式。

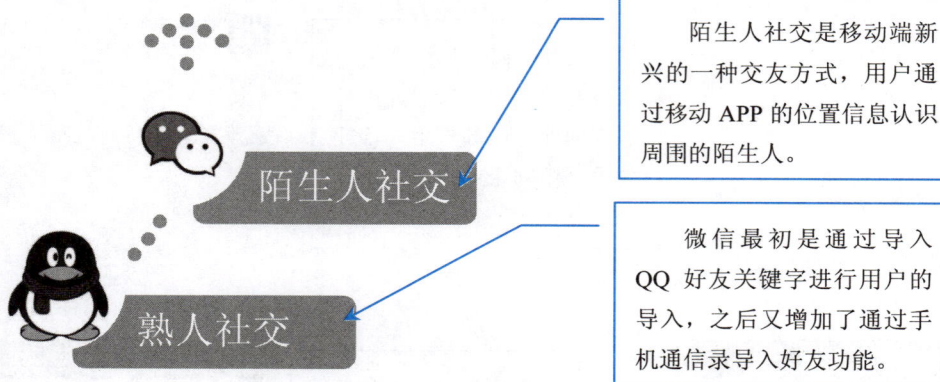

陌生人社交是移动端新兴的一种交友方式，用户通过移动 APP 的位置信息认识周围的陌生人。

微信最初是通过导入 QQ 好友关键字进行用户的导入，之后又增加了通过手机通信录导入好友功能。

图 6-16　多维化社交

对于企业与商家来讲，更是可以借助微信公众号这个交流平台，实现与用户的一对一互动，确保消息的推送和阅读，以吸引用户消费，达到挖掘用户购买力的目的。微信公众号的口号是"再小的个体，也有自己的品牌"，足以见得它对个体商家品牌推广的重要性和适用性。

6.2.3　微信支付快速收款

微信支付的普及对移动互联网意义深远，实现了从线上到线下的完整闭环，打通了 O2O 的最后一环。尤其对线下商家而言，开通微信支付是微信开店的必备条件，只有开通微信支付，才能把线上与线下，人与服务紧密地结合在一起。

1. 微信支付流程

微信支付是由腾讯公司知名移动社交通信软件微信及第三方支付平台财付通联合推出的移动支付创新产品，旨在为广大微信用户及商户提供更优质的支付服务。微信的支付和安全系统由腾讯财付通提供支持，而财付通是持有互联网支付牌照并具有完备的安全体系的第三方支付平台。

腾讯 CEO 马化腾对微信支付的定义是：只须将微信账户绑定银行卡，就可以通过微信内的公众号、APP 以及身边随时可见的二维码，简便、快捷地完成付款，从而为商业场景在手机中的闭环提供一种全新的解决方案，如图 6-17 所示。

关联银行卡

购买合作商户
的商品及服务

完成身份认证

输入支付密码

微信支付

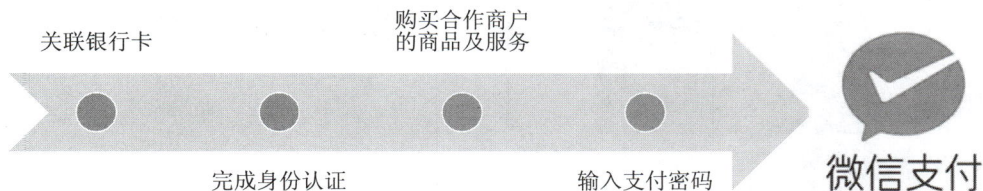

图 6-17　什么是微信支付

2. 微信支付的电商价值

拥有良好体验的微信支付，因其日渐丰富的多元应用场景和海量用户基础，开始显现其电商价值，如图 6-18 所示。我们认为，微信支付最终的使命并不是要去替代传统零售业或是替代银行卡，而是为用户提供一种更为轻便的消费体验。

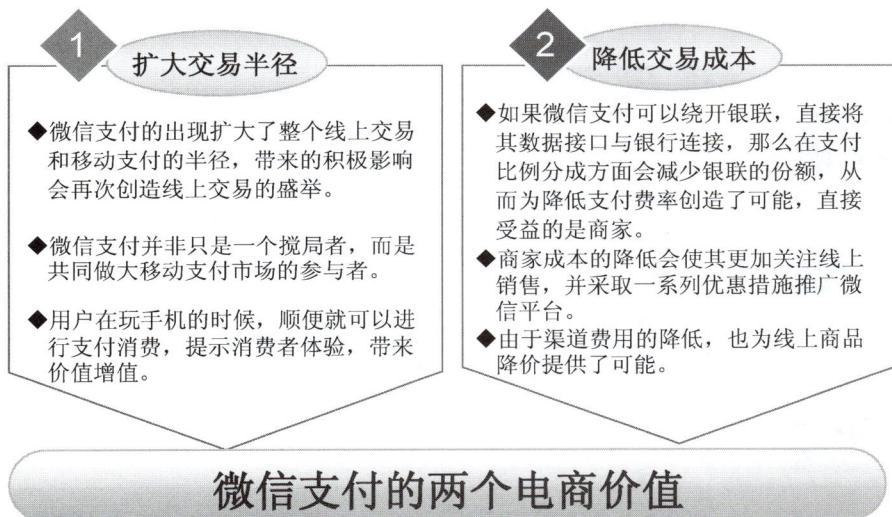

1 扩大交易半径

◆ 微信支付的出现扩大了整个线上交易和移动支付的半径，带来的积极影响会再次创造线上交易的盛举。

◆ 微信支付并非只是一个搅局者，而是共同做大移动支付市场的参与者。

◆ 用户在玩手机的时候，顺便就可以进行支付消费，提示消费者体验，带来价值增值。

2 降低交易成本

◆ 如果微信支付可以绕开银联，直接将其数据接口与银行连接，那么在支付比例分成方面会减少银联的份额，从而为降低支付费率创造了可能，直接受益的是商家。

◆ 商家成本的降低会使其更加关注线上销售，并采取一系列优惠措施推广微信平台。

◆ 由于渠道费用的降低，也为线上商品降价提供了可能。

微信支付的两个电商价值

图 6-18　微信支付的电商价值

3. 微信支付的功能分析

另外，在微信界面打开"我的钱包"界面，就会发现微信经营着一个独立的 B2C 电商入口，其中包括"刷卡"、"转账"、"理财通"、"手机充值、"滴滴出行"、"京东精选"、"Q 币充值"、"微信红包"、"生活缴费"、"信用卡还款"、"腾讯公益"、"电影票"、"AA 收款"等功能(不同地区，不同电信运营商，栏目品种可能会有所不同)，如图 6-19 所示。

当然，微信商城将会陆续开放，并提供更多开放平台的商家商品。此举表明了微信做大做强电商平台的野心。如图 6-20 所示，讲解了微信钱包的几个重点功能。

图 6-19　"我的钱包"界面

微信转账

微信转账功能的实现，使得微信的社交更加平台化。 账户转出每月前 20000 元不收取手续费，超过 20000 元之后的金额需要支付 0.1%的手续费。

微信红包

微信红包的目的是通过社交圈扩散的方式，利用"支付+社交"的模式，让用户开通微信支付。而收到红包的用户想要变现，则需要绑定银行储蓄卡，微信支付的交易量也随之节节攀升。

信用卡还款

对于经常使用信用卡的微信商家来说，微信推出的"信用卡还款"功能又是一大亮点。使用微信还款不收手续费，单笔及每日限额都是 2 万元，每月限额 5 万元。

AA 收款

AA 收款既为个人用户带去了便利，也为行业发展提供了更多元的方向和想象。AA 收款可随意扩展为各种电商形式，如团购，用 AA 收款以团购的形式发起一个 10 人付款，马上就可以让对方享受到一个很优惠的团购促销。

理财通

微信上线理财通后，多了理财的应用场景，可为用户提供一站式的支付、理财方案，更有助于微信金融生态圈的建立。微信商家可以将自己的零钱存入微信，在做生意的同时，还能享受货币基金的投资收益，可谓一举两得。

图 6-20　微信钱包的重点功能

6.2.4　LBS 商家位置查看

微信推出"附近的人"功能，其目的就是为了方便用户交友，它将会根据用户的地理位置找到附近同样开启这项功能的人，使用户能够轻松地找到身边正在使用微信的其他用户，如图 6-21 所示。

图 6-21　查看附近的人

"附近的人"这项基于 LBS 地理位置服务的功能，能够精准地把广告投向微信用户，为移动电商市场带来巨大的商机。**商家可以利用"附近的人"中的 LBS 定位功能，在社区、商圈、学校等特定地区举办商品的促销活动，推送促销消息，引起微信用户的注意。**

例如，K5 连锁便利店利用了微信找朋友的功能，向在"附近"活动的微信用户发布最新优惠券、礼品赠送、打折活动信息来吸引众多消费者过来消费，如图 6-22 所示。

据悉，K5 通过此次活动吸引了大量的用户，让其品牌快速地深入到众多用户的心中，给线下店铺带来了大量的流量；不仅如此，K5 还通过微信给用户建立了一个档案，定期回访或者发送一些优惠信息，来建立客户的忠实度。

建立自己的微信公众账号

在签名档里设置"今日开业酬宾，回复可以获得一份免费礼品"的消息

运用自身企业的Logo做头像

开启"附近的人"功能

编辑活动信息，每隔15分钟，向周围搜索的人发布一次消息

跟每一个人回信息的客户做好互动

K5 连锁便利店
chain convenience stores

图 6-22　K5 连锁便利店的微信电商战略

6.2.5　微信小店增加销量

2014 年 5 月 29 日，微信公众平台宣布正式推出"微信小店"，将形形色色的小店搬进微信里，如图 6-23 所示。这不但让曾经的那句"微信，不仅仅是聊天工具"成为现实，也让移动电商大战正式拉开序幕，"微信小店"一经推出便引发热议。

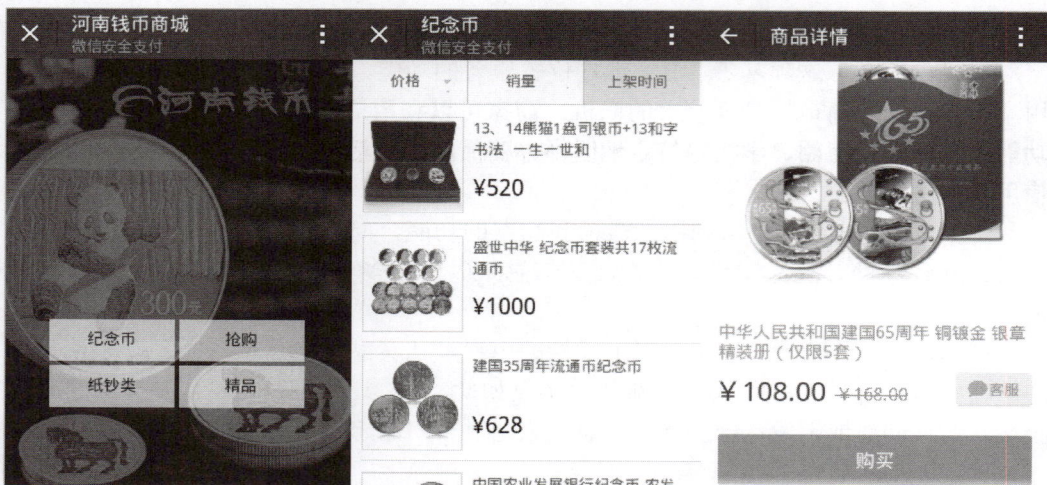

图 6-23　微信小店

专家提醒

微信小店是腾讯基于微信公众平台打造的一款原生电商平台。商家只要登录微信公众平台，按照相关的步骤操作，即可获得轻松开店、管理货架、维护客户的简便模板，真正实现了技术"零门槛"的电商接入模式，方便了广大的基本电商用户。

一方面，"微信小店"的推出将极大地丰富微信以及微信支付的应用场景，提升用户体验；另外，微信的商户功能本质就是微信支付，而微信小店是基于微信支付产生的，是帮助用户解决商品售卖的方案，如图 6-24 所示。

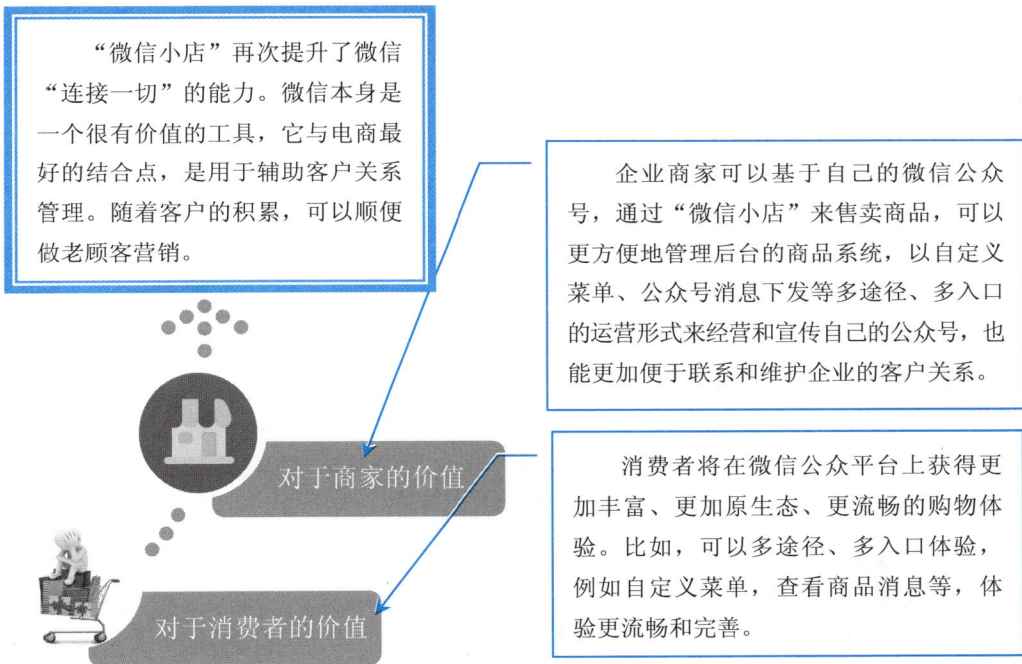

> "微信小店"再次提升了微信"连接一切"的能力。微信本身是一个很有价值的工具，它与电商最好的结合点，是用于辅助客户关系管理。随着客户的积累，可以顺便做老顾客营销。

> 企业商家可以基于自己的微信公众号，通过"微信小店"来售卖商品，可以更方便地管理后台的商品系统，以自定义菜单、公众号消息下发等多途径、多入口的运营形式来经营和宣传自己的公众号，也能更加便于联系和维护企业的客户关系。

对于商家的价值

对于消费者的价值

> 消费者将在微信公众平台上获得更加丰富、更加原生态、更流畅的购物体验。比如，可以多途径、多入口体验，例如自定义菜单，查看商品消息等，体验更流畅和完善。

图 6-24　微信小店的电商价值

有了微信小店，即使没有技术开发能力的商家，也能很容易地接入微信公众平台，实现电商模式，增加线上销量。**微信电商真正的优势是基于社交情感的病毒式传播，这也是商户在其他平台难以获取的。**

6.2.6　微信朋友圈引爆电商

微信营销说得简单点，就是通过微信"交朋友"，让别人关注自己，然后在朋友圈发送动态，引导朋友支持自己，购买自己的产品。

在朋友圈做营销，要先研究朋友圈的特性，如图 6-25 所示。朋友圈特性很好理解，有两个特性：朋友和圈子。

朋友圈营销的核心就是"深化与朋友的关系"。因此，商家要把与朋友的"弱关系"转变为"强关系"，只有把关系放在首位，深化与朋友的关系，才能迎来长期、高质量的发展和收获。

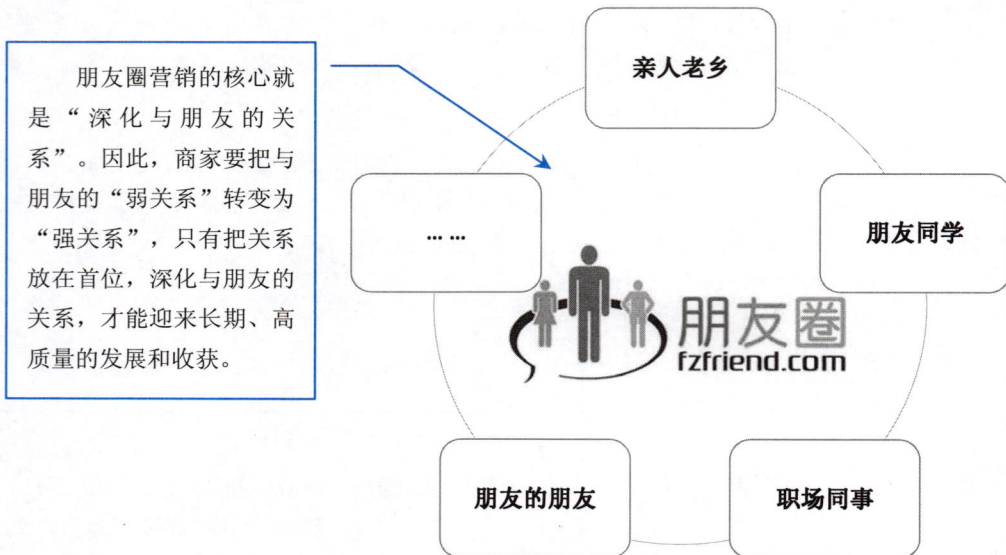

图 6-25　微信朋友圈

朋友圈营销是微信营销的最佳实践，它从商家"自说自话"演化为"让别人帮你说话"。话语权已经不再在商家一方，而在朋友圈一方。只有强化跟他们的关系，让他们为你布道，微信开店才能塑造未来的优势。

专家提醒

需要注意的是，无论是你的微信朋友圈，还是你的 QQ 空间，你关注的或者关注你的都是朋友关系，至少是有过交流的人，这解决了交易中的第一个难题——信任。其实，在朋友圈做生意就是拿那自己的名誉做赌注，只要你还想保持朋友关系，你就不可能对自己的朋友坑蒙拐骗。

6.2.7　微生活 O2O 区域化运营

微生活会员卡即微信会员卡，是腾讯移动生活电商旗下的 O2O 产品，以二维码为入口连接消费者与商家。微生活会员卡已经打通商家 CRM 系统，完成实体卡与微生活虚拟会员卡的无缝对接，其主要功能如图 6-26 所示。

（1）积分、储值、查询，一卡解决。

（2）会员管理、交易管理、精准营销、数据分析，一网打尽。

（3）客服预订、疑难解答、富媒体营销，一应俱全。

图 6-26　微生活会员卡的主要功能

　　微生活会员卡完成的 O2O 闭环其实有两种，即支付闭环和信息闭环，如图 6-27 所示。

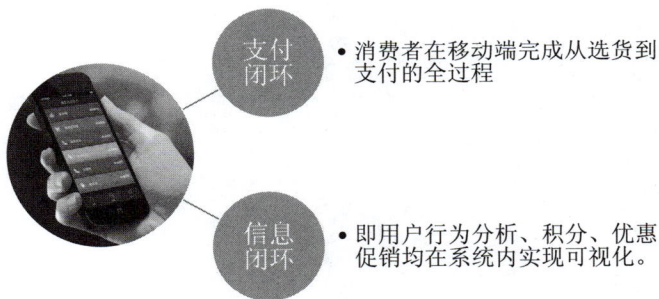

支付闭环　● 消费者在移动端完成从选货到支付的全过程

信息闭环　● 即用户行为分析、积分、优惠促销均在系统内实现可视化。

图 6-27　微生活会员卡的 O2O 闭环

　　在微生活会员卡平台上，广大消费者可享受移动互联网的便捷，获得生活实惠和特权；同时，该平台更是精准的泛会员管理与营销平台，可帮助商家和企业建立泛用户体系，搭建富媒体的互联网信息通道，如图 6-28 所示。

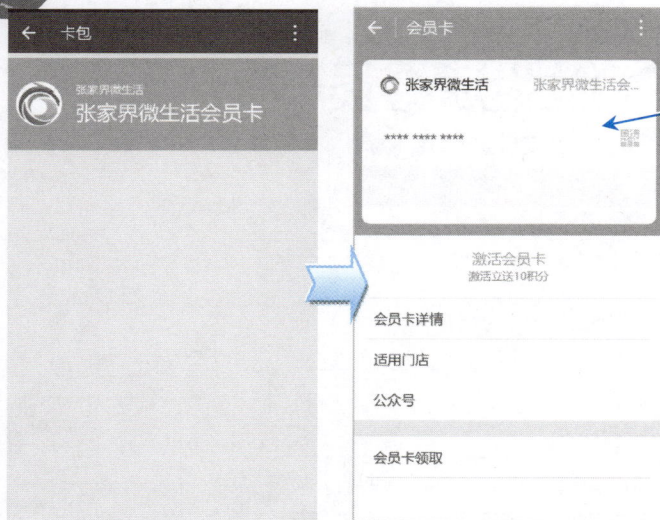

手机成为本地消费身份的凭证，通过微信号、QQ号的唯一识别体系，找到企业的精准用户，用CRM系统记录会员消费轨迹，使用特价菜、积分返券、优惠折扣等方式培养用户习惯。

图6-28　微生活会员卡

6.2.8　"摇一摇"拓展人际关系

微信"摇一摇"，是微信推出的一个随机交友应用，如图6-29所示。

通过摇手机或点击按钮模拟摇一摇，可以匹配到同一时段触发该功能的微信用户，从而增加用户间的互动和微信粘度。通过"摇一摇"这个功能，用户能享受多重的服务体验，而且它操作方便，随时随地都可以进行，因此推出后立刻受到广大用户的欢迎。

图6-29　微信摇一摇

微信"摇一摇"是移动社交活动的新模式，它极大地丰富和拓展了人际关系，为商家提供了一个广告曝光的平台。例如，饮品店"阿叔熬奶茶"在三八妇女节期间推出主题为"女人我最大，福利摇出来"的活动，此活动完全基于微信"摇一摇"的周边功能，如图 6-30 所示。

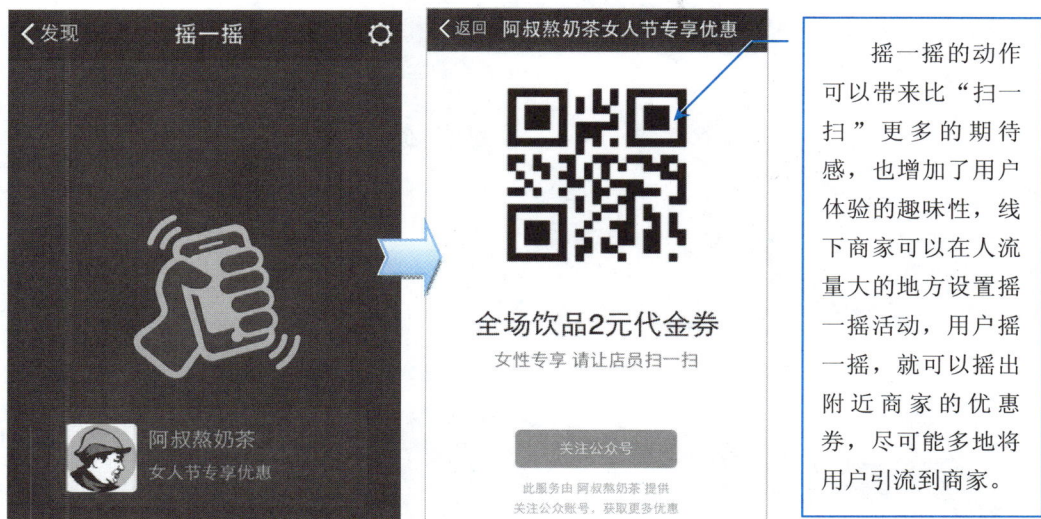

摇一摇的动作可以带来比"扫一扫"更多的期待感，也增加了用户体验的趣味性，线下商家可以在人流量大的地方设置摇一摇活动，用户摇一摇，就可以摇出附近商家的优惠券，尽可能多地将用户引流到商家。

图 6-30 微信"摇一摇"活动

6.2.9 微信游戏电商的趣味传播

微信游戏是基于微信这一平台开发的交互游戏，而微信游戏电商就是通过游戏的转发传播，来让玩家认识某个品牌。

微信游戏实际上就是以微信和 QQ 账号为基础的游戏系列，该系列将包括《飞机大战》、《天天星连萌》(原名《天天连萌》)、《天天飞车》、《节奏大师》、《天天爱消除》、《天天酷跑》、《天天炫斗》、《欢乐斗地主》等游戏，涵盖了连连看、赛车、音乐、消除、跑酷、棋牌等多种游戏模式。

例如，吉利汽车对旗下的 GX7 产品进行重新定位后，为了积极提升产品知名度，贴近网民实时关注和上网的习惯，将传播渠道巧妙地搭载到了如日中天的微信游戏——"经典飞机大战"中，如图 6-31 所示。

"吉利 GX7 飞机争霸赛"活动分为线上微信"飞机争霸赛"，与线下 4S 店开展到店活动"打飞机"比赛中，如图 6-32 所示。

通过手机微信平台，"吉利 GX7 飞机争霸赛"活动通过生动的网络话术实现与用户之间全方位的互动，不但拉近了吉利 GX7 与受众的距离，提高了产品的知名度与美誉度，而且体现了吉利汽车接地气的、勇于探索的数字营销主张。

图 6-31　"吉利 GX7 飞机争霸赛"活动

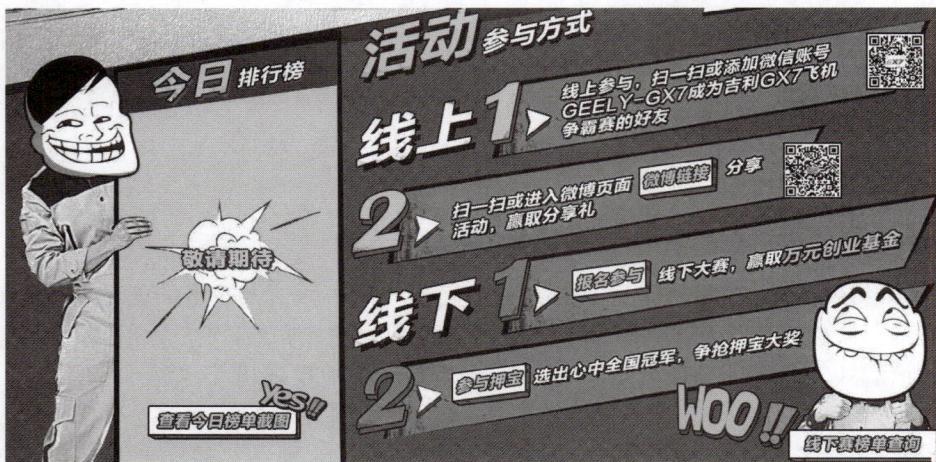

图 6-32　线上与线下相连的活动参与方式

据悉，微信"GX7 飞机争霸赛"活动成功添加好友 24265 人；微博有奖转发活动转发总量 107.8 万次，评论总数 56.2 万条；公关论坛共发布 906 个热门社区论坛，互动评论 45 万条；PC 端活动网站整体传播总计曝光 2.81 亿人次，点击 3004 万人次。

在微信的战略发展方向中，游戏与社交是其重点，足见游戏在移动互联网上的地位。微信小游戏的特点普遍是设计新颖，而且呆萌，规则简单却不单调，可以在短短几分钟内吸引到大量用户。

"吉利 GX7 飞机争霸赛"活动，是吉利汽车移动电商用游戏思维做电商的大胆尝试，为国内移动电商同行寻求流量提供了思路和途径。

6.2.10　打造全新的售后服务模式

商家可以通过微信的客服管理系统，将来自各个渠道的用户问题和反馈，转化成一个个工单，并进行统一管理、跟踪和响应。客服管理系统可以帮商家挖掘真实客户，处理和管理客户所有的问题和反馈，有针对地改善客户的服务质量、提升客户管理水平。

例如，2013 年 3 月，业界第一家多功能微信客服中心系统——联想服务官方微信客服中心系统正式上线，如图 6-33 所示，为移动电商的售后服务行业开了一个先河，并给联想用户带来了掌上便捷。

联想服务官方微信客服中心系统的推出，意味着联想服务官方微信已不再是普通的微信公众平台，它更多地融入了自己独特的业务特点，成为继呼叫中心系统之后又一个全新的客服中心系统。

图 6-33　线上与线下相连的活动参与方式

另外，商家也可以将常见问题总结成文章，放在公众平台的智能回复中，方便其客户查看，以自助解决问题，并可以在社区里与其他客户互动讨论，这样可以大大降低重复提问给客服带来的压力。商家只须建立合理的商业规则，即可让客服在处理工单时事半功倍。

对于移动电商来说，一套好的微信客服解决方案，不仅能够让一个企业走向成功，也许还能改变一个行业的发展方向。

淘宝：基于移动消费领域的入口

第 7 章

阿里巴巴 2014 年的关键词是移动电商，手机淘宝的定位已经发生改变，将从购物入口变成移动生活消费入口。淘宝无线事业部市场总监卢中涛表示："我们首要的任务并不是促销，而是在于倡导用户养成一种符合移动互联网特性的生活习惯，让手机淘宝成为一个更有黏性的移动生活平台。"

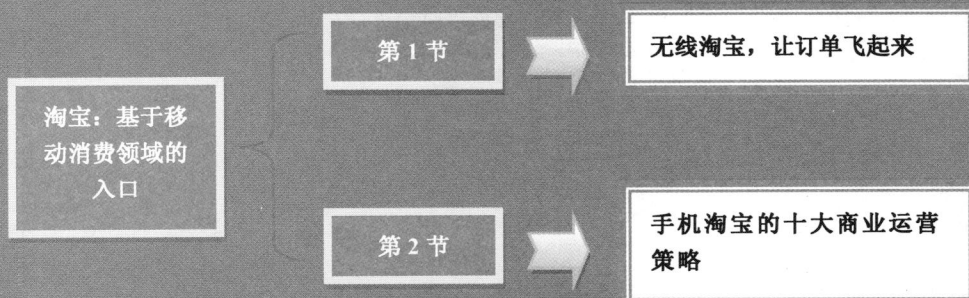

淘宝：基于移动消费领域的入口

第 1 节 ➡ 无线淘宝，让订单飞起来

第 2 节 ➡ 手机淘宝的十大商业运营策略

7.1　无线淘宝，让订单飞起来

衣食住行，生活中的每个环节，都可以通过用手指点击手机屏幕上的那个橘黄色的"淘"字的 APP 来完成，饮料零食、服装日化、酒店机票、手机话费、音像数码、电影票优惠券……只要你能想到的，就都能在手机淘宝平台买到。

信息导读

　　移动购物已经渗透到生活的方方面面，买东西甚至已成为一种有趣的娱乐活动。2014 年，中国进入了移动互联的时代，淘宝网 55%的商品是通过手机销售出去的，很多消费者的购物世界里只有一部手机。

7.1.1　天猫双十一的节日盛宴

　　根据 2015 年 11 月 12 日的最新消息，天猫双十一全天成交金额为 912.17 亿元，相比去年同期的 571 亿元，同比增长将近 60%。**其中在移动端交易额占比 68%，峰值时达到了 90%，物流订单量为 4.67 亿**，如图 7-1 所示。

最终成交额 912亿

时间	金额	时间	金额
00:01	10亿	12:49	600亿
00:03	30亿	13:00	605亿 无线占比71.12%
00:05	47亿	14:00	633亿 无线占比70.88%
00:12	100亿	15:00	658亿 无线占比70.52%
00:20	146亿	16:00	683亿 无线占比70.09%
00:30	191亿	16:39	700亿 69%
00:40	215亿	17:22	717亿 69%
01:00	247亿	18:20	737亿 69%
01:30	317亿	21:00	800亿 无线占比69%
07:45	417亿	22:32	850亿 无线占比69%
09:52	500亿	23:47	900亿 69%
11:49	571亿	24:00	912亿

图 7-1　双十一最终成交额

　　此外，此次天猫双十一成交涉及 232 个国家和地区，其中阿里入驻商家中，有超过 5000 商家分别来自 25 个不同的国家和地区。此次天猫双十一购物节，阿里员工走入了全国 8000 多个农村交易点，覆盖农民人数上百万。

十几年的电商基因和空前的大数据，使得短期内没有谁可以撼动阿里电商的霸主地位。而且阿里上市之后，在农村电商、跨境电商、物流等方面都布局了全面的生态圈，在移动电商领域，可谓是独占鳌头。

7.1.2 手机淘宝改变人们的生活

11 月 11 日，在这个日子还没变成一个购物节之前，它只是一个让光棍们自嘲发泄下，或者积极组织联谊活动争取"脱光"的，有点小闷骚的网络节日。2010 年到 2015 年的这一天，由淘宝创造了"双十一"购物狂欢节，交易额从 9.36 亿元到 52 亿元再到 2015 年的 912.17 亿元，惊人的数字堪称奇迹。

抢购当天，除了"鹰的眼睛，豹的速度"这样稳准狠的下单能力，手机淘宝用户找到购物灵感还有另一个新渠道，那就是查看"附近的人"在买啥功能，如图 7-2。淘宝无线数据显示，基于地缘的人际相关性，用户受周围一两百米的影响最大，跟风而迅速产生购买行为的不在少数。

图 7-2 查看"附近的人"

每天都有数十万用户在通过"附近的人"发现乐趣，很多用户本着"独乐乐不如众乐乐"的态度将这些商品分享到微博上，大家一起吐槽。"附近的人在买啥"更像是淘宝在 SNS 及本地化方面的试水动作。也可以视为一种 SNS 式导购，闲着无聊也可以刷着玩，给购物带来更多的玩乐味道。

"双十一"大促之后，"双十二"到来了，这一次，淘宝无线换了玩法。除了继续看附近的人买了啥，还发布了"掌柜好声音"、"手机抓蝴蝶"等利用智能手机语音功能和 AR 交互功能等特性的好玩的互动产品，如图 7-3 所示。淘宝无线事业部市场总监卢中涛说，让用户先玩起来，逛起来，也借着大促的热潮观察用户对这类产品的接受程度。

图 7-3 "手机抓蝴蝶"活动

主打"好玩"、增强手机淘宝平台自身黏性的举措取得了超出预期的效果，用户玩过后，自发地在微博等社会化媒体上传播，除了口碑传播的意义之外，还让手机淘宝这个手指轻触屏幕"点"一下的行为，像是一个开关，开启了一场关于生活的精彩好戏，在这场戏中，每个人都能在舞台上找到适合自己的角色和表演方式。

2015 年，你手中的小小屏幕"贡献"了多少银子？你用移动设备看过"附近的人"买了啥没？"双 12"你听到了淘宝"掌柜们"的叫卖声了吗？亲自体验了语音购物没有？

淘宝无线还尝试了跟哈根达斯这样的传统品牌合作，邀请用户参加用手机淘宝去哈根达斯指定门店扫二维码，并拍下获得奖励的活动。推出以摄像头为中心的"一淘火眼"和让用户用手机"晒"身边实体店的"一淘逛街"，都重在于改变人们的生活方式。

手机购物的这个动作，跟 O2O、语音互动、社会化媒体、LBS 等新形式结合后，有了更长的生命周期。

7.1.3 手机开店——让开店变简单

足不出户的便捷、商品全面的对比、低廉的价格，使得电子商务成为众多消费者的宠儿。随着移动互联网的发展，移动电子商务比以往的电子商务更加引人注目。

那么开展移动电子业务，首先需要在手机上有属于自己的店铺，现在移动网络交易最为活跃、最受卖家喜爱的交易平台就属手机淘宝。

那么，如何在手机淘宝上开一家独树一帜、标新立异、稳赚人气的网店，便成了许多自由创业者们重点考虑的问题。

淘宝开店，绝对是当今做生意最热门的方式，目前在淘宝网注册的店铺有 800 万家之多，整个平台一年的营业额近 10000 亿。这样的数字背后，少不了淘宝开店带来的巨大利益，而手机淘宝作为现在淘宝力推的移动购物平台，热门度一定不会比淘宝网低，如图 7-4 所示。

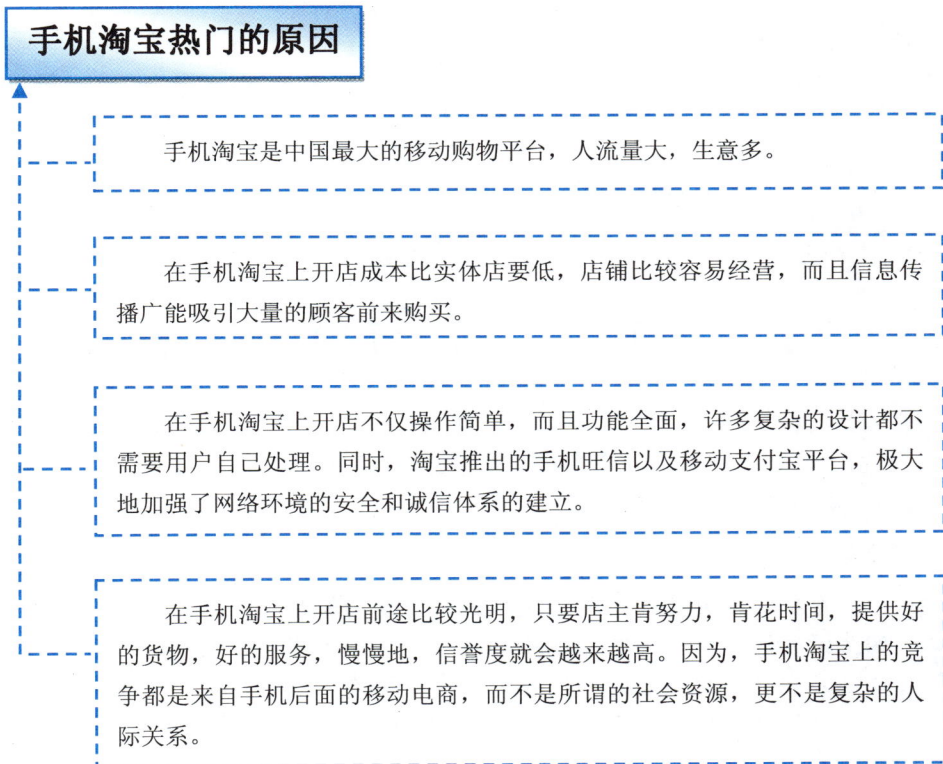

手机淘宝热门的原因

手机淘宝是中国最大的移动购物平台，人流量大，生意多。

在手机淘宝上开店成本比实体店要低，店铺比较容易经营，而且信息传播广能吸引大量的顾客前来购买。

在手机淘宝上开店不仅操作简单，而且功能全面，许多复杂的设计都不需要用户自己处理。同时，淘宝推出的手机旺信以及移动支付宝平台，极大地加强了网络环境的安全和诚信体系的建立。

在手机淘宝上开店前途比较光明，只要店主肯努力，肯花时间，提供好的货物，好的服务，慢慢地，信誉度就会越来越高。因为，手机淘宝上的竞争都是来自手机后面的移动电商，而不是所谓的社会资源，更不是复杂的人际关系。

图 7-4　手机淘宝热门的原因

手机淘宝开店认证的具体步骤为：打开手机淘宝客户端，登录自己的淘宝账号，进入"我的淘宝"界面，点击"我要开店"按钮，进入"免费开店"界面，在"免费开店"界面填写相关信息，并点击"立即开通"按钮，然后根据页面提示进行支付宝实名认证、身份认证，等待系统审核通过，即可开店，如图 7-5 所示。

图 7-5　手机淘宝开店

7.2　手机淘宝的十大商业运营策略

手机淘宝客户端依托淘宝网强大的自身优势，提供给用户每日最新的购物信息，更具有搜索比价、订单查询、购买、收藏、管理、导航等功能，为用户带来方便快捷的手机购物新体验，并改变着人们的生活。

信息导读

　　手机淘宝自身的商业模式很强大，如蚂蚁花呗、聚划算、口碑外卖、淘生活等。假设你要去欧洲旅游，在手机淘宝下单，就会有人来接机，你要去马尔代夫旅行潜水，同样可以在手机淘宝订好所有的事情。所以这不是一个简单的商业模式，而是一个已经社会化的商业模式。

7.2.1　蚂蚁花呗延期还款

花呗是蚂蚁微带提供的新网购服务，可以先消费，购物不用立即付款，确认收货后次月 10 日再还款。花呗目前只针对部分高信誉的优质客户，因此，部分用户是开通不了花呗的。同时，花呗服务有相应的安全保障服务，如果出现账户被盗的情况，应及时联系支付宝客服热线。

开通花呗支付的具体方法为：在淘宝首页的右上角出找到"卖家中心"，单击"卖家中心"，进入"卖家中心"页面，单击"软件服务"下方的"我要订购"超链接，进入"服务市场"页面，在搜索栏里输入"蚂蚁花呗"，并单击"搜索"按钮，进入相关页面，单击"蚂蚁花呗"图标，如图 7-6 所示。

图 7-6　单击"蚂蚁花呗"图标

　　进入"蚂蚁花呗"订购页面，只要店铺满足申请的条件，就可以订购，如图 7-7 所示。订购成功后，在手机淘宝的商品页面上会有显示，如图 7-8 所示。

　　店铺需要三颗星以上，且开店有半年，才能订购蚂蚁花呗服务。订购蚂蚁花呗这一服务，可以大大提高店铺的转化率。

图 7-7　"蚂蚁花呗"订购页面

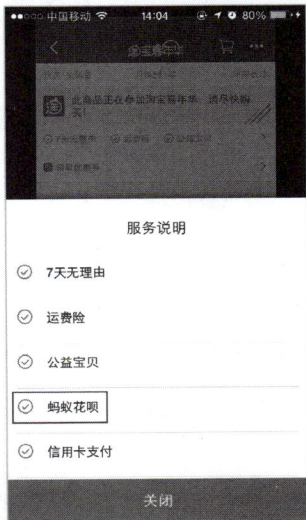

图 7-8　手机淘宝的显示

7.2.2　手机专享价提高转化率

　　淘宝手机专享是指手机淘宝店铺为了更加优惠地出售自己的商品，让消费者获得

更多优惠所使用的一种营销模式，使用手机淘宝进行网络购物，V1~V6 淘宝会员享有不同程度的优惠，如图 7-9 所示。

手机专享价是一款专门针对手机淘宝下单的促销工具，可实现在手机端和电脑端上不同的促销价格折扣，是设置宝贝无线专享价格的官方无线营销工具。

集市 C 类商品支持与"双十二"大促、聚划算(仅限 C 商品)、天天特价、限时打折等第三方促销工具叠加使用，支持折上折，并且交易记录不会显示手机专享价，只显示电脑端优惠价或一口价，成交计入交易记录，不会影响单品的人气和搜索排名。

卖家使用手机专享价设置店铺的宝贝

- "手机专享价"可以使宝贝搜索加权，当宝贝有明显的 手机专享 标签时，在搜索 LIST 上，宝贝将获得更多流量和优先展示，每天百万 UV 的筛选流量，也让消费者更容易找到你的宝贝。
- 将设置了"手机专享价"的宝贝加入购物车，在购物车中查看宝贝时，会有显示提醒。
- 手机淘宝上会不定期地出现"手机专享价"活动，并在消费者的手机淘宝客户端上持续曝光，比如手机淘宝首焦、PUSH 资源推广。
- "手机专享价"能够有效提升手机宝贝的成交转化率。

图 7-9   淘宝手机专享

淘宝店卖家可以结合店铺前期手机无线端成交宝贝的实际情况，合理设置手机专享价，通过手机详情页的推广图片、宝贝文案以及店铺客服专业应答介绍，不断提高宝贝的转化率。

7.2.3   免费试用促进口碑传播

卖家们在新品刚推出时，由于其产品性能、功效、感觉等方面都还不被人所知，因此要打造产品品牌就更加困难。为了加大新品的推广力度和曝光率，很多时候，卖家们都会参加淘宝官方活动，其中淘宝免费试用活动是最适合新品做推广的，如图 7-10 所示。

图 7-10 手机淘宝免费试用页面

专家提醒

卖家参加淘宝免费试用的活动，有哪些方面的要求呢？

◆ 淘宝店铺必须是在一钻及以上，并且需要加入消费者保障服务。

◆ 试用品必须为原厂出产的合格全新且在保质期内的产品。

◆ 试用品总价值不得低于 1500 元人民币，价格不得虚高，商品的单价不得低于 30 元人民币。

◆ 美容彩妆、日化、珠宝配饰、个人护理等类目，必须有假一赔三或分销平台品牌授权。

◆ 食品保健类商品必须有生产日期，且必须有 QS 或进口食品标记。

◆ 试用品免费发送给消费者，消费者给出试用报告，商品无须返还。

免费试用活动结束后，买家提供的使用报告可以提高产品的好评率，以促进产品的销售量。而且一贯关注淘宝试用活动的"亲们"都会常去该淘宝活动区，浏览心动的产品，申请产品试用，若试用报告做得很好，宝贝的口碑也会得到好的宣传。

另外，参加试用活动，还可以促进买家们的二次购买。一般来说，若买家们试用了某些产品觉得效果好的话，即使没有优惠价，也会再来购买的，如果说店铺还能提供二次购买的折扣优惠，那么估计顾客会更愿意回头购买了。

7.2.4　钻石展位快速博得眼球

"钻石展位"是图片类广告位自动竞价平台，钻石展位又简称钻展，较直接的说法就是网上的图片类广告。例如，线下的高速公路边上的广告牌，其优点是卖家自行制作，图片颜色更加鲜艳，博眼球，可增加品牌记忆点，方便买家加深印象，成本低，可获取流量大。

目前钻展在淘宝 PC 端和无线端的应用是最广泛的，因为卖家的需求，现在淘宝又拓展出站外了。不过商家投放最多的还是在站内，最受众卖家喜欢的是淘宝首页的焦点图和无线 APP 的焦点图，它以图片大、制作方便、展现丰富为基础，可获取的流量十分巨大，能够满足各种流量和品牌的展现需求，如图 7-11 所示。

图 7-11　淘宝首页的焦点图

无线钻展是淘宝在 2013 年 5 月份推出的钻石展位新模块，它大大加强了淘宝无线端的推广力度，也是淘宝手机店铺引流的好帮手。无线展位的最大亮点，就是首页的大海报，处于很显眼的位置；整体页面色调清新，除了四个布局一致的色块，其余再无图片干扰，很好地与淘宝官方图片融为一体，如图 7-12 所示。

无线钻展共有 5 个展位，分别是无线淘宝 APP 首页焦点图 3、无线淘宝站内触摸版首焦 3、无线淘宝热卖触摸版首焦 1、2、3，竞价条件最低日预算都是不能低于 100 元的，最低千次展现价格不等，创意都要求为一级创意。这些资源位虽然上线不久，但是都有令人惊喜的表现，整体 CTR 在 2%以上，CPC 不到 0.5 元，如表 7-1 所示。

淘宝无线端 APP 焦点图。

只要创意做得不太差，也会获得不错的点击。

图 7-12　手机淘宝的焦点图

表 7-1　无线站内的主要资源位

模　块	广告位名称	尺　寸	创意类型	最低 CMP 价格	资源优势
无线站内	无线淘宝 APP 首页焦点图 2	640×200	图片	5	站内资源，流量大，转化佳
	无线淘宝 APP 首页焦点图 3				
	无线淘宝 APP 首页焦点图 2	640×210		3	
	无线淘宝触摸版首页焦点图 2	640×200		0.01	
	无线淘宝触摸版首页焦点图 3				
	无线淘宝触摸版首页焦点图	640×200		0.5	

7.2.5　SEO 网店流量高速转化

SEO 是由英文 Search Engine Optimization 缩写而来，中文意译为"搜索引擎优化"。SEO 是指通过对网站内部调整优化及站外优化，使网站满足搜索引擎收录排名

需求，在搜索引擎中关键词排名提高，从而把精准用户带到网站，获得免费流量，产生直接销售或品牌推广效应。

淘宝 SEO 其实就是淘宝搜索引擎优化，利用淘宝搜索排名的规则，让卖家的产品展示给搜索人群。简单地说，就是当卖家的目标客户搜索卖家的产品时，利用一些方法将卖家的产品展示在搜索结果的前面，如图 7-13 所示。

淘宝 SEO 即淘宝搜索引擎优化，是指通过优化店铺宝贝标题、类目、上下架时间等来获取较好的排名，从而获取淘宝搜索流量的一种新型技术。

图 7-13　手机淘宝的搜索排名

广义的淘宝 SEO 是指除去淘宝搜索引擎优化外，还包括一淘搜索优化、类目优化、淘宝活动优化等，是最大限度地吸取淘宝站内的免费流量，从而销售宝贝的一种技巧。

专家提醒

事实上，目前淘宝的目的是促进卖家提升各方面的服务质量，提高客户在淘宝的购物体验。在这一过程中，淘宝也一定会鼓励和扶持品质好、服务好的诚信卖家，加强对低服务水平卖家的督促和监控，让淘宝这个平台能够有一个更加光明的前程。

随着网购市场的日益规范化，以后只有品质好、服务好的诚信卖家，才能在未来激烈的市场竞争中脱颖而出。

目前，淘宝产品搜索排序中，整个权重已经开始向店铺 DSR 评分倾斜，店铺 DSR 评分已经成为重要的权重因子，从而引导将卖家们的营销重心从量向质转移，如图 7-14 所示。

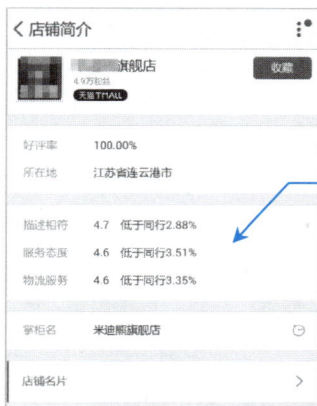

对于每个卖家而言，店铺动态评分(DSR评分)需要一直保持飘红的状态，不管哪一项变绿了，都不是好事。

图 7-14　店铺的 DSR 评分

7.2.6　直通车无线推广新蓝海

直通车是淘宝卖家们的一个非常好的引流工具，在宝贝销量比较小的情况下，自然搜索流量比较少，想获得更多展现，及一些销量不错的宝贝想获得更多的流量，都可以使用直通车，如图 7-15 所示。

图 7-15　直通车商品推广

使用直通车推广的好处如图 7-16 所示。

超准流量

直通车拥有超过上亿买家浏览的热门展位，根据买家搜索关键词展现匹配宝贝的推广方式，能够把宝贝最精准地展现给想买的人看，给店铺宝贝带来大量的精准流量。

超省成本

在直通车展位上得到的展现完全是免费的，只有当买家点击了卖家的宝贝，才需要支付费用。卖家可以根据推广预算，自由出价，管理推广内容。

超值服务

直通车为用户提供了包括热线电话、万堂书院，论坛在内的多种优质服务，帮助卖家提升推广能力和店铺经营的能力，成为真正的网络营销高手。

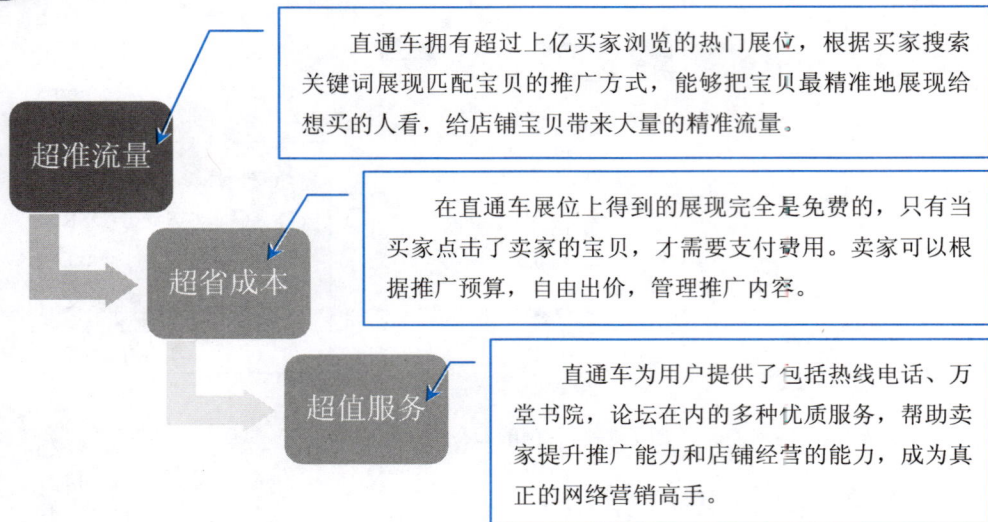

图 7-16　直通车推广的优势

7.2.7　C 店专属淘金币活动

淘金币，是一个专属 C 店的活动，很多人以前只是知道淘金币能做活动，但是不知道现在淘金币应用到手机淘宝上，对排名的影响很重要，如图 7-17 所示。

通过设置"折扣和服务"为"淘金币抵钱"搜索"女包"，搜索结果中占领了前几个位置的都是 C 店，且全部都有淘金币活动。

图 7-17　淘金币抵钱优惠

淘金币是手机淘宝买卖活动中的一种重要营销工具，对卖家和买家都是有好处

的，如图 7-18 所示。

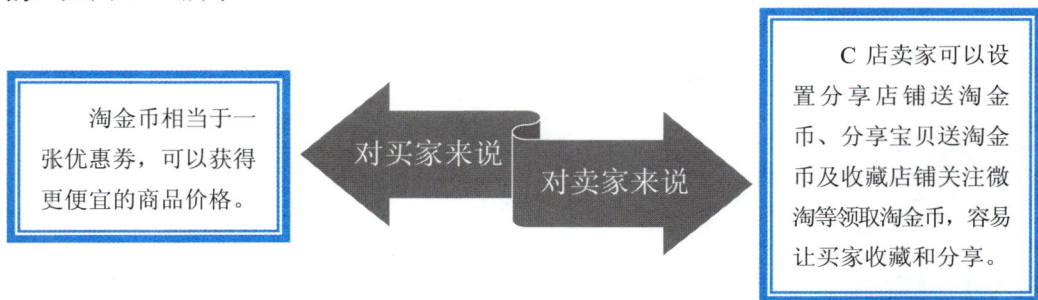

图 7-18　淘金币的营销优势

7.2.8　聚划算迅速得到目标顾客

聚划算是阿里巴巴集团 2010 年推出的一个团购网络平台，现在主要有商品团购、品牌团购、整点聚三大业务类型。

聚划算能让商家品牌超大曝光，增加流量和销量，迅速得到目标顾客的第一手信息，如图 7-19 所示。同时，店铺在火爆的咨询和购买状态下也能获得很大的提升和成长，活动后还可进行二次营销，并以买家分享和店铺达人等方式进行软性营销。

图 7-19　聚划算页面

手机淘宝卖家参与聚划算的条件如图 7-20 所示。

条件

除特殊类目外，店铺信用等级为五钻及以上。

近半年店铺评分中三项评分均达**4.6**及以上，特定类型卖家其"卖家发货的速度"的评分达**4.5**分及以上即可。

店铺近半年的有效店铺评分数量达**300**次及以上。

店铺创建时间大于等于**3**个月。

店铺内非虚拟交易占比达**80%**及以上，虚拟、卡券类卖家除外。

加入淘宝网消费者保障服务。

提供持有品牌证明、品牌授权证明或进货证明。

图 7-20　手机淘宝卖家参与聚划算的条件

参加聚划算是需要额外缴纳保证金的，保证金的缴纳主要与销售产品的价格及数量有关，具体的参考标准如图 7-21 所示。

保证金缴纳公式

包邮商品＝单价×数量

不包邮商品＝（单价+10）×数量

保证金交纳金额

10万及以下的全额冻结，不减免。

10~30万之间，冻结**10**万元。

30万及以上到**100**万之间，冻结**30**万元。

100万及以上，冻结**50**万元。

图 7-21　聚划算保证金

可以看出，商家要参加聚划算平台，是有一定门槛的，至少得是一个像样的企业公司，对于个人的淘宝店铺可能有点吃力。即便如此，淘宝聚依靠着淘江湖、淘宝平台，作为很大，**不管是普通聚划算活动还是秒杀活动，都能为商家带来不小的流量及后续口碑**，如图 7-22 所示。

淘宝聚划算的总流程

商家登录→初级认证→商品报名→机审→邮寄样品→进入终审→排期→上线

对卖家的意义

对买家的意义

- 引爆店铺超强人气，带来单品销量和整体店铺销量的增长
- 品牌曝光，累积销量和评论，增加流量和提高转化率
- 关联销售与清库存
- 积累用户，提高老用户回头率
- 可第一时间快速了解买家需求和对产品的反馈，并加以改善。

对买家来说，聚划算是商家的打折促销方式，买家可以在卖家促销时(也就是卖家参加聚划算时)购买选中的商品，比较划算，而且每天都会有不一样的促销商品。

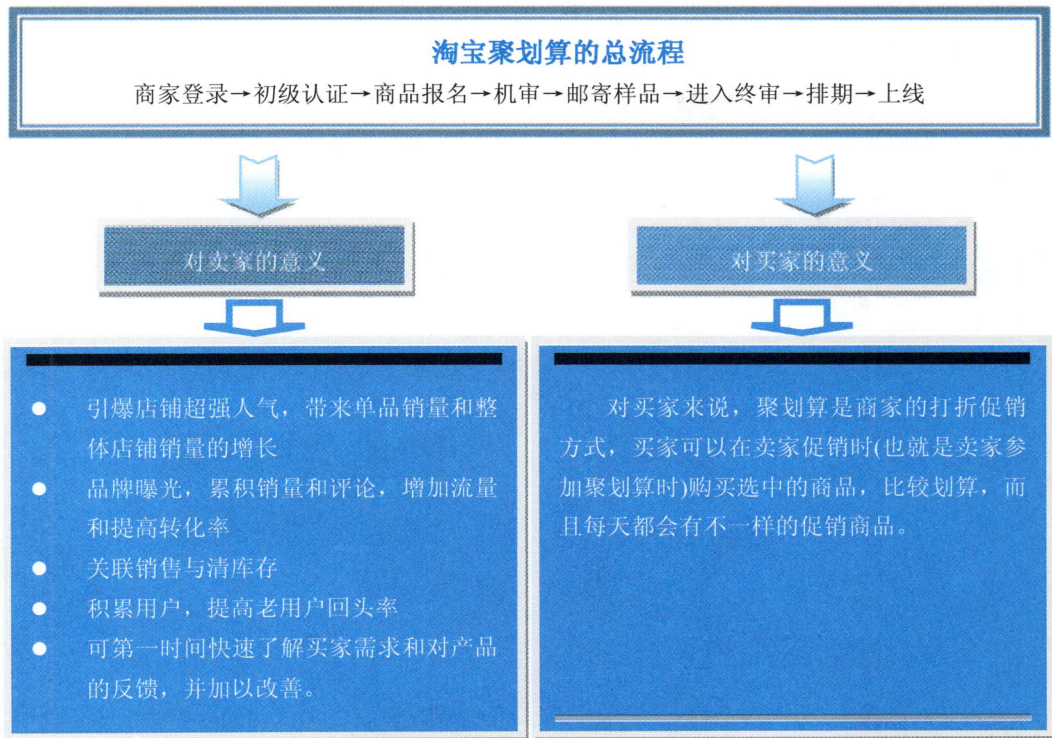

图 7-22　聚划算的作用

7.2.9　口碑外卖"淘宝+天猫"

阿里系外卖 O2O 平台"淘点点"于 2015 年 7 月 29 日正式更名为"口碑外卖"，支付宝及手机淘宝上可以看到，"口碑外卖"已在两者的首页入口。手机淘宝中的"口碑外卖"是一款提供品质服务的贴身应用，包含各类优惠活动、美食甜点、鲜花超市，如图 7-23 所示。

2013 年底诞生的"淘点点"也是当年阿里系的 O2O 拳头产品，诞生之初的"淘点点"主打线上点餐业务，初衷是通过让客人到店自行网上点餐以提升餐厅服务效率以及获得餐厅折扣补贴。

而"口碑外卖"的出现则是阿里系重新定义"吃"行业的一个重要 O2O 战略，将线下的餐饮行业搬到线上，做成"淘宝+天猫"的模式，即每个菜品均有一个 SKU，其中热销菜相当于淘宝中的热销款。从而正式将餐饮服务变成商品，买卖双方直接交易。

目前，"口碑外卖"版面中被分为了美食外卖、甜点饮品、果蔬生鲜、超市便利、鲜花速递、特色小吃、中式快餐、优惠活动等板块，并且其中每个板块都已能看

见阿里系的影子。**对于本地化生活出行，用户是需要一站式解决方案的。**阿里集团一直希望打造整个系统之间的相互支持，形成独特的生态系统。

图 7-23　口碑外卖

7.2.10　淘生活加速 O2O 化

菜鸟网络欲借助遍布全国的菜鸟驿站，联合淘宝的本地生活频道"淘生活"推出便民上门服务。在"淘生活"平台中，用户可以通过手机淘宝客户端方便地定位到所在的地方享受便捷的生活服务，如图 7-24 所示。

图 7-24　"淘生活"平台

菜鸟网络欲借助遍布全国的菜鸟驿站，联合淘宝的本地生活频道"淘生活"推出便民上门服务，如图 7-25 所示。具体的措施为，菜鸟网络在驿站内放置大幅推广广告，消费者通过扫描二维码即可进入淘宝的本地生活频道，下单预约上门服务。

"菜鸟驿站"就是指经过天猫官方授权建立的为天猫及淘宝会员提供代收包裹、代发快递、优惠导购、淘宝代购、充值缴费、票券代理等便民服务的线下实体店。

图 7-25　线下的菜鸟驿站

O2O 行业的兴起，致使线下的流量入口资源越来越被互联网企业看好。菜鸟网络凭借此前建立起来的线下驿站网点，再加上线上的"淘生活"平台涉足 O2O，将是菜鸟网络的一次标志性"升级"，从电商物流走向生活服务，菜鸟网络的服务领域将被大大拓展。

淘宝作为国内首屈一指的电商巨头，在平台化服务方面基本上是所向无敌了。近年来，面对传统业务的增长放缓，淘宝也需要在垂直领域深耕细作，寻求新的业务增长点，而 O2O 本地生活服务无疑是个机会市场。

专家提醒

"淘生活"正是一个基于 LBS 的本地生活服务平台，同时也是互联网中与普通民众关系最为紧密、成长速度极快的平台之一。一旦用户对平台提供的产品和服务产生了信赖感，其使用频次也会随之提升。

微店：微时代人人都
能玩的掘金新模式

众所周知，现在开微店非常方便，只要有一部能上网的智能手机就行，有人说，如果你几年前错过了淘宝，现在千万不要错过微店了。手机微店时代来临，顺势而为，赶上这股狂热的势头，才能有机会赚钱。

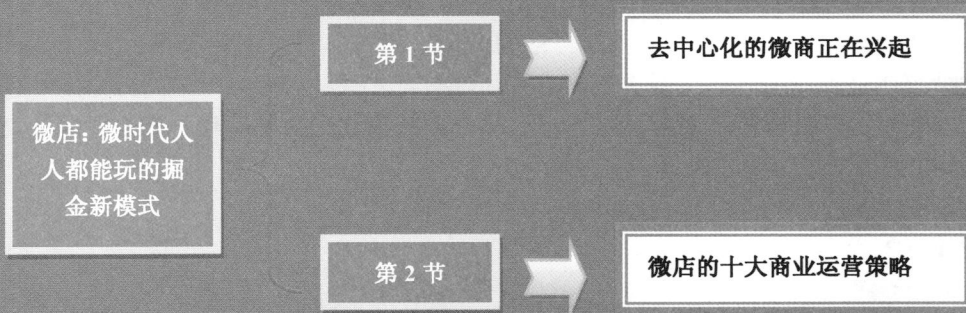

微店：微时代人人都能玩的掘金新模式

| 第1节 | ➡ | 去中心化的微商正在兴起 |

| 第2节 | ➡ | 微店的十大商业运营策略 |

8.1　去中心化的微商正在兴起

微店是由北京口袋时尚科技有限公司开发的，是帮助卖家在手机开店的 APP，微店不像传统电商过度依赖于平台(如淘宝/天猫/京东)，而是依赖于店主的客户，以及与客户保持联系的渠道，形成了一种去中心化的新微商模式。微店需要店主更重视对客户的管理和长期的培育，也要更重视品牌的建设。

> **信息导读**
>
> 　　微信的店主不再以平台为中心(通过简单粗暴的流量采购、广告推广来获得销量)，而是下载手机 APP 客户端，通过微博、微信这样的沟通渠道，直接联系到客户，从而带来销量。微店作为移动端的新型产物，任何人通过手机号码即可开通自己的店铺，并通过一键分享到 SNS 平台来宣传自己的店铺并促成成交。微店降低了开店的门槛和复杂手续，回款快，而且不收任何费用。

8.1.1　微商是怎么一回事

要想做好微店，先要成为一名合格的微商。那究竟什么是微商呢？在众多人眼中，微商就是那些朋友圈刷屏卖货的，俗话说：差之毫厘，谬以千里。微商绝不仅仅是朋友圈卖货，**微商的本质应该是去平台化、去流量化、去品牌化、聚合各类社交媒体的商业模式，如图 8-1 所示。**

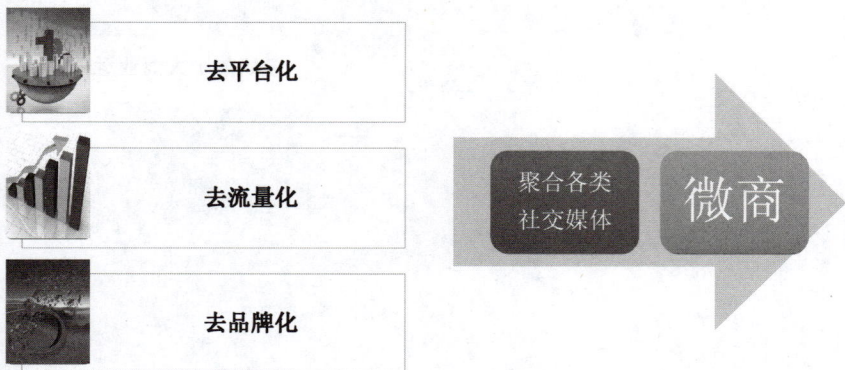

图 8-1　微商的本质

(1)　去平台化——商家不再依赖淘宝、天猫等大平台生存。目前，淘宝、天猫电商的红利期已过，逐渐进入成熟期，中小卖家不得不另寻出路。2013 年微店兴起，口袋购物旗下的微店吸引了超 1000 万家店铺入驻，他们利用社交分享、熟人经济进行朋友圈营销，如图 8-2 所示。

图 8-2　微商市场规模

(2)　去流量化——以人的信任为中心。微商是基于社交产生的信任关系，再通过信任卖出实实在在的好商品，这才是微商的关键所在，如图 8-3 所示。

> 电商是"人与物"的关系，而微商是"人与人"的关系，微商的特点就是以人为本开展各种信息分享互动(品牌信息、产品信息、体验信息等)，并产生各种社会化购买(实物购买、团购、资讯及服务、社交产品、定制产品等)。

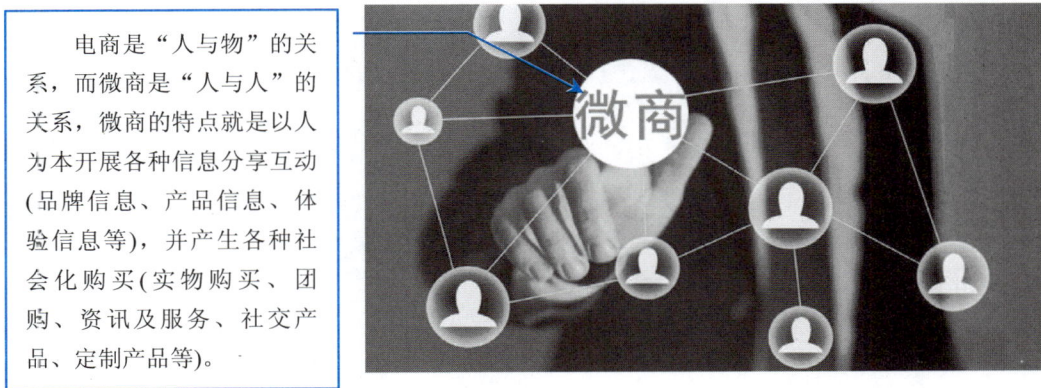

图 8-3　微商以社交为基础

(3)　去品牌化——让消费者的评价来带动口碑。微商时代，消费者在购买产品时更多地依赖消费者的评价、专家的评价、朋友圈的宣传、消费者晒单等信息来源，对品牌的感知质量和品牌忠诚度已经不再那么重要了，如图 8-4 所示。

图 8-4　朋友圈分享

8.1.2　微商靠什么来赚钱

微商经历了一个从微信电商到微电商再到微商的成长过程，如果把朋友圈卖货看作微商雏形的话，那么微店的兴起则是微商成熟和壮大的体现。

微商没有一个真正的定义，我们可以理解为利用手机上的一些平台卖货的商家就是微商。微商的盈利模式如图 8-5 所示。

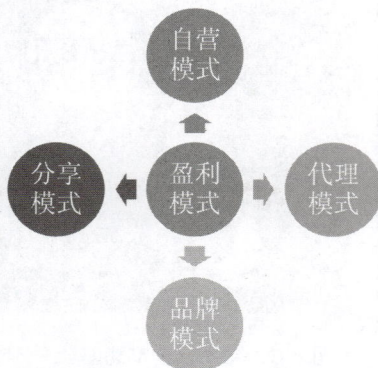

图 8-5　微商的盈利模式

（1）　自营模式。简单地说，就是运用自己的亲人、朋友、同学和同事去分享和推广自己的产品和微店，其优势如图 8-6 所示。

- 利润高
- 便于管理
- 培养人脉
- 引领市场
- 方便售后

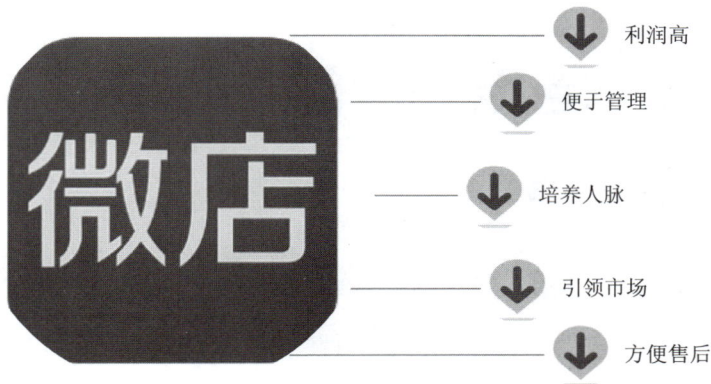

图 8-6　微店自营模式的优点

(2)　代理模式。代理模式是通过团队在运营，与传统的渠道经营相似，相当于厂家找分销商放大销售业绩。对微商来说，代理模式是一种压力，但也拥有挑战性，如图 8-7 所示是微商的团队代理模式。

微商对身边的好朋友和用过产品且比较认可的朋友做了一层转化，让这些人成为自己的代理。

图 8-7　微商的团队代理模式

(3)　品牌模式。对于微商来说，主动添加 100 个陌生人为"好友"，不如被动吸引一个真正属于自己的粉丝。在优秀的微商身边，总会有一群高粘度的代理商和客户，哪怕我们的产品比别人贵，也有人愿意买，这就是品牌模式，说明你的品牌对他们具有强大吸引力。

(4)　分享模式。分享是最好的销售，每次分享完都会有粉丝被吸引过来，顶级的微商早已不卖产品，而是分享他们的成长经历，分享他们销售产品的经验，分享他们

的创业故事，让无数的微店主和客户来帮自己推销产品，如图 8-8 所示。

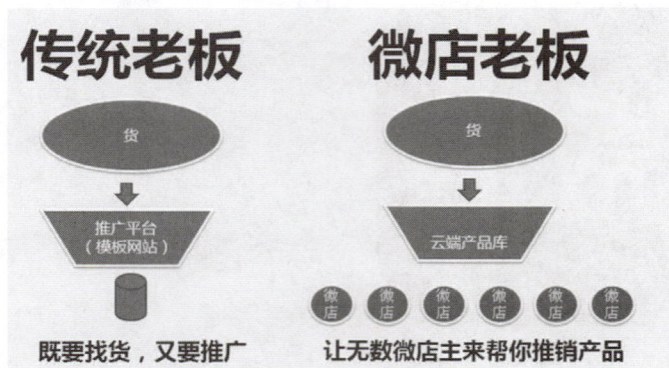

图 8-8　分享模式与传统电商的区别

8.1.3　如何开微店成为微商

现在的微店平台很多，包括口袋购物、微店、微信小店、京东微店、开旺铺、点点客等，这里，我们以北京口袋时尚科技有限公司开发的微店为例，为读者讲解如何开家属于自己的微店。

1. 下载微店 APP

下载 APP 的方式包括：扫描二维码下载、应用商店下载、软件下载、电脑拷贝下载等。例如，用户可以在微店主页找到二维码下载链接，使用手机扫描二维码，即可跳转至手机下载页面，根据提示下载安装即可，如图 8-9 所示。

图 8-9　微店的下载二维码

2. 注册微店 APP

目前，微店 APP 支持苹果 iPhone 手机、iPad 和安卓手机，用户在下载微店客户端并安装完成后，即可注册微店。进入微店 APP，点击"注册"按钮，如图 8-10 所示。执行操作后，进入"注册微店账号"界面，在相应的文本框中输入用户自己的手机号，点击"下一步"按钮，如图 8-11 所示。

图 8-10　点击"注册"按钮　　　　图 8-11　输入手机号

执行操作后，会跳出"确认手机号码"界面，点击"确定"按钮，如图 8-12 所示。执行操作后，进入"填写验证码"界面，输入验证码，点击"下一步"按钮，如图 8-13 所示。

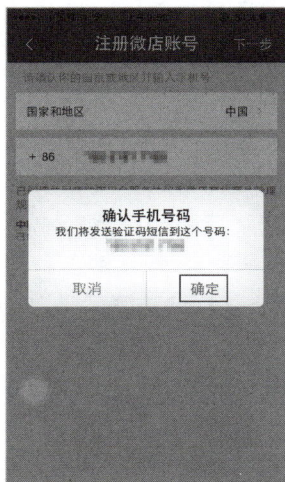

图 8-12　点击"确定"按钮　　　　图 8-13　填写手机验证码

执行操作后，进入"设置密码"的界面，在相应文本框中输入密码，如图 8-14 所示。点击"下一步"按钮，进入"创建店铺"界面，如图 8-15 所示，在此可以设置店铺的头像和名称，点击"完成"按钮即可注册成功。

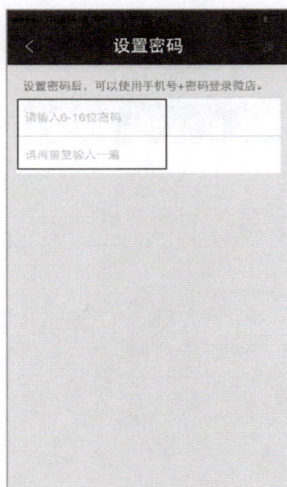

图 8-14　设置密码

图 8-15　创建店铺

8.2　微店的十大商业运营策略

所谓营销推广，就是想办法让更多的人知道或了解自己的微店，进而吸引人们进入微店，提高微店的页面流量，这是微店宝贝热卖的秘诀，同样，也是微店运营的关键所在。

信息导读

如今做微商、开微店的人越来越多，微营销开始变得火热起来。微店的运作分为三块：吸粉、养粉和推送。怎样吸收粉丝、留住粉丝，和推送有营养价值的信息，是整个微店运营的关键。在移动时代，中心化的大流量时代已经过去，碎片化、社交化、媒体化将是未来移动电商新的发展趋势。因此，微商们要更加关注新的趋势变化，积极调整运营思路。

8.2.1　货源选择：必须具有一定的特点

对于开微店的微商们来说，货源的选择通常都不是大众品牌，必须具有一定的特点，而且利润空间要大，消费人群符合 80、90 后的产品，因为只有这些人在微信上很活跃，如图 8-16 所示。

80、90后微店商家占比88%

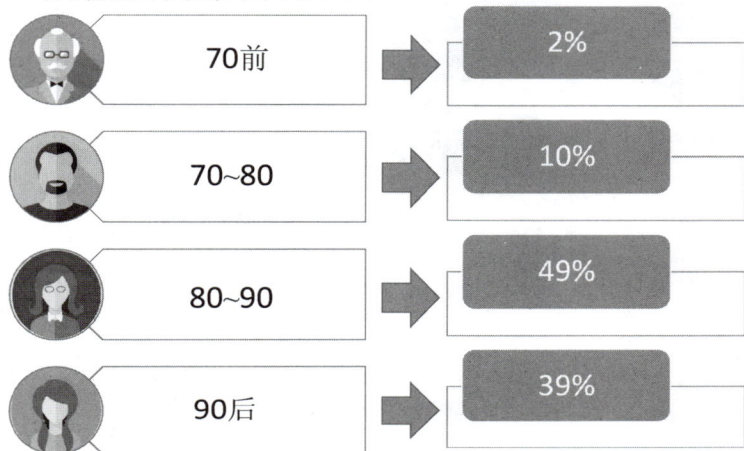

70前	➡	2%
70~80	➡	10%
80~90	➡	49%
90后	➡	39%

图 8-16　微店消费人群的年龄特征

消费者在网上购物是有自己的诉求的，有的求实惠，有的求新奇，有的求方便……针对不同诉求的消费者也需要采取不同的定位策略。

不过，几乎没有人可以一次就把定位搞得很准确，所以需要微商在选择货源的过程中，不断地思考、及时调整，以及优化自己店铺的定位。

8.2.2　商品管理：让更多人看到你的宝贝

在手机上开微店，首先要做的工作就是开通相关的账户，并上架管理商品。掌握商品优化的技巧，并且很好地利用这些技巧来管理运营微店，让宝贝可以脱颖而出，这对店铺的销量至关重要。

1. 商品描述

一个好的商品描述胜过一名优秀的销售专员，店主们要让买家从看到自己的产品介绍到改变态度，最终形成购买行为。因此，做好商品描述，是决定微店转化率的重要因素之一，如图 8-17 所示。

商品描述是用于介绍产品的功能(价值点)以及那些与众不同的地方，进而促进买家购买的关键信息。

2. 取个好标题

之所以强调微店商品标题的优化，是因为在影响淘宝站内搜索结果排名的诸多要

素中，宝贝标题描述绝对是最重要的一个。建议将标题设置得生动、可爱一些，从而吸引买家的注意。

图 8-17　宝贝描述

3. 宝贝关键词

微店宝贝标题的核心就是关键词，商品的关键词可能是一个单字、也可能是一个词汇，更有可能是一个短语，如图 8-18 所示。

例如"长裙"和"长棉裙"，就是两个不同的关键词，搜索的结果也就不同。

图 8-18　不同关键词搜索结果不同

据统计，互联网交易量的 70%以上是根据关键词搜索而达成的，例如，买家需要购买一双凉鞋，他很可能会在搜索栏中去搜索"拖鞋"、"凉鞋"、"男式拖鞋"、"女式拖鞋"等关键词，而卖家出售的产品宝贝名称中含有上述词汇的，则会更容易地出现在买家的搜索结果中。

商品关键词的设定，会直接影响商品的浏览量，进而影响商品的销售量。 商品的关键词设定有以下几种方式，如图 8-19 所示。

关键词的设定方式	
	促销、特性、形容词+关键词
	地域特点+品牌+商品关键词
	品牌、型号+促销、特性、形容词+商品关键词
	店名+地域特点+商品关键词
	品牌+促销、特性、形容词+商品关键词
	信用级别、好评率+店铺名称+促销、特性、形容词+商品关键词

图 8-19　关键词的设置技巧

8.2.3　图片优化，让宝贝更加吸引顾客

在微店店铺中，漂亮而新颖的主图肯定是最吸引买家的，尤其是当搜索页打开无数同款同质的宝贝时，如果你的宝贝犹如鹤立鸡群，能够脱颖而出，自然就不用担心曝光率。

专家提醒

除了微店商品主图外，商品的展示图片同样十分重要，包括图片大小、颜色、分辨率等，都会影响到顾客的购买信心。因此，店主们在设计微店的商品图片时，要特别注意细节，力求宝贝展示图清晰美观。

另外，为了更好地拍摄商品图片，店主们可以掌握一些摄影工具的使用方法，再学习一些具体的摄影知识，包括阳光下拍摄的环境布置、室内光拍摄的环境布置、不同大小、不同种类的商品拍摄的环境布置，以及在自己的比较简易的条件下如何进行环境布置才能达到比较好的拍摄效果等，让图片锦上添花。

如图 8-20 所示为同类商品的不同主图对比，左图商品图片模糊，且未经美化；

右图商品主图精美，且布局美观，哪个商品更有曝光率就不言而喻了。

图 8-20　主图优化对比

此外，恰如其分地将一些促销、包邮、减价、热门情况标注在商品详情页面中的图片上，可以使喜欢宝贝的人更多地变成购买宝贝的人，如图 8-21 所示。

图 8-21　将活动标注在图片上

微店主在拍摄商品图片时，还需要掌握一定的技巧，如图 8-22 所示。

图片明亮、清晰，背景简单不杂乱，细节图突出，商品在图片中的占比大。

不抠图、少拼图，不用棚拍和白背景图片，少用挂拍和平铺图片，否则用户没有代入感。

尽量选亚洲模特，欧美模特距离感太重；明星同款可以有，但是不要过分突出明星，重点是要突出商品本身。

要给图片加上不同的防盗水印，彰显店铺的专业性，也可以防止网络盗图行为。

图 8-22　微店商品图片的优化技巧

8.2.4　店铺装修，让顾客从心动到行动

漂亮的店铺可以让买家在购物的同时，享受精美的界面带来的愉悦感；同时让买家较长时间地停留在店铺，增加购买的可能性。因此，**微店要想吸引顾客，必须从店铺装修入手，优化店铺界面，打造销量猛增的微店旺铺。**

在微店中，微店平台通常会对店铺中的某些模块位置进行初步的规划，店家只需对每个模块进行精致的设计与美化，让单一的页面呈现出丰富的视觉效果，就是对店铺进行了装修。

微店是通过一个个单独的网页组合起来的，且每个商品都有一个单独的详情页面，这些页面都是需要美化与修饰的，需要加入大量的图片和文字信息，通过让顾客掌握这些信息来达成交易。而微店的装修，就是对店铺中商品的图片、文字等内容进行艺术化的设计与编排，使其体现出美的视觉效果。

无论是实体店还是网店、微店，装修的好坏、是否能吸引顾客的眼球、是否能突

出产品特色，都是至关重要的。网店微店装修风格的确定，涉及了整体运营的思考，确定装修风格之前，需要认真思考一下自己所销售的产品，最突出的是哪一点。对于店面的风光设定，需要每个店家认真去思考。接下来从两个方面入手，介绍如何确定网店微店装修的风格。

1. 选择合适的整体色调

色调指的是一幅画中画面色彩的总体倾向，是大的色彩效果。在微店装修中，色调是指店面的总体表现，是网店微店装修大致的色彩效果，是一种一目了然的感觉。不同颜色的网店微店装修画面都带有同一色彩倾向，这样的色彩现象就是色调。色调的表现在于给人一种整体的感觉，或突出青春活力，或突出销售的专业性，或突出童真、活泼等。

卖家在选中和确定网店微店的色调前，可以从店铺中销售的商品的色彩入手，也可以根据店铺装修确定的关键词入手，例如确定网店微店装修的风格为时尚男装，则可以选择黑色、灰色等一些纯度和明度较低的色彩来对装修的图片进行配色。总之，色调的选择必须能够真正体现自己产品的特点、营销的特色，如图 8-23 所示。

例如，采用深红色为微店的修饰元素配色，也就是整个画面的色调倾向，它是根据商品的色彩进行提炼而得到的。

图 8-23　选择合适的整体色调

2. 设计详情页面橱窗照

通常情况下，顾客都是通过对单个商品感兴趣而进入店铺的，而单个商品在众多搜索出来的商品中是以主图的形式，也就是橱窗照的形式进行展示的，如图 8-24 所示。

通常，在橱窗照上只需要突出自己产品或是营销的一个点即可，不要加入太多无谓的信息，顾客买东西，是冲着产品去的，而不是冲着"仅此一天啦"、"最后一天啦"等附属的信息去逛店铺的，当然，要设置限时购等促销，可以在商品详情页面中进行设计，但是，在体现商品形象的橱窗照中，尽量不要添加此类信息。

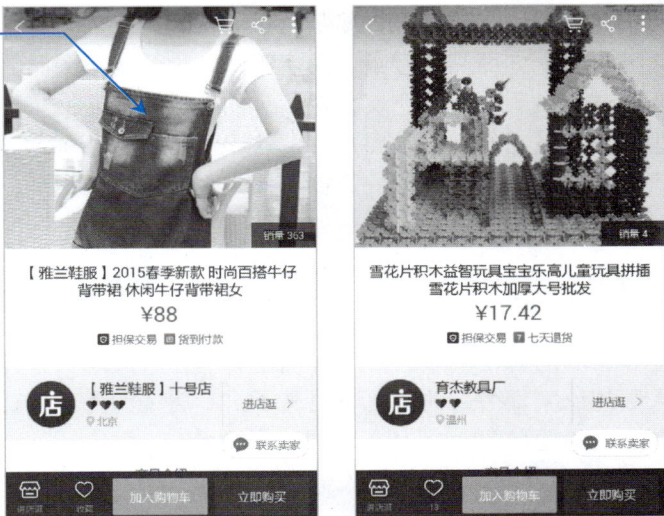

图 8-24　微店橱窗照

专家提醒

在橱窗照中，卖家可以使用明亮的、色调和谐的溶图作为橱窗照的背景，将抠取的商品主图与背景合并在一个画面中，添加上简单的文字和价格，通过色彩上的搭配体现出淡雅的感觉，表现出一定的品质感，让顾客能够一眼看到商品的外形和相关信息，如图8-25所示。

图 8-25　使用明亮的、色调和谐的图片作为橱窗照的背景

微店橱窗照中的商品主图是用来展现产品最真实的一面的，而不是用来罗列店铺所有活动的。但是，部分店家为了将店铺中的信息尽可能多地传递出去，将橱窗照的作用理解错误，在橱窗照除了商品图像以外的空隙里添加了"最后一天"、"只剩100双啦"、"满百包邮"等众多的信息，主次不分，给顾客一种凌乱的感觉，不能体现出店铺的专业性。

对微店进行装修，主要是由于其购物方式的特殊性。在实体店铺中，消费者可以用五官去感知商品的特点以及店铺的档次，通过眼睛看、嘴巴尝、手摸、鼻子闻、聆听和试穿试用等方式来实现对商品的了解，但是网上购物的话，买家就只能通过眼睛去看卖家发布的文字和图片，从这些文字和图片中，才能感受产品的特效。因此，卖家必须通过合理且美观的店铺装修来吸引买家的眼球，让自己的店铺在众多店铺中脱颖而出。

8.2.5　实现视觉营销，提升店铺转化率

微店的转化率，就是所有到达店铺并产生购买行为的人数和所有到达你的店铺的人数的比率。微店的转化率提升了，其店铺的生意也会更上一层楼。影响微店转化率的因素主要如图 8-26 所示。

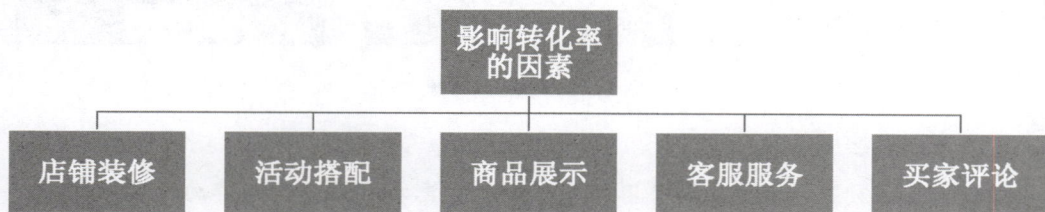

图 8-26　影响网店微店转化率的因素

这里，店铺装修、活动搭配、商品展示等都可以通过设计装修图片来实现，可见装修能够直接对微店的转化率产生影响，如图 8-27 所示。

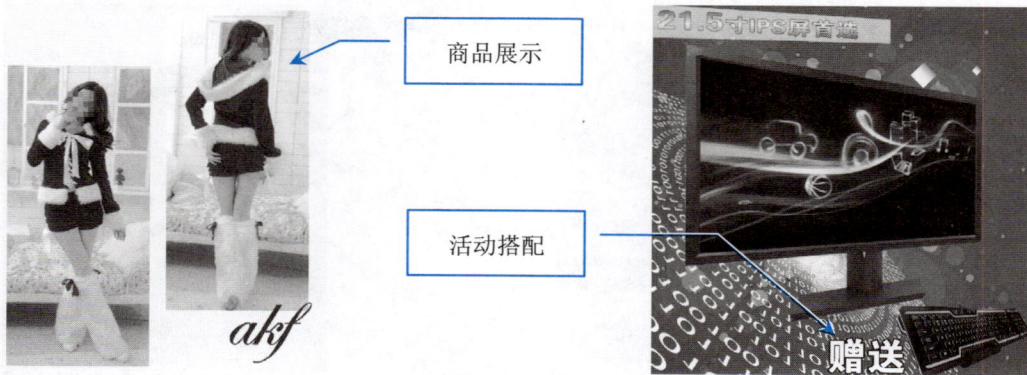

图 8-27　活动搭配与商品展示

在进行微店的装修和推广过程中，卖家还要注意如图 8-28 所示的问题，其中"活动页面"中的信息可以通过店铺装修来完成，由此可见店铺装修与店铺转化率之间的紧密关系。

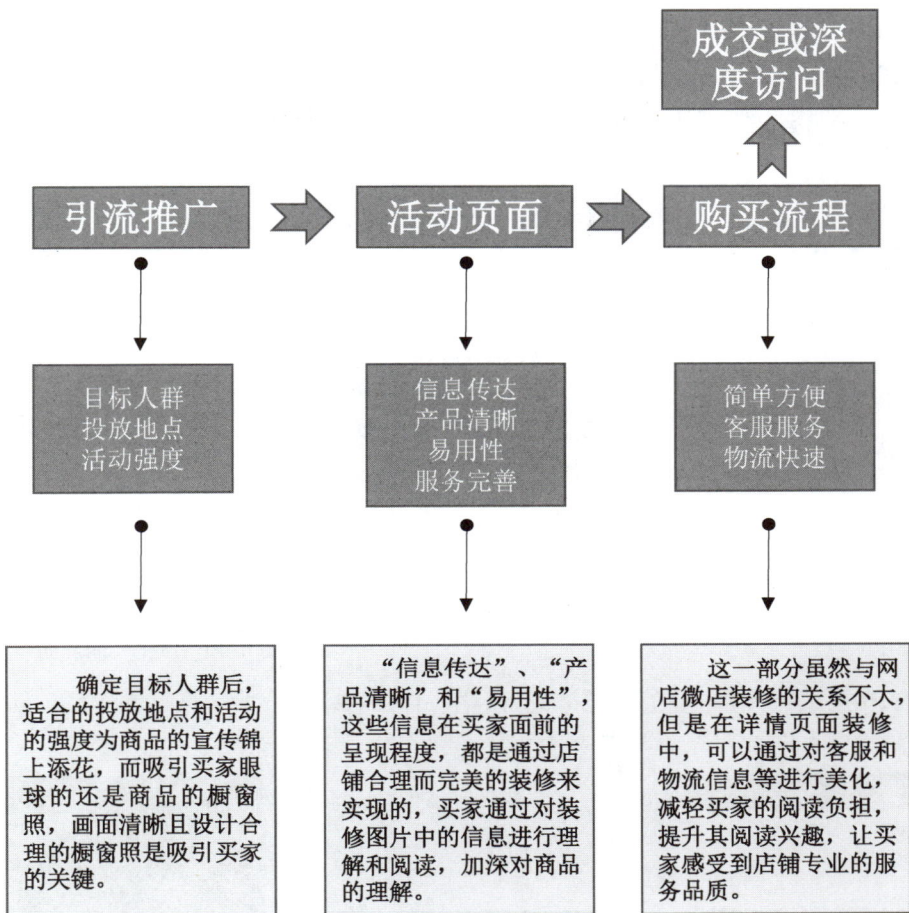

```
┌──────────┐      ┌──────────┐      ┌──────────┐
│ 引流推广 │  ⇒  │ 活动页面 │  ⇒  │ 购买流程 │  ⇒  成交或深
└──────────┘      └──────────┘      └──────────┘      度访问
      │                  │                  │
      ▼                  ▼                  ▼
┌──────────┐      ┌──────────┐      ┌──────────┐
│ 目标人群 │      │ 信息传达 │      │ 简单方便 │
│ 投放地点 │      │ 产品清晰 │      │ 客服服务 │
│ 活动强度 │      │ 易用性   │      │ 物流快速 │
│          │      │ 服务完善 │      │          │
└──────────┘      └──────────┘      └──────────┘
      │                  │                  │
      ▼                  ▼                  ▼
```

| 确定目标人群后，适合的投放地点和活动的强度为商品的宣传锦上添花，而吸引买家眼球的还是商品的橱窗照，画面清晰且设计合理的橱窗照是吸引买家的关键。 | "信息传达"、"产品清晰"和"易用性"，这些信息在买家面前的呈现程度，都是通过店铺合理而完美的装修来实现的，买家通过对装修图片中的信息进行理解和阅读，加深对商品的理解。 | 这一部分虽然与网店微店装修的关系不大，但是在详情页面装修中，可以通过对客服和物流信息等进行美化，减轻买家的阅读负担，提升其阅读兴趣，让买家感受到店铺专业的服务品质。 |

图 8-28　微店装修和推广的过程中需要注意的问题

由此可见，微店的视觉营销不可轻视，这直接影响到店铺的跳出率，就是影响到店铺的交易量，因此，卖家有必要从各方面考虑店铺的视觉营销。**好的视觉营销不但能够提升店铺的档次，还可以让顾客感受到在此店铺购物能够有良好的保障。**

8.2.6　多渠道分享，让好友快速下单

相对于实体店和网店，微店的经营范围比较有限，但微店依托于移动互联网，因此，可以有很多推广渠道和方式供卖家选择，如微信、朋友圈、QQ 好友、QQ 空间、易信好友、易信朋友圈、新浪微博、二维码、Facebook、Twitter、Pinterest、手机短信等。

例如，登录"微店"APP 后，进入"商品"界面，选择要分享的商品，点击商品

图片下面的"分享"图标 <img />，如图 8-29 所示。弹出"通过社交软件分享"对话框后，点击"朋友圈"按钮，如图 8-30 所示。

卖家也可以在"我的微店"界面点击"复制"图标 <img />，即可复制商品或店铺的链接，并直接将该链接粘贴到其他社交软件中进行分享。

图 8-29　点击分享图标

图 8-30　点击"朋友圈"按钮

进入相应的界面后，点击"发送"按钮，如图 8-31 所示。执行操作后，即可将商品分享至朋友圈，如图 8-32 所示。

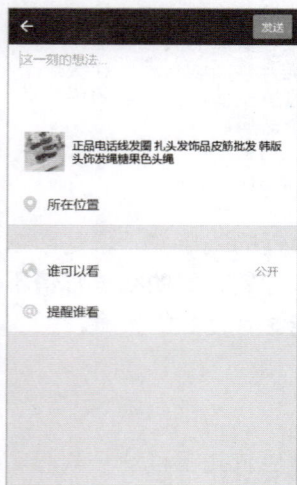

卖家可以将店铺的链接以及相关信息发布在微信朋友圈，吸引微信好友购买，并利用口碑进行宣传。

图 8-31　点击"分享"按钮

图 8-32　将商品分享至朋友圈

在手机微店营销的整个流程中，朋友圈运营可谓重中之重，是培养老客户的重要基地，同时也是开发新客户的重要窗口。

8.2.7　互帮互助，做好友情店铺的分享

微店联盟推广中的友情店铺，是指两个微店之间互换店铺链接，互相推广以获得流量。通过友情链接来增加微店的访问量是一个好方法，不管是文字还是图片，只要链接得合理，就会带来不小的收益。

友情链接，也称为网站交换链接、互惠链接、互换链接、联盟链接等，是具有一定资源互补优势的网站之间的简单合作形式。友情链接不在于你链接了多少微店，而最重要的是你链接的微店的质量如何。要特别注意的是，**一定要找一些访问量大的网站来做，最好要求对方在明显的位置摆放，还要找与本微店内容相关的网站链接，这样的话更有利于微店的排名。**

在微店 APP 的"营销推广"界面中，提供了"友情店铺"功能，这其实也是一种友情链接的推广方式，如图 8-33 所示。

友情店铺即分别在自己的微店上放置对方微店的 Logo 图片或文字名称，并设置对方微店的超链接(点击后，切换或弹出另一个新的页面)，使得买家可以从合作微店中发现自己的微店，达到互相推广的目的，其过程有点类似于微博互粉。

图 8-33　友情店铺

8.2.8　坐收佣金，实现"零成本开店"

微店分成推广是别人通过分享你的店铺到朋友圈促成购买获得佣金的方法，分成推广只对微信有效，只有从微信进入你的店铺，才能看到你设置的分成推广。当然，你也可以参与其他店铺的分成推广，实现"零成本开店"的梦想。

在微店 APP 的"营销推广"界面点击"分成推广"按钮进入其界面，卖家可以在此设定相应的佣金比例，如图 8-34 所示。

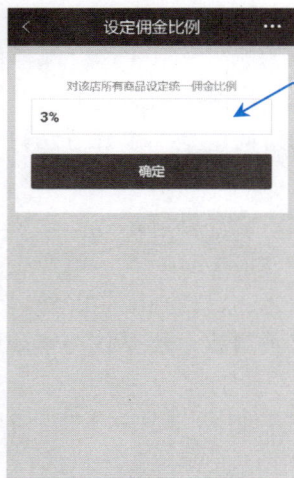

例如，某件商品的价格为 100 元，卖家将"设定佣金比例"设为 3%，则参与"分成推广"的推广者可以获得 3 元佣金奖励。

图 8-34　设定佣金比例

预览店铺，查看相应商品详情，在商品价格右侧可以看到"点我有奖"按钮，则表示该商品是开通了"分成推广"的商品，用户可以点击该按钮设置手机号码作为领取分成的唯一凭证，如图 8-35 所示。

开通"分成推广"功能并设置有效的佣金比例后，在微店的商品页面会增加"点我有奖"按钮，并生成唯一标识链接，通过这个链接购买的订单，推广者会得到相应的佣金。

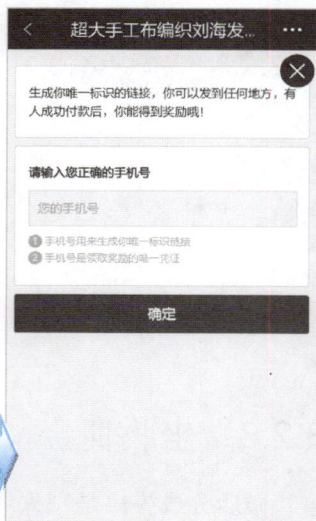

图 8-35　预览店铺

专家提醒

移动互联网是互动广告的有效媒体，分成推广则能够使得网络营销发挥更佳的成效。收入分成造就了一种多对多的沟通方式，而非单对多的广播模式。此外，在分成推广模式中，只有当达到某种营销目标时才会发生广告费用，即只有发生了销售量、软件下载次数、有效访问数、商品订单量等这些可以量化的营销成果后，微店商家才据此支付代理费，而不会再花很多"冤枉钱"了。

8.2.9 口袋直通车，增加商品曝光率

口袋直通车是口袋购物为广大商家推出的一种全新的个性化营销平台，是为广大商家量身定制的、按点击效果付费的营销工具，可实现商品的精准推广。卖家可以参考以下流程开通口袋直通车。

在微店 APP 的"营销推广"界面点击"口袋直通车"按钮进入其界面，显示口袋直通车的基本介绍和开通条件，点击"开通口袋直通车"按钮，如图 8-36 所示，根据提示进行操作即可。

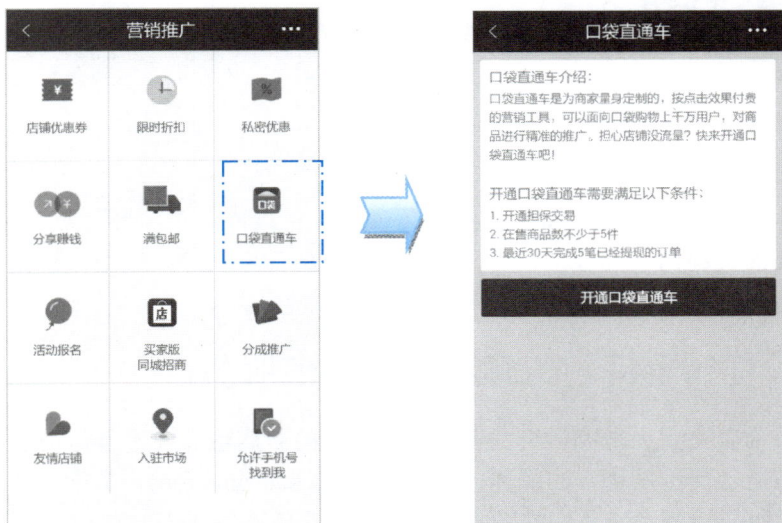

图 8-36 开通口袋直通车

加入直通车以后，卖家就可以报名参加各种促销活动了。口袋直通车以多元化形式进行推广，会在口袋购物、微店买家版中的各个类目频道、猜你喜欢、搜索频道等渠道中展示，如图 8-37 所示。

专家提醒

  "直通车"本意指从一个城市到另一个城市的车辆在行驶的过程中，如无意外情况发生时，原则上不停靠任何中途站点，直接到达车辆前往的目的地，这样便于旅客的出行以及更大限度地节约时间，类似于专车直达。在现实生活中也有很多的寓意，主要是指节约时间、方便快捷、直达目的。

微店买家版

口袋购物

图 8-37　直通车的商品展示效果

  如果想要了解直通车商品所在的具体位置，可以在口袋购物、微店买家版 APP 上搜索商品的关键词，查看排名。在类目频道、猜你喜欢等频道中是根据用户的浏览习惯推出商品的，展示样式"千人千面"。

8.2.10　促销管理，为顾客提供增值服务

  淘宝店铺需要噱头来吸引消费者，在手机上的微店也需要进行促销活动来吸引消费者。促销是"促进销售"的简称，也称 SP(Sales Promotion)，是指卖家利用各种方法和手段，吸引消费者注意、激发起购买欲望并产生购买行为的过程。

  促销的本质是沟通信息，是针对行为的活动，鼓励消费者尝试购买产品或服务，通过经常性购买或使用，使其对品牌或产品的态度逐渐改变，变得喜欢、习惯该品牌，促销的目的也就达到了。

  微店 APP 为手机用户提供了"店铺优惠券"、"限时折扣"、"私密优惠"、"满包邮"以及"活动报名"等促销方式。

专家提醒

　　促销和推广的本质都是与消费者有效沟通信息，不过促销是为了达成购买，推广是为了提高品牌形象，真正成功的促销就是成功的推广，品牌和销量都能兼顾，不能为了提供销量而自毁品牌形象。

1. 店铺优惠券

　　店铺优惠券是一种虚拟的电子券，卖家可以在不用充值现金的前提下针对新客户或者不同等级的会员发放不同面额的店铺优惠券，如图8-38所示。

　　店铺优惠券的功能点主要体现在两个方面：**通过会员关系管理维护老客户；以及通过创建店铺优惠券买家领取功能，主动营销新客户。**

2. 限时折扣

　　限时折扣一方面可增强微店的人气，活跃气氛，调动消费者的购买欲望，同时又可促使一些临近保质期或者快过季的商品在到期前全部销售完，当然，必须要留给消费者一段使用的期限，如图8-39所示。

　　限时折扣可分定时和非定时两种。

　　①定时限时折扣：是指微店在固定时间实行限时折扣价。例如，有些超市在每晚关门前的一小时内，将当天未售完的面包、蔬菜等商品按原价打折销售。

　　②非定时限时折扣：是指随机抽取一个时段，对个别或部分商品进行折扣销售。

图8-38　店铺优惠券　　　　　　　　图8-39　限时折扣

　　限时折扣是在特定的营业时间内提供优惠商品销售的措施，以达到吸引消费者的目的。进行限时折扣时，要将折扣商品以二维码、短信、微信、朋友圈等形式告知好友，如图8-40所示。限时折扣的商品折扣率一般在3折以上，才能对消费者形成足够的吸引力。

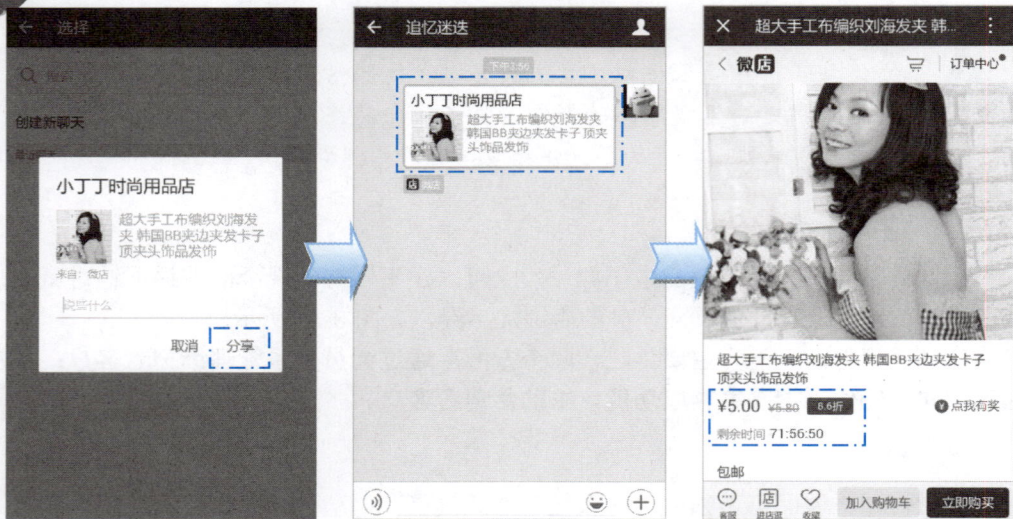

图 8-40　将限时折扣分享给微信好友

3. 私密优惠

　　私密优惠促销是指让特定消费者可以用低于正常水平的价格获得某种特定的物品或利益的促销活动。例如，微店主要采用"减价优惠"的促销策略，是指微店于特定的消费市场，在特定的期间，以特别低廉的价格，向特定的消费者出售特定数量的商品，如图 8-41 所示。

图 8-41　将私密优惠分享给 QQ 好友

"私密优惠"促销由于给消费者以较明显的价格优惠，可以有效地提高商品的市场竞争力，争取消费者，创造出良好的市场销售态势。同时，刺激消费者的消费欲望，鼓励消费者大批量购买商品，创造出"薄利多销"的市场获利机制。

4. 满包邮

现在的电商平台竞争越来越激烈，卖家们不断地想办法做各种促销打折，包邮无疑是个吸引买家眼球的手段。

不过，对于一般的小卖家来说，其利润空间本身就不高，所以就想到了一个双赢的办法，设置消费满若干件或者是满若干金额即可享受包邮，这样既能保证卖家的利润空间，又能满足消费者的包邮心理，如图8-42所示。

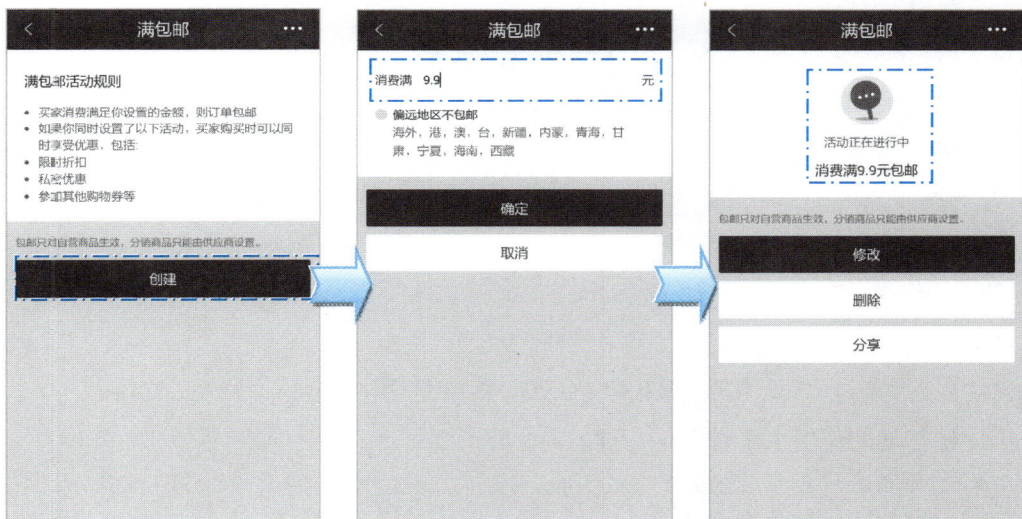

图8-42 创建"满包邮"活动

微店中的"满包邮"是指买家购买商品达到规定金额后才可以享受的包邮，如满百免运费、全场 9.9 元包邮等，原理与"满就送"类似，一般配合店铺内部的关联销售，可以达到不错的效果。

专家提醒

对于已经有一定运营基础的微店来说，使用这种方法可以实现不错的销售效果，至于包邮条件如何设置，店主可以研究一下消费者的客单价区间，包邮标准的限制价格最好不要超过客单价的 150%。

客单价(Per Customer Transaction)是指每一个顾客平均购买商品的金额，也即是平均交易金额。

5. 活动报名

店铺活动，是微店运营手段中最常用，也是最重要的一环。

在微店 APP 的"营销推广"界面点击"活动报名"按钮进入其界面，满足一定条件的店主可以直接点击"报名"按钮参与相关的促销活动，如图 8-43 所示，根据提示进行操作即可。

图 8-43　微店的活动详情页面

店铺活动的作用主要有以下几点：

- 与老客户进行互动。
- 增加店铺的曝光度。
- 让新客户能更好地了解店铺的营销模式及主推方向。

店铺活动就像人体的新陈代谢，好的店铺活动可以帮卖家留住目标顾客群，同时，也是卖家与买家最直接的互动方式。

专家提醒

　　微店的促销活动更好地满足了顾客喜欢实惠的心理，得到实惠的顾客也会告知自己的亲朋好友，这就在无意识中为店铺做了宣传，毫无疑问，可以更快地提高品牌的知名度。

零售移动电商：零售业发展的必然趋势

第9章

互联网的崛起对传统零售产生了巨大的冲击，而移动互联网时代的到来，让这种改变更加剧烈。移动电商的购物过程简化且极速缩短，在此场景下，精准目标客户的需求、简化的导购流程、快速完成下单购买等，都是移动电商时代零售行业仍需努力的方向。

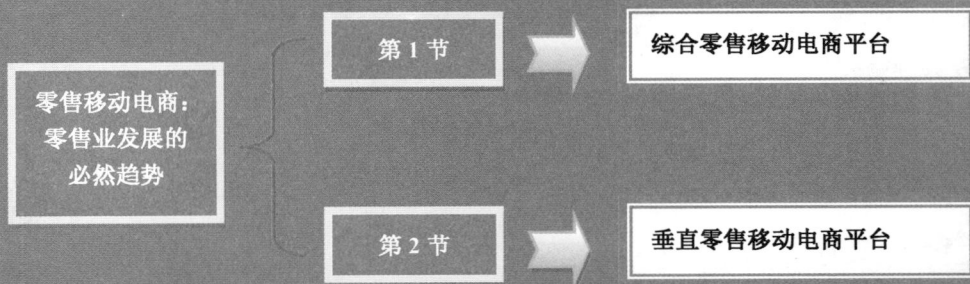

零售移动电商：零售业发展的必然趋势

第1节 ➡ 综合零售移动电商平台

第2节 ➡ 垂直零售移动电商平台

9.1　综合零售移动电商平台

目前移动电商市场上存在两股势力：一边是偏隅一方，专注细分领域，讲究"专与钻"的垂直类电商；另一边是触手无限蔓延，领域盘桓交错，"唯利是图"的综合类电商。

信息导读

目前，做得好的综合性电商的平台和格局已定——天猫、京东、1号店等，巨头们谁也吃不了谁，市场份额短期内不会有太大的变化。

9.1.1　天猫：无线搜索个性化

天猫手机客户端是一款特别为移动用户研制出的购物客户端，如图 9-1 所示。**天猫客户端用主题化的运营方式向用户展示商品，专注于商品的情感表达，让用户"阅读"商品；情景化商品的推荐，让用户与商品靠得更近。**

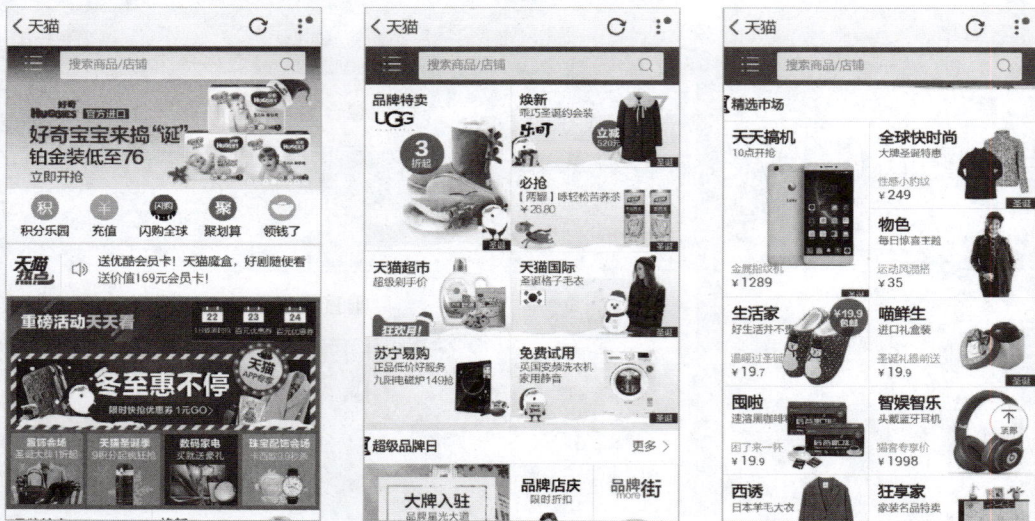

图 9-1　天猫手机客户端

在移动端，天猫携手商家试点"搜索个性化"，试点商家将可利用天猫积累的消费者个性数据，尝试自行圈定目标用户群特征，当目标用户搜索宝贝时，即可优先展示。此举将减少用户寻找目标商品路径的时间，从而实现"个性化搜索"。

9.1.2　京东：深入到生活服务

京东商城手机版不仅具有下单、查询订单、搜索商品、晒单、产品评价等常用功能，还实现了手机版特有的"条码购"、"轻松购"、"订单提醒"等特色功能，如图 9-2 所示。

图 9-2　京东手机客户端

除了推出手机客户端外，京东商城还在其他方面挺进移动电商，下面将分别进行介绍。

(1)　京东商超。 用户可在京东上购买食品饮料、调味品等日用品，让消费者足不出户，就能轻松实现"打酱油"、"买啤酒"等日常生活购物需求。京东商城首次上线的商品逾 5000 种，涉及休闲特产、纯净水、粮油、调味品、啤酒饮料等多个产品种类；这些种类都与消费者的日常生活息息相关。

(2)　京东支付。 京东快捷支付是京东联合支付公司推出的快速支付服务，持卡人只要拥有银行卡，首次使用时输入相应的卡信息以及身份信息并验证成功，即可完成支付；第二次使用该银行卡时，输入手机验证码即可一步付款。

(3)　京东云。 依托京东商城电商优势而开发的京东电商云平台，正在基于其产业链优势构建一个庞大的电商云生态系统。

(4)　京东微店。 京东在微信平台开启一级入口，名称定为"购物"。而京东加入微信入口后，可进一步完善微信的生态系统。京东微店是基于京东商户平台、微信及微信公众平台构建的移动购物解决方案。

(5)　京东到家。 京东到家是京东集团基于传统 B2C 业务模式向更高频次商品服务领域延伸发展出的全新商业模式，是京东 2015 年重点打造的 O2O 生活服务平台，是基于传统 B2C 模式向高频领域的重要提升，如图 9-3 所示。

京东到家提供几类到家服务，分别是超市到家、外卖到家、品质生活、上门服务和健康到家等。京东到家与京东的流量区别在于本地化和更高频。O2O 的商品和服务都是本地化的，不同城市、同城的不同位置，看到的"京东到家"都不一样，这就需要更接地气的运营，同时，也将带来更精准的流量。

图 9-3　京东到家

其中，"京东到家"是京东最近推出的一个重点移动电商战略。"京东到家"既基于京东本身的物流体系和物流管理优势，**同时又在共享经济风行的推动下依托"互联网+"技术大力发展"众包物流"，整合各类 O2O 生活类目**，向消费者提供生鲜及超市产品的配送，并基于 LBS 定位实现两小时内快速送达，打造生活服务一体化应用平台。

专家提醒

京东将信息部门、物流部门和销售部门垂直整合。京东在物流配送方面，能够使用京东自营快递的，则使用京东自营快递。京东的自营快递已经可以覆盖中国大多数地区。在京东自营物流无法抵达的地区，则转发第三方快递。京东在全国的几个地方成立了物流集散中心和仓库。在京东购买的物品都会在接受地附近的仓库发货。

9.1.3　1 号店：随时随地逛超市

2008 年 7 月 11 日，"1 号店"正式上线，开创了中国电子商务行业"网上超市"的先河。"1 号店"独立研发出多套具有国际领先水平的电子商务管理系统并拥有多项专利和软件著作权，并在系统平台、采购、仓储、配送和客户关系管理等方面大力投入，打造自身的核心竞争力，以确保高质量的商品能以低成本、快速度、高效率流通，让顾客充分享受全新的生活方式和方便实惠的购物体验。如图 9-4 所示，为"1 号店"的手机客户端。

图 9-4　"1 号店"的手机客户端

专注于零售和购物者研究的权威咨询机构 Kantar Retail 发布了 2015 年度中国电商力量综合实力排行榜单，深度解读了快速消费品的线上表现和提供了各品类洞察。榜单中，京东、天猫与 1 号店位列前三甲，第三名超出第四名将近 50 个百分点，如图 9-5 所示。

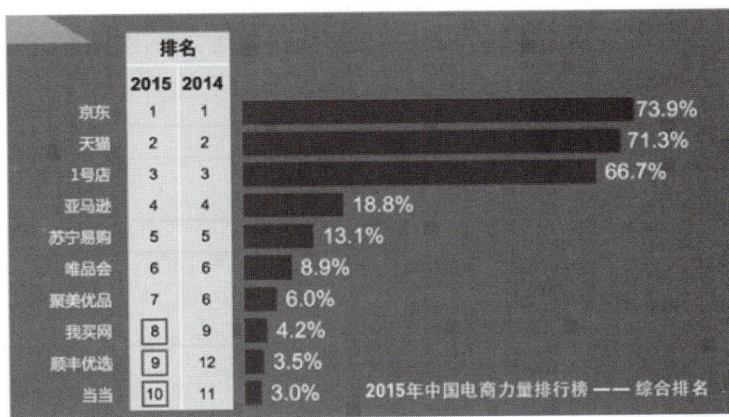

图 9-5　2015 年度中国电商力量综合实力排行榜单

在满足消费者随时随地购物需求方面，"1 号店"早在 2014 年就全面布局移动端，"摇一摇"、"社区体验店"、"小区雷购"等创新尝试，为"1 号店"移动端取得了消费者的广泛认可。

据悉，"1 号店"目前已拥有移动注册用户超过 3600 万，订单占比达到 57.7% 以上。此外，"1号店"在海购、互联网金融、O2O、互联网医药、营销和大数据应用方面均有一定突破。

2015年7月23日，沃尔玛宣布已全部收购"1号店"余下股权，这意味着沃尔玛将全资控股"1号店"，如图9-6所示。随着与沃尔玛线上线下整合的进一步推进，"1号店"在未来的发展中，将具有更大的潜力和发展空间。

图9-6　沃尔玛收购"1号店"

9.2　垂直零售移动电商平台

垂直电子商务是指在某一个行业或细分市场深化运营的电子商务模式。垂直电子商务网站旗下的商品都是同一类型的产品。这类网站多为从事同种产品的 B2C 或者 B2B 业务，其业务都是针对同类产品。

> **信息导读**
>
> 中国电子商务在起步阶段孕育了很多多元化的电子商务平台，就像综合类的大百货商店，在初期也只为所有产品提供统一的服务。随着电子商务产业的成熟，垂直化的服务开始受到重视，如聚焦于化妆品的聚美优品、主打女性时尚购物的蘑菇街、基于厨房的交易平台云厨、专门做特卖的唯品会等。

9.2.1　聚美优品：化妆品限时特卖商城

聚美优品是一家化妆品限时特卖商城，其前身为团美网，由陈欧、戴雨森等创立于2010年3月。聚美优品首创"化妆品团购"模式：每天在网站推荐十几款热门化妆品，如图9-7所示。

2014 年 5 月 16 日，聚美优品在纽交所正式挂牌上市；2014 年 6 月，聚美优品低调上线海淘网站海外购，9 月，聚美全面发力海外购，并在首页开通独立频道。聚美优品发力海外购业务，"极速免税店"成为其移动端增长的引擎，如图 9-8 所示。

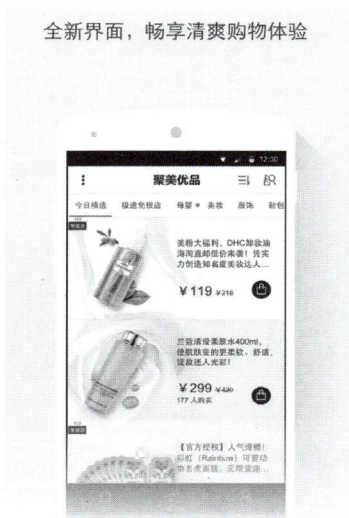

图 9-7　聚美优品 APP

图 9-8　极速免税店

聚美优品坚持只从品牌厂家、正规代理商、国内外专柜等可信的进货渠道采购商品，并在采购部专门设置自己的质检员。让消费者拥有良好的服务体验，进而取得消费者的信任。

与常规的团购有所不同，聚美优品的信息发布客户是自己，即自建渠道、仓储和物流，销售化妆品。从严格意义上说，它是采取团购形式的垂直类女性化妆品 B2C。从创业之初，聚美优品的理念就很清晰，就是要做女性化妆品正品折扣网店。

聚美优品 2015 年第三季度财报显示，总订单数大幅增长 89.5%，活跃用户人数增长 30.8%，客户购买频率比上年同期增加 45%。移动端 GMV(Gross Merchandise Volume，商品交易总额)占比 77.9%，APP 下载量比上年同期增长 54%，如图 9-9 所示。聚美优品 2015 年第三季营收 19 亿元，比上年同期的 9.712 亿元增长 99.9%，聚美净营收的增长主要是由于聚美极速免税店销售增长、第三方平台化妆品销售业务向自营转移带来的活跃用户人数和订单总数增长。

聚美优品为加快布局移动电商，将充满娱乐化基因的"闪购模式"率先移植到手机 APP 里。与传统的 PC 端闪购模式不同的是，"聚美闪购"融合了连连看、小美打蜜蜂等小游戏，如图 9-10 所示。

聚美优品手机 APP 中的闪购频道，在产品开发及设计上与微信 5.0 的"打飞机"游戏推广如出一辙。对此，聚美优品相关负责人表示，聚美移动端新闪购旨在让购物

行为游戏化，给用户紧迫感和成就感，其实是更强调用户碎片时间与游戏化体验模式的融合。

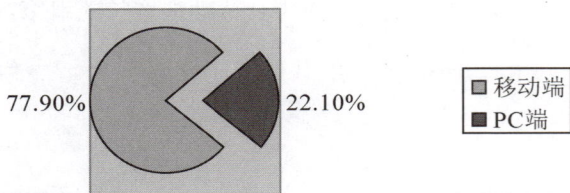

77.90%　　22.10%　　移动端　PC端

图 9-9　商品交易总额

图 9-10　聚美闪购

据悉，**聚美优品将把移动端的销售渠道拓展作为一个战略考量，占领移动购物流量入口，依然以不断优化的用户体验为王。**聚美优品移动端与 PC 端的割裂与融合的运营模式，为用户提供了立体式多元化的购物体验，根据不同需求来增强消费者的购买愉悦感。

9.2.2　蘑菇街：时尚女性的社交电商

蘑菇街是一个优质的女性购物电商平台，云集上千家款式时尚、风格独特、价格合理的买手店铺，为爱美的姑娘们提供衣服、鞋子、箱包、配饰和美妆等领域适合年轻女性的商品，蘑菇街 APP 也成为时尚女性购买和互相分享的必备 APP，如图 9-11所示。

蘑菇街旨在做一家高科技的轻时尚互联网公司，公司的核心宗旨就是购物与社区的相互结合，为更多消费者提供更有效的购物决策建议。蘑菇街作为电商平台，引入了"优店优品"，为用户提供良好的购物体验及为更多消费者获取有价值的商品信息，如图 9-12 所示。

图 9-11　蘑菇街 APP

图 9-12　蘑菇街的购物体验

起初，蘑菇街在导购领域就有很高的用户粘度和购买转化率，注册用户数已经突破 8000 万；"蘑菇街"从导购平台转型为社会化电商平台后，2013 年 11 月开始，仅仅两个月，就交出了单月 1.2 亿元的成绩单。

作为女性垂直领域的创业团队，显然蘑菇街的梦想是独立发展，寻求上市。2015

年 11 月，蘑菇街宣布获得平安创投领投、天图资本跟投总价值 2 亿美元的融资。截止此轮，蘑菇街已经吸引了超过 4 亿 2000 万美元的 5 轮融资。

与其他更偏向于供货商视角的电商公司相比，蘑菇街是一家一直以消费者视角，更关注用户想要买什么、如何购买、购买后如何分享以及怎样让这一流程更优化的"另类"电商平台。

蘑菇街从导购到垂直电商平台的转变，并非蘑菇街所追求的终极形态。**只有回归到真正社会化电商的形态，将"社交"与"电商"以创新的商业模式与产品形态进行重新结合，才能顺应移动互联网"品类运营垂直化、用户流量去中心化"的大趋势，**如图 9-13 所示。

图 9-13　"社交"与"电商"相结合

9.2.3　云厨：网格化 O2O+B2F 开创者

长沙云厨电子商务公司(简称云厨电商)成立于 2015 年 4 月，是基于厨房的交易平台，为社区家庭用户购买柴米油盐酱醋茶等生活必需品提供交易和配送平台，致力于为消费者提供安全、省钱、方便的购物体验，其 APP 如图 9-14 所示。

与传统意义上的电子商务不同，作为互联网电子商务与社区端口相结合的首个社区网格化 O2O+B2F 平台，如图 9-15 所示，每个社区建端口形成"厂家——社区端口——家庭"两步走的销售模式，改变了以往的传统销售渠道，通过省去中间商环节，节省毛利，让利于民。

图 9-14　云厨电商 APP

云厨电商将每个城市的社区网格化，每500户为一个网格，每个网格设置一个端口

通过云厨为平台，以社区端口为连接点，由云厨从厂家配货给端口

一旦消费者有需求，便能通过移动WAP、APP、微平台、PC网站以及400电话五种方式反馈给云厨平台

社区端口唯一需要做的，只是在指定时间内将订购商品送给消费者

图 9-15　社区网格化 O2O+B2F 平台

在社区端口的整合布局中，云厨电商采用了"大众创业"模式，创业者只需要投资 1 万元，就可以成为云厨电商的"社区端口"，并且还可得到云厨电商所提供的等额产品。**由社区端口直接送货给社区内每一户家庭，真正解决了"最后一公里"的物流配送难题**，如图 9-16 所示。

据悉，云厨正式上线当天，全长沙市已经生成了 500 多个端口，5 天后就开设了 1000 家终端网点，这在传统商业的时代，几乎是让人匪夷所思、不可能完成的任务，然而，传统企业加上移动互联网的翅膀，让这种不可能成为一种可能。

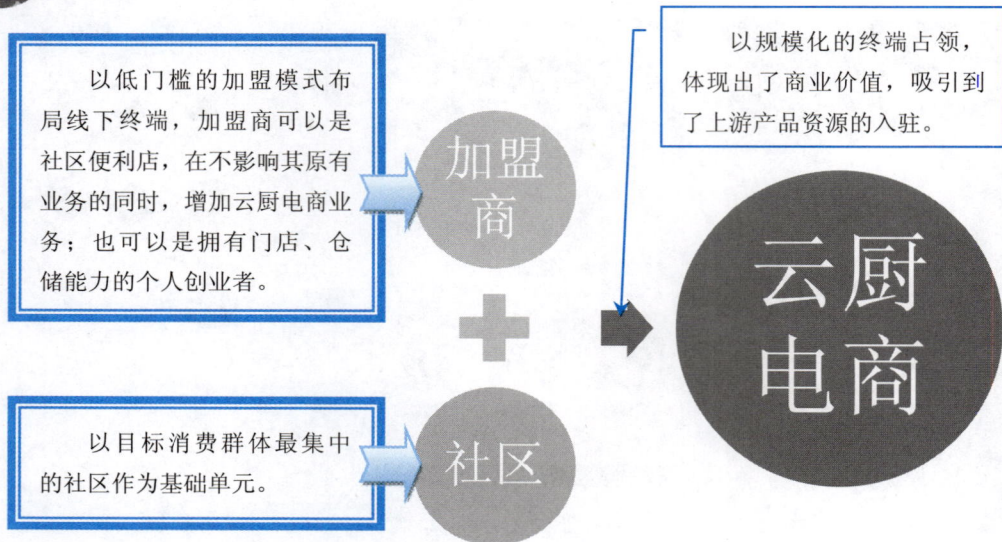

图 9-16 云厨电商的运用模式

目前，云厨电商正全力打造长沙区域的样板市场，在长沙已开发了近 2000 家端口、发展了 50 万用户，日访问量超过 600 万次。2016 年开始，会将模式进行全面扩张，"在全国复制 100 个长沙"。

专家提醒

B2F(Business To Family)电子商务即指企业与家庭之间的电子商务，电商平台根据交易对象，把各类百姓分类于家庭这个单位之中，并以最为便捷的移动购物方式来引导消费，以一站式服务和高效免费的配送、安全可靠的现金交易来赢取市场位置。

餐饮移动电商：基于 APP 的 O2O 移动营销

第 10 章

民以食为天，尤其中国作为美食大国，餐饮业一直是最受消费者欢迎的行业。但随着业内竞争加剧和房租、人力成本的不断升高，也给餐饮企业带来非常大的生存压力。不过，这些问题在移动互联网时代也有了新的解决方案：基于自有 APP 的 O2O 移动营销。

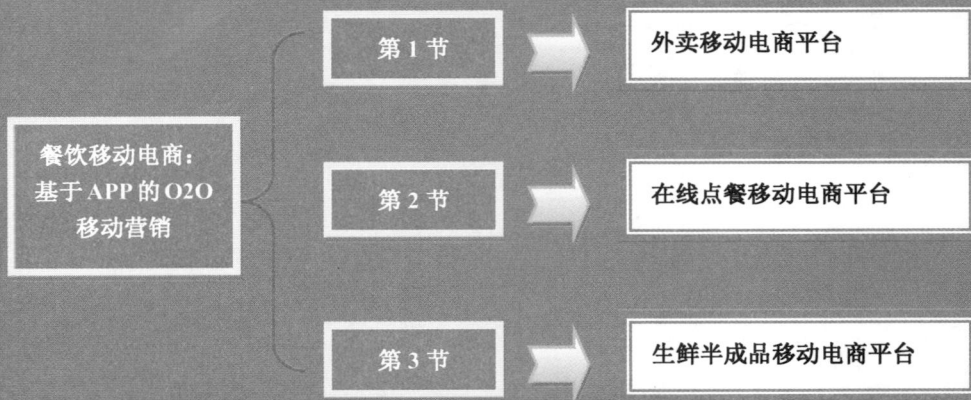

餐饮移动电商：基于 APP 的 O2O 移动营销

第 1 节 ➡ 外卖移动电商平台

第 2 节 ➡ 在线点餐移动电商平台

第 3 节 ➡ 生鲜半成品移动电商平台

10.1 外卖移动电商平台

O2O 外卖平台是指为用户整合线下餐饮品牌和线上网络资源，让用户通过手机、电脑搜索周边餐厅并在自己期望的时间和地点品尝自己喜爱的餐厅菜品的平台。

信息导读

衣食住行中，民以食为天，相应的订餐网站蜂拥迭起。本节跟读者一起分享国内主流外卖 O2O 网站平台的移动电商战略，如饿了么、美团外卖、百度外卖等。

10.1.1 饿了么：线上线下一体化运营

饿了么创立于 2009 年 4 月，起源于上海交通大学闵行校区，通过整合线下餐饮品牌和线上网络资源，不仅使用户可以方便地通过手机、电脑搜索周边餐厅，也为餐厅提供了一体化运营解决方案，其 APP 如图 10-1 所示。

图 10-1 饿了么 APP

"饿了么"整合了线下餐饮品牌和线上网络资源，用户可以方便地通过手机、电脑搜索周边餐厅，在线订餐、享受美食。与此同时，"饿了么"向用户传达一种健康、年轻化的饮食习惯和生活方式。除了为用户创造价值，**"饿了么"率先提出 C2C 网上订餐(如图 10-2 所示)的概念，为线下餐厅提供了一体化运营的解决方案。**

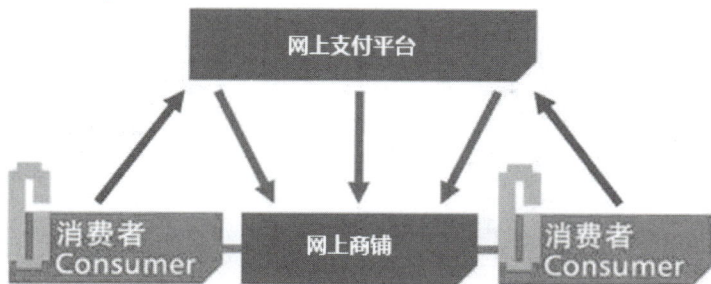

图 10-2　C2C 模式

早在 2014 年 5 月到 10 月半年时间内，"饿了么"的日订单就从 10 万增长到 100 万，覆盖城市从 12 个升至接近 200 个，移动端交易占比从 30%上升至 70%。截至 2015 年 7 月，"饿了么"已进入超过 260 个城市，累计用户近 4000 万，加盟餐厅近 30 万家，日交易额超过 6000 万，超过 98%的交易额来自移动端。

如图 10-3 所示，为中国 2015 年 10 月中国互联网餐饮外卖整体市场的交易份额。竞争格局上，"饿了么"以 33.4%的整体份额保持领先，美团外卖和百度外卖分别以 32.9%和 19.6%跟随其后。数据显示，"饿了么"在白领外卖市场的交易额占比高达 35.13%，成为该细分市场的最大赢家。

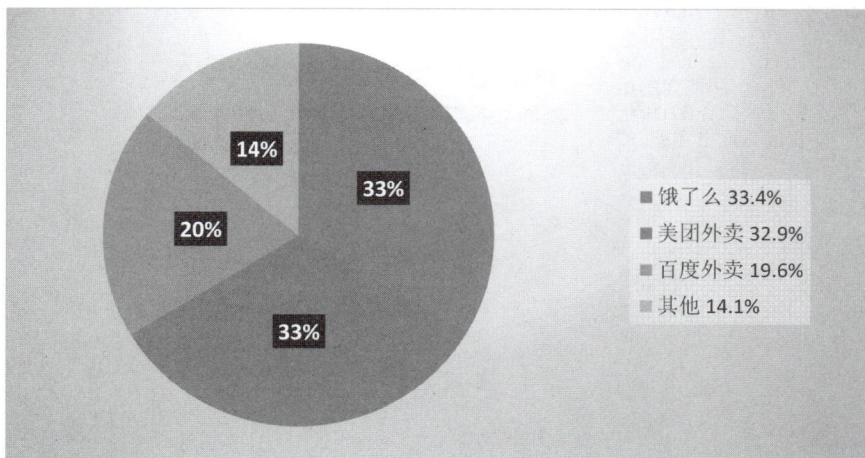

图 10-3　2015 年 10 月中国互联网餐饮外卖整体市场的交易份额

10.1.2　美团外卖：外卖+团购的组合

美团外卖是美团网旗下的网上订餐平台，自 2013 年 11 月上线至今，已覆盖近 300 个城市，日单量近 300 万，成为美团 T 型战略的重要组成部分。美团外卖 APP 如

图 10-4 所示。

图 10-4　美团外卖 APP

美团外卖的商业模式基于互联网订餐平台，通过以互联网来叫外卖的服务工具，连接消费者和商家，是 O2O 和外卖行业结合的产物，如图 10-5 所示。

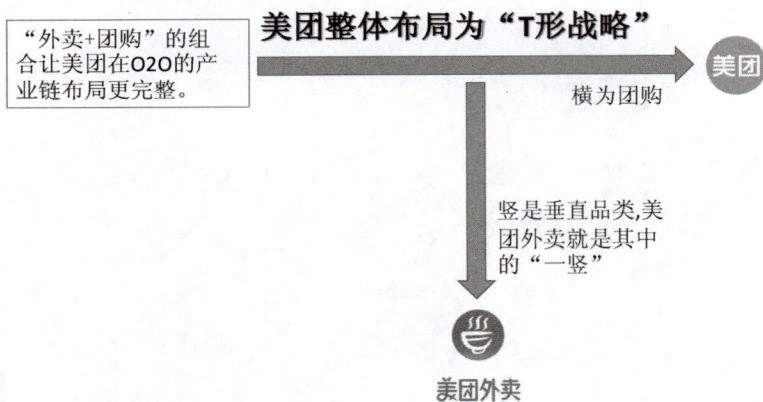

图 10-5　美团外卖的 O2O 布局

10.1.3　百度外卖：借外卖切入 O2O

百度外卖是由百度打造的一个专业品质外卖服务平台，用户通过 PC 端及手机端均可享受方便、快捷、贴心的网络订餐服务，其手机端如图 10-6 所示。

概括众多商家，提供各类美食外卖服务，百度外卖极其在乎品质和用户体验，消费者可自主搜索附近美食，例如正餐快餐、小吃甜点、咖啡蛋糕等外卖信息，可自由选择配送时间、支付方式。

图 10-6　百度外卖 APP

消费者可以通过 PC 端网站、独立手机 APP、微信公共账号"百度外卖"以及百度地图的"附近"功能来进行订餐操作，如图 10-7 所示。

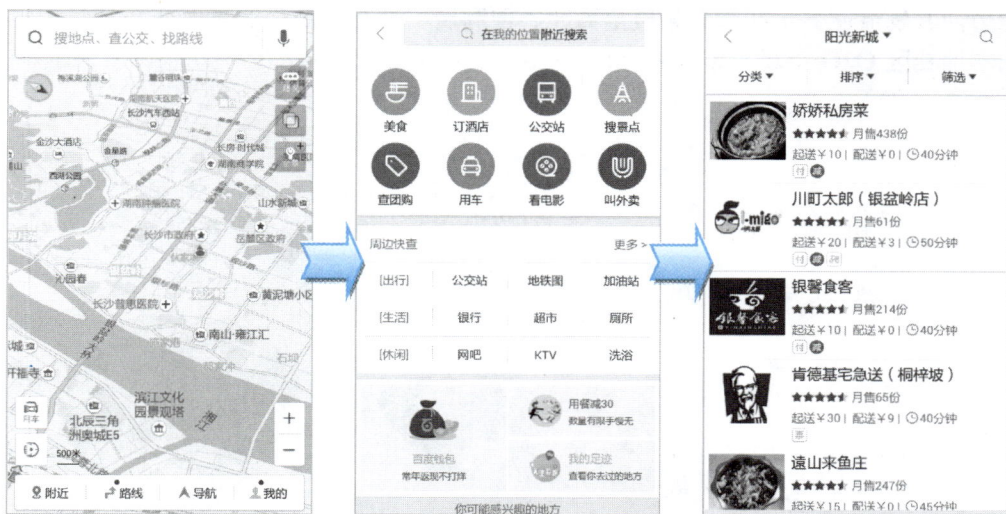

图 10-7　百度地图中的"叫外卖"功能

百度外卖有四大优势，如图 10-8 所示。百度外卖极其在乎品质和用户体验，消费者可以基于地理位置搜索到附近的正餐快餐、小吃甜点、咖啡蛋糕等外卖信息，可自由选择配送时间、支付方式，并添加备注和发票信息，随时随地下单，快速配送到

手，完成一次足不出户的美味体验。

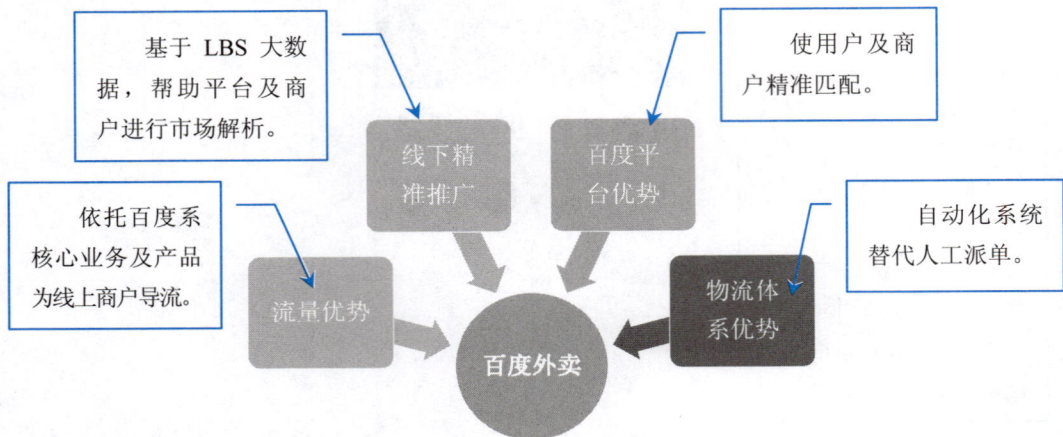

基于 LBS 大数据，帮助平台及商户进行市场解析。

使用户及商户精准匹配。

依托百度系核心业务及产品为线上商户导流。

自动化系统替代人工派单。

线下精准推广

百度平台优势

流量优势

物流体系优势

百度外卖

图 10-8　百度外卖的优势

据悉，百度外卖已建立物流团队"百度骑士"，以保证送餐速度，提升用户体验。**百度外卖借助智能物流调度系统，已经具备国内较强的"最后一公里"即时配送能力，其物流服务正在横向拓展至商超、便利店、鲜花、药店等更多交易类品类，切入本地社区 O2O 市场，未来将打造千亿级同城物流和交易平台**，如图 10-9 所示。

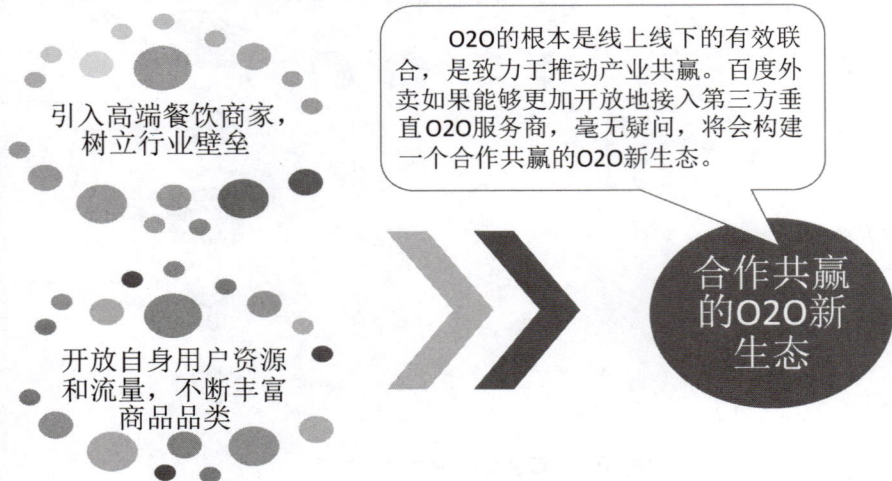

引入高端餐饮商家，树立行业壁垒

开放自身用户资源和流量，不断丰富商品品类

O2O的根本是线上线下的有效联合，是致力于推动产业共赢。百度外卖如果能够更加开放地接入第三方垂直O2O服务商，毫无疑问，将会构建一个合作共赢的O2O新生态。

合作共赢的O2O新生态

图 10-9　百度外卖的趋势分析

10.2　在线点餐移动电商平台

越来越多的人开始尝试在线订餐、微信订餐、手机 APP 订餐等消费形式，消费者选择在线订餐，看中的是其"省钱、省时、省力、省心"的特点。

信息导读

随着餐饮 O2O 不断地纵深发展，餐饮商户端的信息化程度越来越高，餐厅智能化的管理越来越成熟，手机到店应用将越来越凸显紧迫感，并且将真正体现出餐饮 O2O 的闭环和魅力。当然，在线订餐更重要的是有线下操作运维的思路，线上仅仅是信息载体。

10.2.1　大众点评：开通点菜功能加速布局餐饮 O2O

大众点评是本地生活信息及交易平台，也是独立第三方消费点评网站。大众点评不仅为用户提供商户信息、消费点评及消费优惠等信息服务，同时亦提供团购、餐厅预订、外卖及电子会员卡等 O2O(Online To Offline)交易服务。大众点评移动客户端已成为本地生活的必备工具，如图 10-10 所示。

图 10-10　大众点评 APP

在大众点评 APP 的一些餐厅中可以看到"点菜"链接，进入后，可以随时随地选择菜品，并在线点菜、下单、完成支付。据了解，**这是围绕"闪惠+"战略推出的重量级产品，通过一系列的创新，将线下消费搬到了线上，"闪惠"让用户可以在线**

买单。目前，大众点评在餐饮 O2O 行业率先提供餐厅推荐、预约预订、排队等位、点菜下单和支付结账的全套解决方案。

大众点评移动客户端通过移动互联网，结合地理位置以及网友的个性化消费需求，为用户随时随地提供餐饮、购物、休闲娱乐及生活服务等领域的商户信息，并提供消费优惠以及发布消费评价的互动平台，如图 10-11 所示。

图 10-11 大众点评 APP 的主要功能

另外，腾讯与大众点评达成战略合作，腾讯将投资、入股大众点评。与此同时，大众点评服务出现在微信"我的钱包"菜单下，正式名称为"吃喝玩乐"，如图 10-12 所示。

易观智库发布的《中国生活服务 O2O 市场专题研究报告》显示，2015 年上半年，中国生活服务 O2O 平台成交额达 895.8 亿元，全年成交额有望接近 2500 亿元。其中，大众点评增速迅猛，成交额增速连续 6 个月居行业第一。而在团购方面，大众点评市场份额达 29.5%，较上年同期上涨 8.5 个百分点。

2015 年 10 月 8 日，大众点评与美团正式合并，合并后的新公司，在餐饮领域必须打造闭环服务，将到店之后的一系列消费体验环节搬到线上，这将是新公司在未来的战略重心之一。

用户可以通过微信平台获取优质的本地生活内容，同时，也为商户提供移动互联网 O2O 解决方案，增强双方平台的粘性和价值。

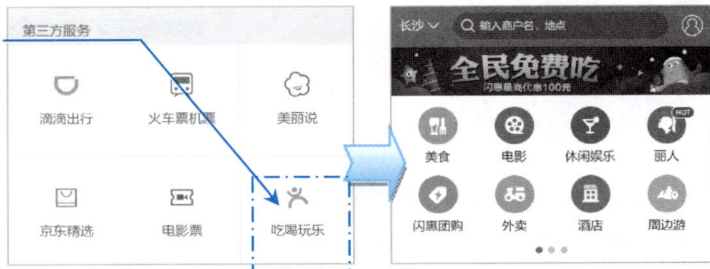

图 10-12　大众点评与微信联合

10.2.2　到家美食会：为餐厅提供订餐和外卖配送服务

到家美食会专注于为城市居民提供中高端餐饮和特色品质外卖的订餐、送餐服务，现已覆盖包括北京、上海、天津、苏州、杭州、南京、常州、无锡、深圳九座城市在内的 5000 家知名餐厅，得益于强大的合作网络，可以让用户顺利轻松地使用手机完成订餐，如图 10-13 所示。

图 10-13　到家美食会 APP

用户可以通过到家网站或手机客户端轻松订餐，在线余额支付，跟单方便快捷，如图 10-14 所示。到家美食会的专业配送团队将为用户提供准确及时的外送服务，保证送餐速度和菜品口味，让用户在家就能畅享高品质菜肴。

作为定位中高端市场的餐饮 O2O 平台，到家美食会无论在服务质量、专业程度还是整合能力上都在行业中具有领先地位和品牌影响力，其特色如图 10-15 所示。

图 10-14 到家美食会的订餐流程

为用户创造更多附加价值

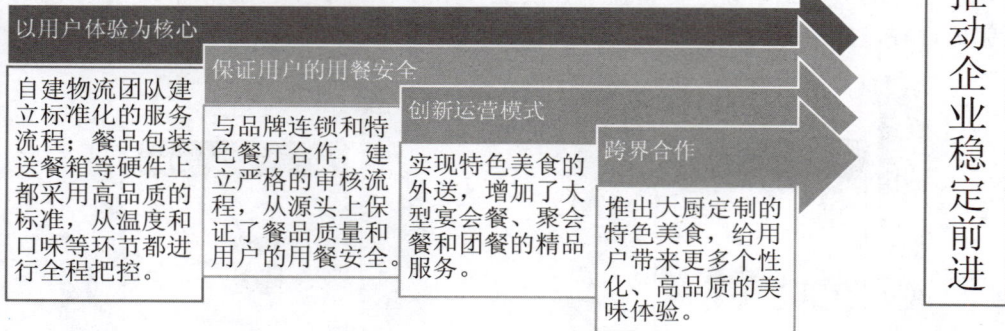

图 10-15 到家美食会以用户为核心的战略

到家美食会主要服务中高端白领家庭用户，自配外卖配送系统保证服务品质，客单价是普通外卖 O2O 的两倍。**凭借重模式、重服务、不补贴的经营理念，赢得了不错的口碑，得以在大平台疯狂补贴的情况下，还能获取一席生存之地。**

10.3 生鲜半成品移动电商平台

生鲜品类是整个电商业尚在发掘的蓝海市场，国内也有不少创业者尝试在生鲜电商发力，无数的资本在这两年杀入这个领域。京东、苏宁都宣布了生鲜频道的上线，淘宝更是众多农户竞相发力的平台。对于生鲜电商来说，移动电商+O2O 模式既能够满足百姓渴望原生态产品的需求，同时，又是降低交易和配送成本的极佳模式。

虽然目前生鲜半成品移动电商市场还未出现比较明朗的、成功的模式，但不乏有一些正在探索，而且做得比较好的品牌，如爱鲜蜂、青年菜君、觅厨等。

10.3.1 爱鲜蜂：主打"新鲜美食，闪电送达"

"爱鲜蜂"于 2014 年 5 月上线，是以众包微物流配送为核心模式，基于移动终端定位的技术解决方案提供 O2O 运营服务的公司。"爱鲜蜂"专注于社区生鲜最后一公里配送，定位人群为年轻白领，主打一小时闪电送达，如图 10-16 所示。

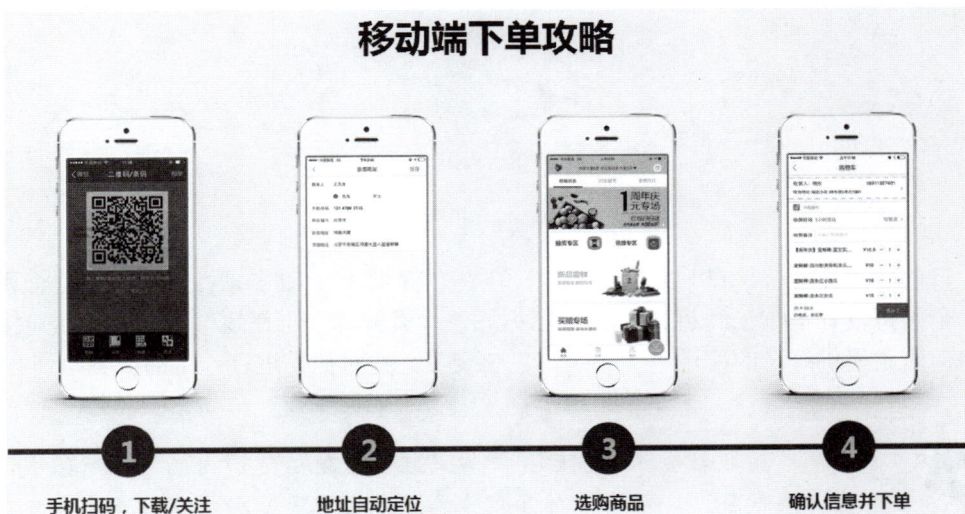

图 10-16　"爱鲜蜂"移动端下单流程

"爱鲜蜂"主要提供的服务是有机蔬菜、零食小吃及生活用品的一小时配送，覆盖范围主要是生活住宅区及办公区域。"爱鲜蜂"的"鲜"强调的就是食品的新鲜以及多样性，而"蜂"则代表配送人员的数量多、速度快。

所以，"爱鲜蜂"是一个典型的利用闲置资源组建"最后一公里"配送能力的案例。简单地说，"爱鲜蜂"搭建了一个平台，连接了上游的供应商、下游有送货时间的社区商店，以及有需求的消费者，如图 10-17 所示。

"爱鲜蜂"**依托社区小店，为消费者提供一小时内的零售和配送服务**，它锁定都市"懒人"，主打那些撬动人味蕾的东西，配送时间从早晨 10 点持续到凌晨 2 点，以便及时满足他们各种突如其来的消费意愿。"爱鲜蜂"保证速度的主要方式一方面是比较科学的布点，另一方面，则是对社区店主的经济激励。经济激励包括配送费，以及店主销售自家商品的收益。

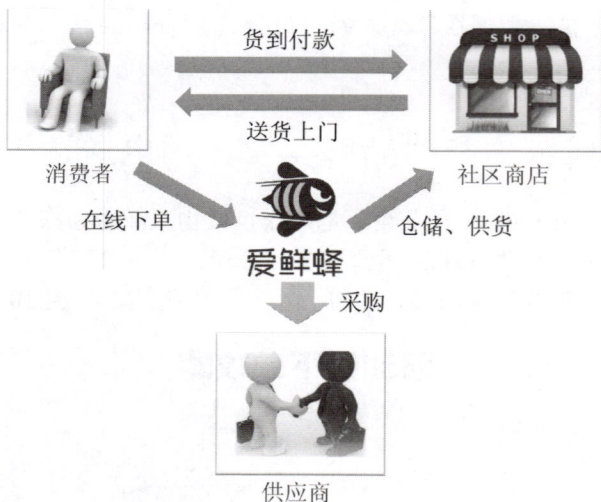

图 10-17　"爱鲜蜂"的运营模式

　　目前，"爱鲜蜂"已与北京、上海、广州、深圳等 1 万多家社区小店建立合作关系，全国每日订单量已经超过 3 万单。据悉，"爱鲜蜂"正在逐个与社区小店对接，还将向店主提供统一的配送车、服装、包装袋等，并对他们进行一定的服务培训。

专家提醒

　　社区，按照社会学的理解是"聚居在一定地域范围内的人们所组成的社会生活共同体"，从营销的角度来看，社区就是一种渠道，是直接通向消费者的终端渠道，它的载体就是社区里的门店或员工，是拉客、留客和转客的重要支撑。

10.3.2　青年菜君：以售卖半成品净菜为主

　　"青年菜君"创立于 2014 年 3 月 3 日，是以售卖半成品净菜为主的 O2O 企业，第一家实体店回龙观店于当天开始营业，如图 10-18 所示。

　　用户可以提前一天在网站或者微信公共账号上下单(如图 10-19 所示)，在网上支付，第二天下班后，在回家的地铁站出站口的自提店面，将菜取走。用户到家后只需简单地加热煮熟，半个小时之内，就能吃上可口的晚餐了。

图 10-18　"青年菜君"社区实体店与半成品净菜

图 10-19　通过微信下单

据悉，由任牧、陈文、黄炽威创办的"青年菜君"在初期就获得了创业工厂麦刚百万级的天使投资；2014 年 8 月中旬，"青年菜君"获得了梅花天使创始合伙人吴世春与九合创投创始合伙人王啸联合提供的千万元级 A 轮投资；在首届"盐商杯"中国青年创新创业大赛中获得正式创业组一等奖，收获一百万元创业奖金。目前，"青年菜君"回龙观店的日提货量达到了 200 个。

"青年菜君"这种通过线上预订、线下提货、线上反馈互动的方式，符合时代热潮，非常精确地击中了现代都市白领的生活痛点。虽然目前店面很小，但如果将这种

模式规范化和标准化，复制更多的这种分店将不成问题。

10.3.3　康品汇："门店+平台"的 O2O 模式

康品汇(上海磐康网络科技有限公司)以"成为中国最可信赖的社区生鲜平台"为愿景，以"让百姓饮食生活更轻松"为使命，致力于借助互联网思维，创新中国生鲜经营业态，为百姓提供真正安全、健康和轻松的饮食生活方式。如图 10-20 所示，为康品汇的移动平台——康品汇生鲜。

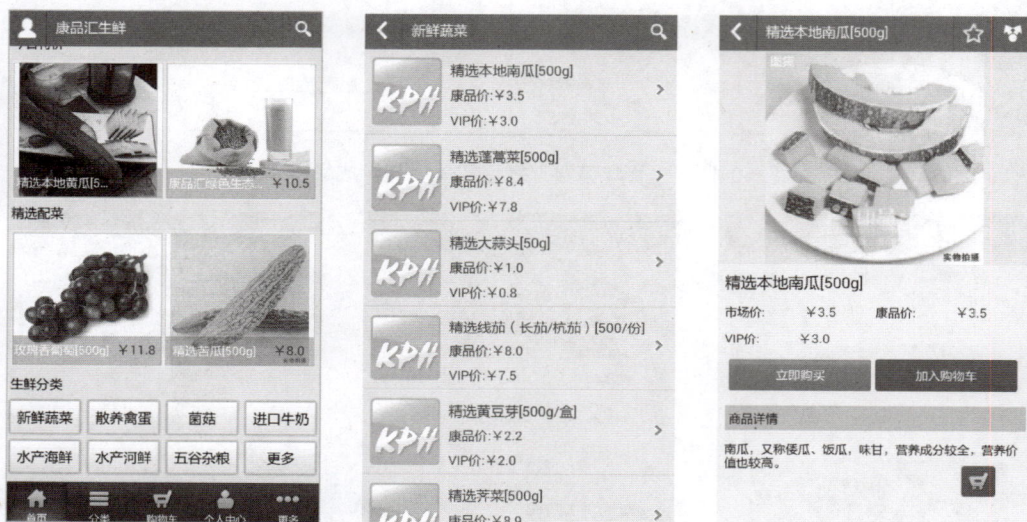

图 10-20　"康品汇生鲜"APP

与生鲜行业常见的传统菜场和互联网 B2C 经营不同，康品汇创新性地**采用"店网联合、平台运作"的 O2O 经营模式，以中高端社区实体店作为客户体验中心，以电商技术实现便捷的线上下单及"一小时送菜到家"服务**，现在上海拥有 10 余家康品汇生鲜直营及加盟店，如图 10-21 所示。

康品汇为了保证食材的质量，生鲜产品都是通过自有及合作基地直供、长期订单生产和品牌联营等模式，打造了完整的高品质生鲜食材供应链。更值得一提的是，康品汇社区实体店不仅拥有堪比商场超市的购物环境，还别具匠心地设置了客户体验区，并处处融入了颇具未来感的互联网元素。在客户体验区，人们可以近距离看到食材加工的过程，体会"先尝后买"的乐趣。另外，消费者不仅可以在互联网区的电脑上实现网络下单，还可以通过手机扫描产品二维码，轻松完成微信订菜。

图 10-21　"康品汇"实体店

据悉，康品汇除计划在 2015 年开设 10~15 家面积在 300~1000 平方米的社区生鲜超市以外，还将尝试推出四代店，利用互联网，尤其是移动互联技术为更多市民提供更优的产品和服务，让老百姓都能享受到高品质的生鲜食材。

在康品汇的"门店+平台"O2O 模式中，商家拥有自己的电商平台和社区门店，消费者可以选择到店购买，也可以通过网络购买后，到店提取或送货上门，如图 10-22 所示。

"门店＋平台"模式最大的优势就是线下实体店，线下实体店不仅承载了消费体验的功能，还兼具仓储、物流站点的功能，这是传统生鲜电商不可及的。

社区门店

①到店购买

顾客

②线上订购 送货上门

新鲜食材

电商平台

图 10-22　"门店+平台"模式

打车移动电商：开创一种新的出行模式

随着移动互联网的兴起，基于打车应用的出行 O2O 也变得非常流行，车主和乘客都能各取所需，彻底改变了人们出行的方式。用户只须在手机上打开各种打车应用，即可快速找到便捷、低价的就近打车服务，为用户开创了一种新的出行模式。

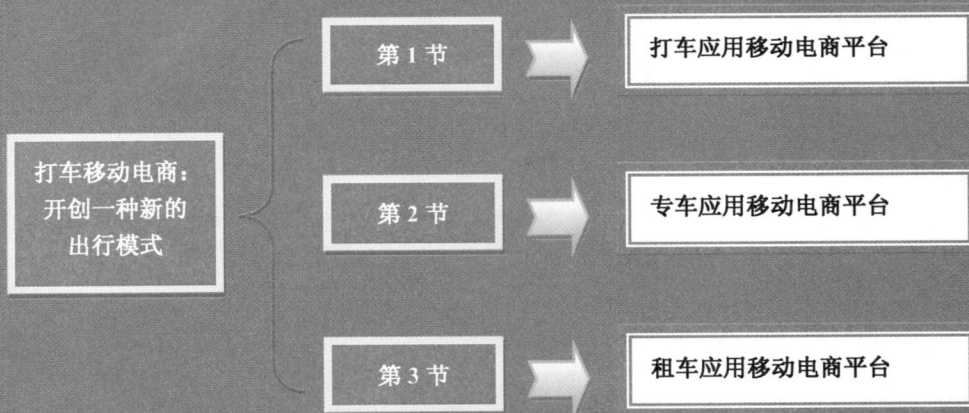

打车移动电商：开创一种新的出行模式		
	第 1 节	打车应用移动电商平台
	第 2 节	专车应用移动电商平台
	第 3 节	租车应用移动电商平台

11.1　打车应用移动电商平台

从 2012 年年底开始，以滴滴打车为首的打车 APP 软件逐渐成为用户手机应用中的"新宠"，随后包括快的打车、打车小秘、百米出租车等打车 APP 软件也加入到这一行列，这些应用极大地提高了用户打车的效率。

信息导读

　　打车应用的工作原理就是乘客与司机分别下载安装相对应的 APP 应用，乘客可以通过 GPS 和网络来搜寻空驶的出租车位置去叫车，而司机接收到乘客的约车之后，就近抢单，完成这个客运过程。

11.1.1　滴滴出行：手机上的"打车神器"

滴滴出行是一款免费打车平台，称为手机"打车神器"，是受用户喜爱的"打车"应用，如图 11-1 所示，每天为全国超过 1 亿用户提供便捷打车服务。

图 11-1　滴滴出行的微信平台

目前，滴滴已从出租车打车软件，成长为涵盖出租车、专车、快车、顺风车、代驾及大巴等多项业务在内的一站式出行平台。

汽车租赁行业的困局，促生了互联网与汽车服务的融合。传统打车行业存在种种弊端：高成本的呼叫中心，低效沟通导致爽约问题，多个城市的电话叫车号码不统一等，而用基于移动互联网的 O2O 模式就可以消除这些弊端，如图 11-2 所示。

图 11-2　O2O 租车模式

"滴滴出行"**利用移动互联网的碎片化特点，将线上与线下相融合，从打车初始阶段到下车使用线上支付车费，构建出一个乘客与司机紧密相连的 O2O 完美闭环**，最大限度优化了乘客打车体验，改变了传统出租司机等客方式，让司机师傅根据乘客目的地，按意愿"接单"，节约司机与乘客沟通成本，降低空驶率，最大化地节省司乘双方的资源和时间。

根据第三方调研数据显示，截至 2015 年底，"滴滴出行"已占据国内出租车叫车软件市场 99%的份额，2015 年成交总额将近 120 亿美元，而规模化必然伴随着不断延展的品牌冲动。目前，"滴滴出行"每天实现 300 万出租车订单，超过 300 万的专车订单，峰值 223 万的顺风车订单，业务覆盖全国 360 个城市。

11.1.2　天天用车：专注顺风车出行的 APP

"天天用车"于 2014 年 7 月上线，8 月正式运营，是一款轻松、有趣的上下班车辆拼车 APP，有车的人既可以是租车服务的提供方，也可以是租车服务的接收方，如图 11-3 所示。

目前，很多打车软件和租车公司推出了针对中高端消费人群的专车服务。但是对于大多数的普通打车一族来说，经常呼叫专车却是一种奢侈的消费，拼车无形之中就成了打车一族们新的需求。"天天用车"为用户提供一对一、点到点的上下班顺风车体验，用户只需要发布上下班线路，系统将自动匹配顺路的车主，即可开启舒适安全的上下班新方式。

从家到单位，从单位到家，在北京，每天上下班的路已经成为一种煎熬：公交等待时间不定、地铁挤成罐头、开车不环保、打车太贵……但无论如何，人们依然每天有着"位移"上的刚需，"天天用车"看到的就是这一点，如图 11-4 所示。

产品具体的使用流程：用户在上下班前通过"天天用车"发送出行需求，平台根据路线、车型来自动定价，顺路的车主会收到平台推送的消息并选择是否接单，接单后用户预付费用到平台，双方约定时间和上车地点，抵达目的地，最后由乘车用户确认，一次搭乘就完成了。

图11-3 "天天用车"APP

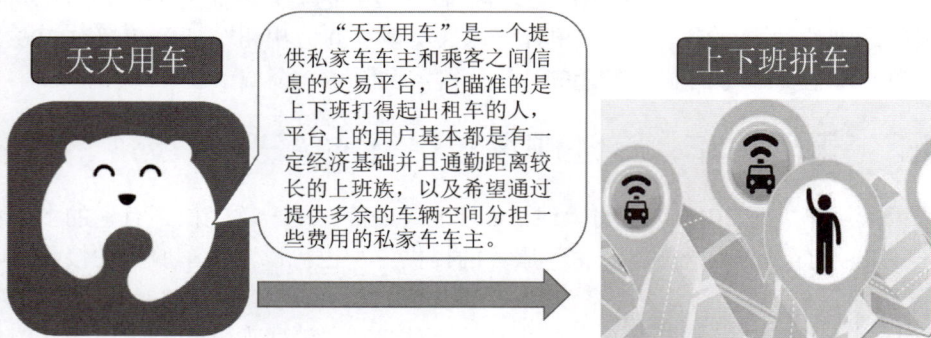

"天天用车"是一个提供私家车车主和乘客之间信息的交易平台，它瞄准的是上下班打得起出租车的人，平台上的用户基本都是有一定经济基础并且通勤距离较长的上班族，以及希望通过提供多余的车辆空间分担一些费用的私家车车主。

图11-4 "天天用车"解决了上下班打车一族的需求

另外，"天天用车"的这种模式也具有成长和想象空间，从车主数量和汽车保有量上来说，"天天用车"比打车市场有更大的空间；**从商业模式上来说，私家车会有有一系列的汽车后市场，价值会更大。**

11.2　专车应用移动电商平台

随着移动互联网技术快速融入传统行业，Uber、易到用车、滴滴专车、一号专车等舒适便宜的专车应用快速崛起，为人们出行又增加了一种新的方式，出租车不再是无奈而唯一的选择。

信息导读

目前在各移动打车应用类型中，商务专车类移动打车应用已经获得一定的用户群体，最常使用占比 11%，经常使用占比 16%。

11.2.1　优步(Uber)：提供私家车的服务感受

Uber，中文名称为优步，是一家风险投资的创业公司和交通网络公司，总部位于美国加利福尼亚州的旧金山，以移动应用程序链接乘客和司机，提供租车及实时共乘的服务，如图 11-5 所示。

图 11-5　优步 APP

Uber 已在全世界数十个城市提供服务，乘客可以通过发送短信或是使用移动应用程序来预约车辆，利用移动应用程序时，还可以追踪车辆的位置。

Uber 是美国企业的产品，因此 Uber 的应用软件设计也颇具美国思维特色，其设计逻辑十分精简，打开应用后，用户只需点击"马上用车"，Uber 就会自动推送给附

近的 Uber 司机。当然，也支持用户手动输入出发地址和目的地。

在美国，用户可以通过走优质服务路线的 Uber Black 服务订到像加长林肯、凯迪拉克、宝马、奔驰等豪华私家车，如图 11-6 所示，司机会带着白手套彬彬有礼地提供服务，让乘客享受到"私家车"的服务感受，感觉到自己多花的资费是值得的。

图 11-6　Uber 里的豪华私家车

在移动出行应用市场中，可以细分出商务专车、租车应用与拼车应用等模式，瞄准不同人群的出行需求，做垂直细分化经营，是移动出行电商寻求多元化盈利的开端。然而，通过对比各个细分市场，**专车业务盈利空间更为可观，用户群体更具稳定性，商业模式也较清晰与稳定，极有可能成为移动出行电商的战略布局重点。**

11.2.2　易到用车：功能完善，服务多样化

易到用车创立于 2010 年，是智能交通和汽车分享理念的引领者。通过移动互联网新技术和 Car Sharing 新理念，不但能够有效地提高汽车的使用效率、降低汽车保有量、实现节能环保生活，更能让用户享受到真正愉悦的出行。

易到用车是国内最早提供专车服务的应用，在各方面均比较完善，也更加理解消费者。每辆车都配有专职的司机，易到用车暂时不提供自驾服务。通过下载手机应用终端，或者登录网站等方式，用户可以随时发出订车需求，距离最近的车辆就会来接，如图 11-7 所示。

易到用车在专车应用方面的功能性较为完善，比如，提供的服务更加多样化，包括提供"现在用车"、"预约用车"、"接送机"、"接送站"、"半日租"、"日租"等服务，能较为全面地满足不同用户的需求。

另外，用户还可以通过易到用车 APP 选择司机、车型，尤其是对于司机的选择功能更为智能化，如果你认为一个司机服务不错，加入了收藏后，以后你每次叫车时，易到用车均会自动推送信息给这个司机，便于让这个司机为你服务，如图 11-8

所示。

全面快捷	准时高效	安心出行
多种服务，30秒快速预订	专车提前抵达 行程状态一目了然	车辆位置随时查询 和司机师傅即时沟通

图 11-7　易到用车 APP

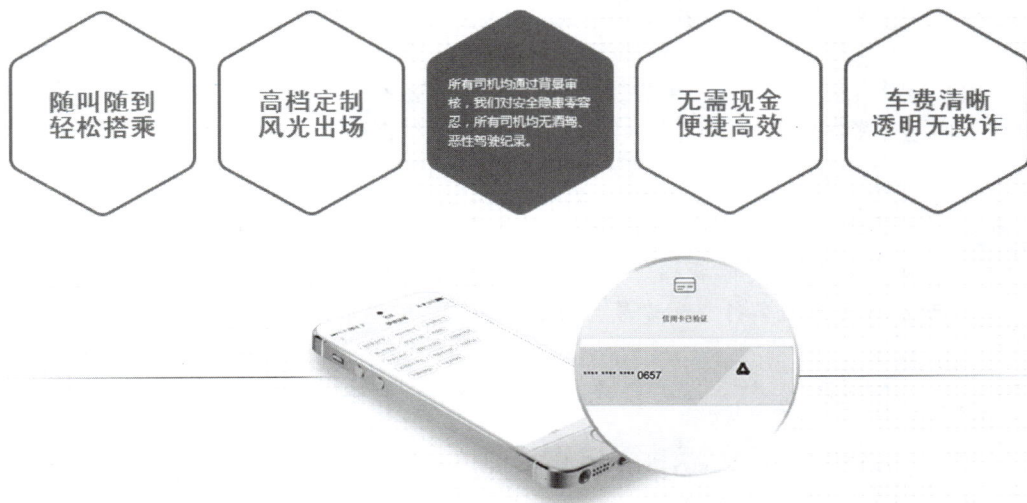

随叫随到
轻松搭乘

高档定制
风光出场

所有司机均通过背景审核，我们对安全隐患零容忍，所有司机均无酒驾、恶性驾驶纪录。

无需现金
便捷高效

车费清晰
透明无欺诈

图 11-8　严格的司机审核机制

　　相关数据显示，易到用车目前全平台用户 3000 多万。其用户主要分布于金融、IT、科技、互联网、媒体等对出行品质有一定要求的人群，这也是易到用车一路走来始终坚持的创新颠覆精神所带来的成果，如图 11-9 所示。

服务体验创新

　　易到用车不但支持用户、司机双向选择，同时支持设置个人喜好、收藏/拉黑司机等个性化设置，给了司机和用户充分的尊重和选择权。

商业模式创新

　　易实践跨界，与金融、航空、时尚、零售等多个传统领域建立了紧密成熟的合作模式，为广大用户提供着多场景的用车及生活服务。

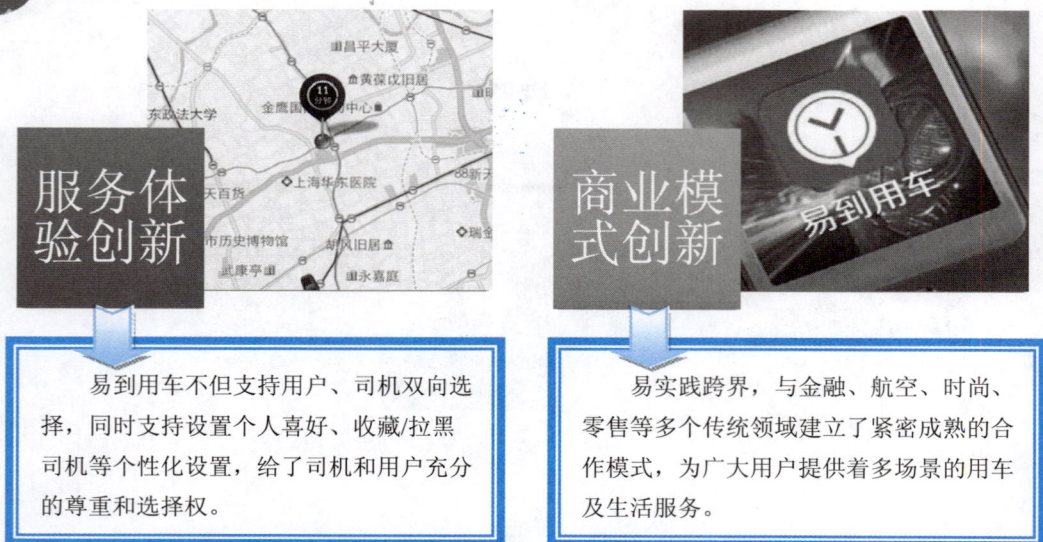

图 11-9　易到用车的创新颠覆

11.3　租车应用移动电商平台

　　随着移动互联网的兴起，P2P 租车模式也非常流行，车主和租客都能各取所需，而且车辆选择多，业务范围广，价格优惠，支持多种支付方式，平台提供多重保障。

信息导读

　　汽车租赁业是 O2O 模式较为热门的一个行业，与国外相比，特别是与美国成熟的租车市场相比，国内的汽车租赁行业才刚刚起步。可以说，**移动互联网为租车行业的发展打开了一扇门。**

11.3.1　宝驾租车：P2P 私家车共享平台

　　"宝驾租车"于 2014 年 5 月正式上线，是一家基于 P2P 的自驾汽车租赁 O2O 平台。"宝驾租车"在租客和私家车主之间搭建了一个在线的通过地理位置就近找车、分享车辆座驾的平台，应用通过移动互联技术即时地连接了有租车出行需求的租客以及附近分享的座驾及其车主，如图 11-10 所示。

　　通过"宝驾租车"应用，租客可以随时随地搜索，找到附近可供租用的私家车，通过手机即可完成车辆预订提交和预订沟通，并可以安全地完成预订支付，如图 11-11 所示。

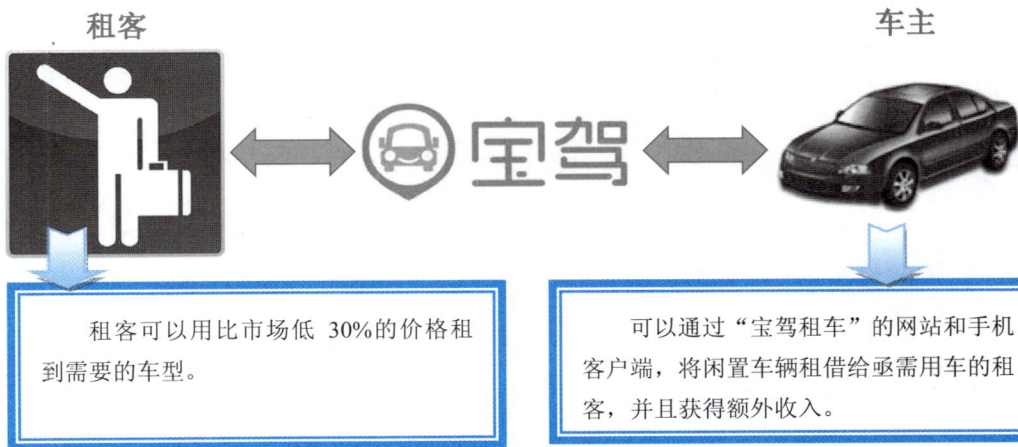

租客

车主

租客可以用比市场低 30%的价格租到需要的车型。

可以通过"宝驾租车"的网站和手机客户端，将闲置车辆租借给亟需用车的租客，并且获得额外收入。

图 11-10 "宝驾租车"的 P2P 租车模式

图 11-11 "宝驾租车"APP

　　据中国电子商务研究中心(100EC.CN)的监测数据显示：自成立以来，"宝驾租车"平台上的订单量及注册用户数每月增长幅度超过 100%，目前已经覆盖北京、上海、广州、深圳、杭州、长沙等 35 个大中城市，注册的私家车已超过 2 万辆。

　　所以，有了"宝驾租车"这样的应用，对于暂时没有座驾的用户或在自有座驾不可用时，就可以方便、快捷地预约社区周边分享的私家车，**既满足了更加便捷的驾车出行需求，又提高了城市汽车资源的利用效率**。

　　另外，"宝驾租车"通过移动互联的技术，一方面提供了比传统租车服务提供商

更多的可靠车源，另一方面，大大缩短了租车流程所花费的时间，三则让租车可以随时随地进行，这是租车行业的创新发展，也在日益火热的社会分享经济领域开创了新的"车东"经济产业模式。

专家提醒

目前，国内租车市场是一块巨大的蛋糕，以 P2P 为代表的汽车共享社区模式在国内的发展前景可观。"宝驾租车"所宣扬的私家车分享经济模式将有利于提高整个社会的资源利用率。受到资源、环境等各方面因素的影响，这种分享经济的理念必然将被倡导。

11.3.2 一嗨租车：开启时尚出行生活方式

"一嗨租车"是中国最大的连锁租车服务提供商，在全国 80 多座城市开设了 500 多个服务网点，现拥有 100 多种车型，主要为个人和企业用户提供短租、长租，以及个性化定制等综合租车服务，并支持多种预订和支付方式，如图 11-12 所示。

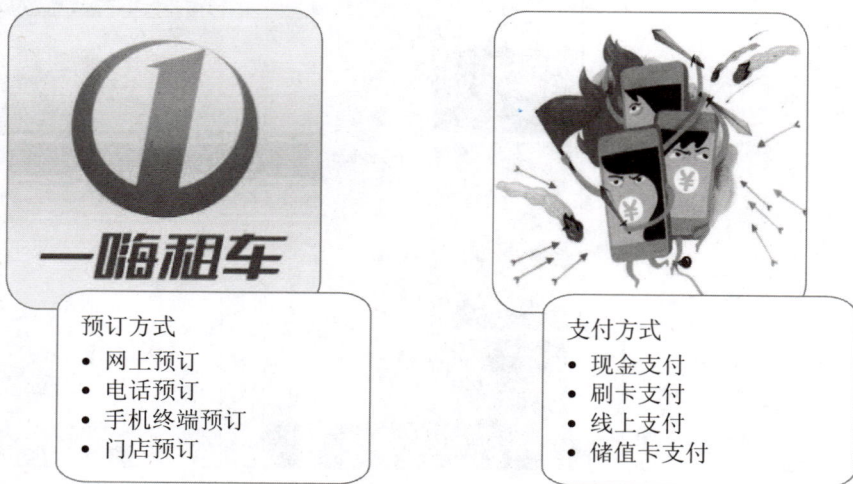

预订方式
- 网上预订
- 电话预订
- 手机终端预订
- 门店预订

支付方式
- 现金支付
- 刷卡支付
- 线上支付
- 储值卡支付

图 11-12 "一嗨租车"预订和支付方式

"一嗨租车"率先推出的 WAP 预订系统、手机客户端、手机触屏版等，无疑使得消费者租车更为便捷。用户只需免费下载安装手机终端软件，即可预订用车，如图 11-13 所示。

随着个人自驾市场的迅速发展，"一嗨租车"又在全国范围内大力推广针对大众市场的个人自驾服务。同时，也根据用户的实际需求，定制个性化租车服务。灵活的租车方式、送车上门服务，网络租车的战略，让"一嗨租车"能有效地控制成本。

图 11-13 "一嗨租车"手机客户端

"一嗨租车"移动电商的核心，首先是将车辆使用时段当作产品销售，提高出租效率和资产使用率；然后则是注入了"数据驱动"理念，车辆资源能得到有效的控制和合理的调度，从而节省成本和提高利润率。

在重资产的负担下，"一嗨租车"的"B2C+O2O"电商模式的优势在于对资产的管控力极强，由于门店和车辆都是自己的，在服务品质上更容易有保证，可以为租客提供更高端、更标准化的服务。通过支付相对高一些的租金，获得可靠的服务和后续保障，仍然是大多数租客能够认可的租车方式。

专家提醒

例如，国外的 Zipcar、Getaroud 和 Relayrides-P2P 都是最为火热的点对点的自驾汽车租赁网站。这种模式是在平台上搜索本地信息，个人对个人服务，类似淘宝的 C2C 模式。Getaroud 提供了一个"邻居到邻居"的社区汽车租赁服务，网站旨在为车主提供一个值得信赖的能够安全出租爱车的汽车共享平台。

住宿移动电商：互联网思维融合住宿产业

第12章

酒店住宿业是传统行业中的传统行业，从人类产生贸易行为开始，客栈、旅店为主的住宿业就踏上了历史舞台。在移动互联网时代，国内传统住宿企业在新形势下面临新的机遇和挑战，带来住宿产业融合互联网思维的新思考。

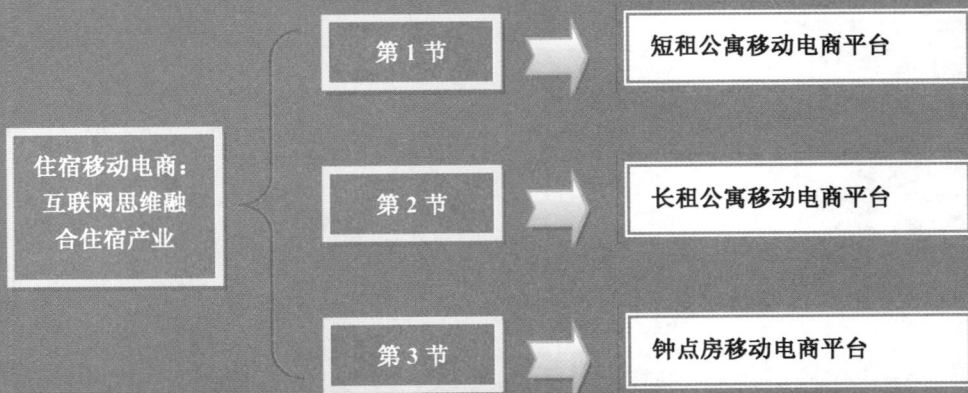

住宿移动电商：互联网思维融合住宿产业		
第1节	⇒	短租公寓移动电商平台
第2节	⇒	长租公寓移动电商平台
第3节	⇒	钟点房移动电商平台

12.1　短租公寓移动电商平台

短租公寓是一种新的房屋租赁形式，简单、方便、快捷。短租公寓这种租房模式的特点是租期灵活，租房手续简单，免去添置家具家电的烦恼；而在住宿体验上，有一种家的感觉，比较温馨，住宿价格与传统的宾馆酒店相比，也具有很大的优势。

> 信息导读
>
> 　　**借助互联网与移动互联网的宣传力量，短租公寓这种住宿模式已经为很多人接受。** 如今，短期租房如雨后春笋，在全国市场上生根发芽，逐渐壮大。短租公寓的市场推广及客户联系大部分依靠网络系统的信息平台，不仅能为客户节省大量时间，也容易赢得客户的信任。

12.1.1　小猪短租：独一无二的社交住宿体验

　　"小猪短租"成立于 2012 年 8 月，隶属于北京快跑信息科技有限公司。"小猪短租"网是专业的日租、短租房在线预订平台，其移动端如图 12-1 所示。"小猪短租"在北京、上海等全国 13 个城市设有分公司，房源覆盖国内 130 多个城市。

图 12-1　"小猪短租"APP

　　"小猪短租"CEO 陈驰先前在赶集网旗下的"蚂蚁短租"任总经理，再之前是酷讯网管机票、酒店销售的副总裁。"小猪短租"在过去的运营中一直强调住宿过程中的社交关系，并积极培养发展个人种子房东，希望为拥有闲置房间的个人房东提供一个洽谈沟通的在线预订平台。

"小猪短租"为用户提供高性价比的短租房、日租房住宿服务，作为国内分享经济的代表，能帮租客和房东结交更多的朋友，并从他们那里了解到当地的交通旅游和美食信息，比住酒店更有趣；同时，在"小猪短租"上，用户还可以通过分享闲置的房源、房间或是沙发、帐篷，进行短租并获得了可观的收益。

"小猪短租"不但为房东和房客搭建了一个诚信、有保障的在线沟通和交易平台，还通过财产、人身安全保障方案及身份识别等机制建立了绿色平台生态系统，如图 12-2 所示。

"小猪短租"通过构建房东和房客间的社交关系，注重个人房东和房客同住一室的交互，为房客提供更具人情味的住宿体验，有效地将更多个人房东的闲置资源通过分享充分利用并发挥最大价值。

图 12-2 "小猪短租"的交互系统

专家提醒

　　短租已经不仅仅是一种住宿方式，也是一种新的生活理念与理财方式。在"小猪短租"的房源中，一些短租房是个人房东所有及自主出租，而个人房东将房间或公寓进行短租，主要目的可分为"以租养租"、"以租养老"、"以租养贷"、"以租养游"等。

2013 年 1 月，"小猪短租"网完成了晨兴创投近千万美元的 A 轮融资。2014 年 6 月 14 日，"小猪短租"完成了 1500 万美金的 B 轮融资，重新把社区短租 O2O 带回公众视野。作为短租 O2O 的"剩者"，融资后的"小猪短租"需要承担规范和教育行业的更大责任，也需要在消费变化升级后实时调整自我，等巨头入侵时做好充分应对挑战的准备。据悉，以"小猪短租"现在 50 人左右的团队，每月公司营收 60~70

万元，支付订单 8000~9000 单，客单价 700~900 元，这已经是一个很不错的成绩了。

12.1.2 住百家："共享经济"的短租模式

住百家成立于 2012 年 3 月，是一个面向国内旅客的境外旅行品牌，**通过"共享经济"模式，将出境自由行群体对特色民宿的需求与国外优质房源进行整合，帮助中国出境自由行旅客入住海外的短租公寓、民宿、度假别墅**，如图 12-3 所示。

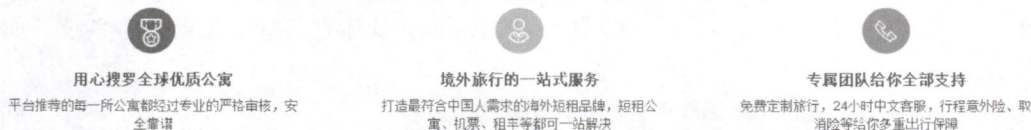

用心搜罗全球优质公寓
平台推荐的每一所公寓都经过专业的严格审核，安全靠谱

境外旅行的一站式服务
打造最符合中国人需求的海外短租品牌，短租公寓、机票、租车等都可一站解决

专属团队给你全部支持
免费定制旅行，24小时中文客服，行程意外险、取消险等给你多重出行保障

图 12-3　住百家的平台特色

目前，住百家平台在全球拥有数百万套精选房源，范围已覆盖欧洲、北美、大洋洲、日韩、泰国等地的 60 多个出境游热点城市，房源种类从普通公寓到特色欧式城堡等均有涉及。住百家 APP 如图 12-4 所示。

图 12-4　住百家 APP

住百家推出特有的"达人召唤"功能，让用户能迅速匹配到属于自己的旅行达人，分享旅行经验，随时随地聊天，得到专业实用的旅行建议、规划更地道的旅游行程，如图 12-5 所示。

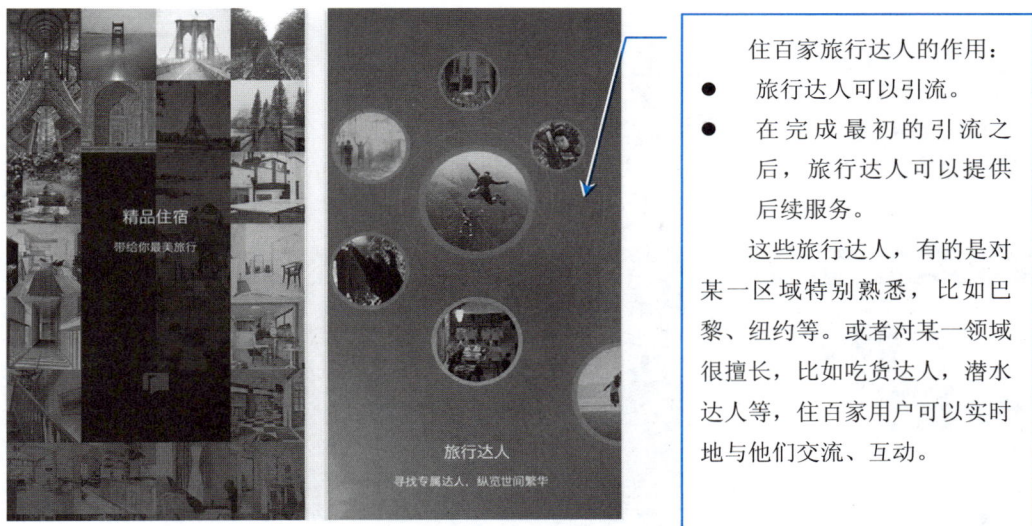

住百家旅行达人的作用：
- 旅行达人可以引流。
- 在完成最初的引流之后，旅行达人可以提供后续服务。

这些旅行达人，有的是对某一区域特别熟悉，比如巴黎、纽约等。或者对某一领域很擅长，比如吃货达人，潜水达人等，住百家用户可以实时地与他们交流、互动。

图 12-5　寻找旅行达人

住百家具有类似天猫的电商模式，其服务的是相对窄众的人群，更聚焦的用户范围，意味着住百家可以针对这批用户进行更深入、更具针对性的服务。住百家提供24小时中文客服、虚拟前台、旅行达人、当地管家等服务，消除海外游的语言障碍、不确定性，提高安全感。

住百家主要依靠增值和配套服务盈利，而不收取收房屋中介费。住百家 CEO 张亨德表示这是互联网经济催生的"主营业务毛利去零化"，换句话说，就是将住百家变成一个流量入口平台，用零佣金做房东与用户之间的媒介，并以极致的服务盈利。

12.2　长租公寓移动电商平台

"长租公寓"又名"白领公寓"、"单身合租公寓"，是近几年房地产三级市场一个新兴的行业，是将业主的房屋租赁过来，进行装修改造，配齐家具家电，以单间的形式出租给房屋周边的白领上班人士。

信息导读

主打长租公寓牌的有 YOU+国际青年社区、青客公寓、爱屋吉屋等；此外还有由地产商、房地产经纪公司发展延伸的长租业务，如万科的"万科驿"、链家的"自如"、我爱我家的"相寓"等。

12.2.1 YOU+公寓：主打线下社区概念

YOU+国际青年公寓成立于 2011 年 1 月，是一个面向现代都市青年的连锁生活社区，其微信端如图 12-6 所示。YOU+国际青年社区汇集了真诚、快乐、分享、奉献等社会生活急需的正能量元素，让生活于此的都市青年找到灵魂休息的温暖港湾。

图 12-6　YOU+国际青年社区的微信平台

YOU+公寓的商业模式是租房，租下整栋楼，通过"互联网思维"重新改造之后向青年人出租，主要针对参加工作不久的年轻人。**卖点是良善的公共空间和紧密的社区氛围，让年轻人之间更好地交流**，如图 12-7 所示。

图 12-7　YOU+国际青年社区展示

YOU+公寓于 2014 年 9 月获得小米科技联合创始人、董事长兼 CEO 雷军旗下顺为资本领投的 1 亿元人民币 A 轮融资。据公开报道称，雷军只花了 5 分钟便敲定了领投 A 轮融资的决定，并愿意担任 YOU+的顾问。

YOU+公寓创始人刘昕表示 YOU+一直在做一个正能量的事情，打造一个互助的平台，打造所有年轻人的家，以及对 YOU+将要做的 YOU+国际创业社区的未来发展定位，主打线下社区概念。

12.2.2　蘑菇公寓：社区 O2O 重构租房体系

2014 年初，"蘑菇公寓"一经面世，就立即引来沪上白领人群的追捧及关注。由平安投资创立的"蘑菇公寓"，作为沪上首家单身白领合租公寓，专注为沪上都市白领创造高品质居住生活。蘑菇公寓 O2O 模式则是通过在线官网、移动 APP，展现真实房源、透明公开底价，让用户高效选房、看房，如图 12-8 所示。

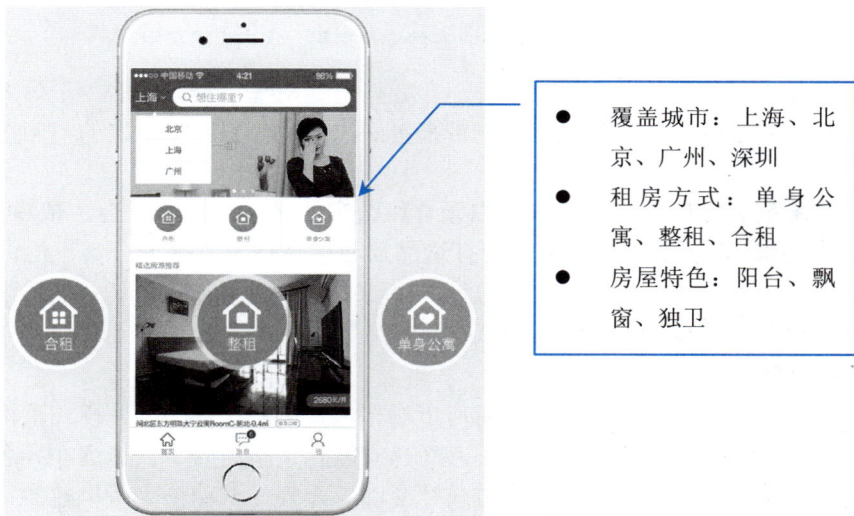

- 覆盖城市：上海、北京、广州、深圳
- 租房方式：单身公寓、整租、合租
- 房屋特色：阳台、飘窗、独卫

图 12-8　"蘑菇公寓"APP

目前，蘑菇租房基于 PC 和 APP 两个端口，以真实、诚信为基础，汇聚城市中整租、合租、单身公寓等不同类型的真实、优质租赁房源，为用户提供便捷的在线租房服务。同时，在业内率先推行付一押一、零佣金租房，线上 APP 提供水电煤缴费服务，如图 12-9 所示。

蘑菇公寓还有一个产品"蘑菇宝"。这实际上是一个银行监管的账户，租客只需每月把房租打进去。蘑菇公寓可以租金现流为抵押，从银行获得低息贷款，从而大大缓解资金压力。

图 12-9　APP 在线支付房租、水电煤等费用

　　另外，"蘑菇公寓"正在研发一套智能门锁系统，类似酒店门卡体系，与其中央管理系统打通后，可以给租住客户带来更好的入住体验，比传统的门锁更加安全、更加方便。

　　"蘑菇公寓"属于主打单身白领合租公寓的 O2O 服务平台，依靠"房屋托管+标准化装修+租后服务"为消费者打造品质租住生活。"蘑菇公寓"的商业模式是租下大面积成套公寓，装修升级，更换，诸如全部配置宜家的家具、品牌电器等，使之达到白领公寓标准，然后出租。"蘑菇公寓"运营半年多，便实现了从 0 到 4000 套公寓的井喷式业务增长。

　　"蘑菇公寓"打破了传统的租房市场格局，利用社区 O2O 模式重构租房体系。同时，"蘑菇公寓"通过线上线下活动建立趣味"蘑菇圈"，让远在异乡的都市男女相遇，彼此分享、互相成长，打造成社交圈。此外，蘑菇公寓所搭建的社交网络，也可以向婚恋、交友、求职等领域深入渗透。

12.2.3　爱屋吉屋：改革传统房产中介市场

　　"爱屋吉屋"于 2014 年 8 月由邓薇、黎勇劲、吴铮联合创立，他们分别是土豆网的前高级副总裁、CFO(Chief Financial Officer，首席财务官)和无线副总裁。"爱屋吉屋"的 O2O 模式为不设门店、线上拥有 PC 网站和移动客户端信息平台(如图 12-10 所示)、线下建立自属经纪人团队的轻中介 O2O 服务模式，以租房流程透明化、用户体验优化、效率提高为目标。

图 12-10　"爱屋吉屋"移动客户端信息平台

"爱屋吉屋"的手机租房流程如图 12-11 所示。

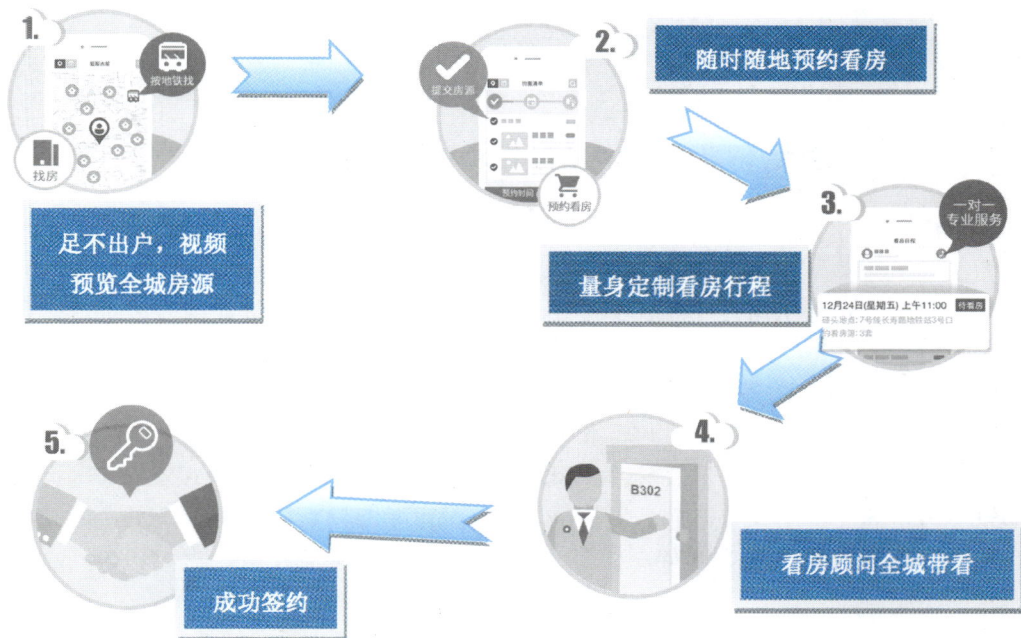

图 12-11　"爱屋吉屋"的手机租房流程

　　"爱屋吉屋"除了在线平台外，还建立了经纪人队伍和地推队伍。原因在于，"爱屋吉屋"团队认为，互联网发展到今天，仅做一个信息分发平台已经没有机会。房子是个非标准品，使用频次低，租房的影响因素很多，因此要保证房东和房客的服

务体验统一稳定，需要自建一个从信息发掘到服务成交全流程打通的专业服务。

在"爱屋吉屋"，维护房源和交易这两方面是分开的：做房源的人就做房源，主要与房东打交道；经纪人就是经纪人，主要与租客打交道。例如，"爱屋吉屋"以互联网思维和全新服务体系，自建上海及北京经纪人团队，以全新服务为用户找到满意的"家"。

12.3　钟点房移动电商平台

钟点房是专门给客人提供一个舒适的环境做短暂休息的，比如旅途中等车时间比较长，却达不到过夜的要求，就可以开钟点房，价格比较便宜，也节省时间。

信息导读

如今，随着人们生活水平的提高，在很多地方都会需要钟点房，比如近些年高考生父母为了孩子在高考的时候能有好的休息，便会开钟点房让孩子在两场考试中间得到更好的休息。另一方面，对于酒店来说，钟点房收获的利润往往会高于酒店普通房间的收入，因而钟点房的入住率提高是酒店喜闻乐见的事情。

12.3.1　订房宝：从 C2B 模式转向钟点房预订

订房宝(北京长为科技发展有限公司)是一款专注于钟点房即时预订的手机 APP，如图 12-12 所示。

订房宝最初采用与打车软件类似的 C2B 模式，用户可以按住话筒按钮说出类似"今晚要一间 300 元大床房，明天下午四点的飞机，最好延迟退房到三点"的需求，附近酒店收到用户的语音后，就会根据当日剩余房间的情况给出符合用户报价的房型，最后用户可以选择看中的酒店下单，然后酒店会与用户沟通入住细节。

订房宝在经过市场调查后发现，2013 年国内酒店行业整体规模接近 3000 亿元，而钟点房市场能占到 3%~10%，也就是说，这个市场的规模在 100~300 亿元之间。一个酒店现在每天平均有 5 间钟点房的供应需求，而差旅、情侣等用户也存在钟点房的大量需求。

订房宝与市面上的其他酒店预订应用的不同之处在于，在钟点房领域将市场细分，涵盖了主题情趣、酒店式公寓、星级酒店以及连锁酒店等多种品类，**为不同需求的钟点房用户提供多样化产品，填补了钟点房在线预订领域的空白**。订房宝的产品不仅能够提供最准确的钟点房房态，而且拥有比团购还优惠的价格。

图 12-12 订房宝 APP

　　尽管钟点房在各大 OTA(Online Travel Agent，在线旅行社)中的订单量尚没有显著增长，甚至钟点房仅仅在销售人员酒店打包协议中而不成单独品类，但各家纷纷看重的正是由"开房"衍生的增值场景。钟点房作为本地生活的重要场景，其战略价值不言而喻。

　　另一方面，"互联网+"已经成为时下最热的流行语，而移动互联网也已经融入人们生活的方方面面，深刻改变了人们的生产和生活方式。作为新兴的服务模式，订房宝的手机客户端订房不仅可以满足用户随时随地订钟点房的需求，也能降低用户的订房成本。

12.3.2　有间房：基于 LBS 的钟点房预订 APP

　　有间房是一款专注于高效查询、预订全国范围内快捷酒店钟点房、午夜房的移动应用，如图 12-13 所示。通过有间房 APP，用户可以获取附近最全面的钟点房信息，让用户在疲惫的时候更快捷地预订钟点房，获得更舒心的生活。

　　有间房提供的服务非常简单，根据地理位置为用户推荐最近的钟点房，并标示出价格，用户找到合适的房源后，可以通过手机支付直接完成钟点房预订，如图 12-14 所示。除此之外，有间房还会自动判断房源种类，8:00~18:00 为钟点房预定时间，18:00 到次日 08:00 自动切换为午夜房预订模式。

　　有间房采用**基于地理位置、随时随地式的移动预订服务模式**，完美地解决了用户日常出差候车、上班午休、情侣约会等临时性场景对钟点房的迫切需求，带给用户实惠、便捷的住宿体验。

图 12-13　有间房 APP 的主要特点

图 12-14　通过手机支付直接完成钟点房预订

　　目前，钟点房预订市场规模超过 100 亿元，而且很多酒店都在提升钟点房的出租率来增加盈利，对有间房的产品模式均已接受，消费者也对有间房的服务模式颇为欢迎，在如此强烈的内外需求的驱动下，有间房的市场前景不容置疑。

12.3.3　今夜酒店特价：主打尾单交易和特价

"今夜酒店特价"是一款基于移动互联网的钟点房手机预订平台，如图12-15所示。与传统酒店预订服务中越提前可能获得越高的折扣不同，"今夜酒店特价"推出的服务颇有颠覆性。用户可以在每天晚上6点后预订当天的酒店剩房，可以根据距离远近、星级、价格、酒店风格等个人喜好，方便地查找和预订这些特价房间，以接近经济型酒店的低廉价格享受更舒适的一夜。

图12-15　"今夜酒店特价"的APP界面

"今夜酒店特价"是一个典型的移动互联网的应用APP，但又不是普通的移动应用，准确的定义应该是O2O应用APP。APP的两头分别联系着酒店和普通的消费者，酒店把当天晚上6点钟还卖不掉的剩房租权便宜地出售给O2O线上平台(即"今夜酒店特价")，O2O线上平台再以正常预订价格4~7折的实惠价格卖给消费者。另外，从现金流上看，手机支付现金流在O2O线上平台自己手上，因此没有账期的压力，运营成本也比较低。

在这样的O2O模式中，酒店盘活了本来会浪费掉的库存，消费者得到了高性价比的房间，"今夜酒店特价"线上平台则从中赚取了差价或佣金，最终实现三方共赢。可见，类似"今夜酒店特价"APP应用等模式大都是一种轻型O2O模式，因此创业企业不能只做一个局限于媒介功能的线上平台，而还是要建立自己的销售团队，掌握线下资源，这样才能形成自己的核心竞争力。

娱乐移动电商：数字娱乐生活的魅力所在

第13章

在新兴的文化产业价值链中，数字娱乐产业是创造性最强、对高科技的依存度最高、对日常生活渗透最直接、对相关产业带动最广、增长最快、发展潜力最大的部分。如今，通过手机预订电影票、演出票、玩手机游戏等，已经成为人们文娱生活中的重要部分。

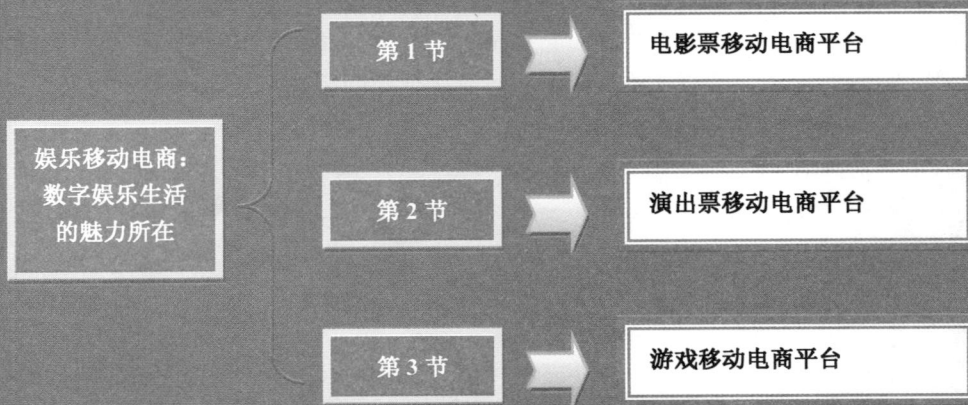

娱乐移动电商：数字娱乐生活的魅力所在

第1节 ➡ 电影票移动电商平台

第2节 ➡ 演出票移动电商平台

第3节 ➡ 游戏移动电商平台

13.1　电影票移动电商平台

2015 年上半年，中国电影市场票房已达 203.63 亿元，同比增长 48.17%，2015 年中国电影票房总收入已达 400 亿元。

信息导读

2014 年，移动互联网彻底爆发，电影票作为需求增长率最高的服务类别，上演了一场场巅峰对决。2015 年，电影行业经历了互联网化的升级和改造，越来越多的用户开始习惯通过手机端购票和选座。猫眼电影、手机百度、微信电影票轮番轰炸，淘宝电影、时光网、格瓦拉等纷纷崛起并投入推广资金参战。经过一轮疯狂厮杀后，手机购买电影票和实时选座、支付的服务，正取代传统的电影院购票渠道，成为主流方式。

13.1.1　格瓦拉：从电影票切入 O2O

格瓦拉生活网(Gewara)隶属于上海格瓦商务信息咨询有限公司，是国内第一家融合信息资讯、用户社区和商家互动的生活网络平台。目前格瓦拉生活网包括电影、演出和运动场所等生活平台。用户在手机 APP 中选好影院和场次及座位，进入订单确认页面后输入手机号，提交订单，即可凭收到的取票短信到影院自助取票机取票，如图 13-1 所示。

图 13-1　格瓦拉的使用流程

格瓦拉生活网以追求最佳的用户体验为目标，**不断提升在线订票的人性化、易用性，是消费者安排自身娱乐生活最亲密的网络伙伴，是商家和消费者之间最直接的网络互动平台**，其移动端如图 13-2 所示。

格瓦拉生活网不仅是一个在线票务平台，还将贯穿观影全程的服务链打通，有望成为电影业背后的数据仓库，营造一场票务 O2O 的变革。格瓦拉 3 个针对用户的产品——网站、移动端、取票机，正是基于这条线索而设的。网站和移动端"格瓦拉@

电影"为用户提供资讯和购票服务，在取票机取票后服务终止，之后再促使用户回到网站及移动端。

图 13-2　格瓦拉移动端

2015 年 12 月 17 日，北京微影时代科技有限公司和上海格瓦商务信息咨询有限公司宣布正式合并。微影时代科技有限公司的主要产品是基于微信钱包和 QQ 钱包的电影票，通过将购票入口设置在大型社交平台上，可以将大量的用户与电影相连接，如图 13-3 所示。

图 13-3　QQ 钱包的电影票

13.1.2　猫眼电影：让看电影互联网化

继红包之后，电影市场成为互联网企业的另一个支付战场。来自国家电影专项资金办公室的数据显示，从 2015 年大年初一到大年初五，全国票房累计收入 14.91 亿元，打破了 2014 年春节 7 天电影票房 14.1 亿元总和。由此可见，电影票选座业务可以肯定将成为 2015 年 O2O 方向的新战场。

随着电影业务的快速生长，"团购"这件外衣已经无法容下它日渐庞大的身躯，因此"美团电影"改名为"猫眼电影"。改名意味着对这家中国最大团购网站而言，电影业务已经不只是众多团购业务的一部分，而是一个独立的新生命。

2015 年春节档期间，以大众点评、美团猫眼为首的互联网公司推出的各种 9.9 元、19.9 元特价电影票直接接刺激了票房。其中，"猫眼电影"APP 是美团电影的全新升级，为用户提供最全、最新的影片资讯，数千家影院的放映时刻表，以及电影团购、电子兑换券和在线选座服务，如图 13-4 所示。

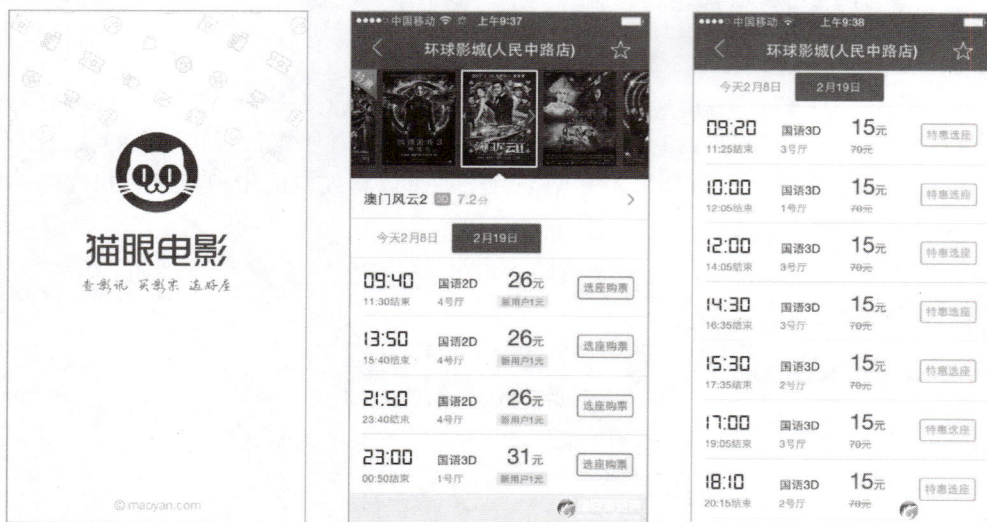

图 13-4　"猫眼电影"APP

"猫眼电影"提供全国 1400 家影院在线选座服务，超过 4000 家星级影院的上映排期、交通指南以及团购优惠信息。另外，美团"猫眼电影"每周都有低至 2.5 折的抢票活动，并提供超值的购票团购和优惠券，让每一位消费者获得真正的实惠。

"猫眼电影"利用在线选座作为切入口，并加入"团购"因素，利用低票价解决中国电影票太贵这个"痛点"，使得"看电影，先从网上买票"变成一种习惯。 在线选座则更进一步，让看电影这件事真正地互联网化：用户在手机上选座、购票、支付、拿到验证码，整个过程十几秒即可完成。到点去电影院的出票机取票，也是几秒钟的事，并且全程不需要人工参与。

　　"猫眼电影"这个从团购中生出来的新生命，它的成长过程既是一个绝佳的 O2O 标本，也给整个团购行业转型创造了新的可能。

13.2　演出票移动电商平台

　　在移动电商兴起的今天，传统得不能再传统的演出行业，也开始尝试与时尚接轨，尝试与产业跨界，尝试在移动互联网中找到更多的潜在观众。

> **信息导读**
>
> 　　未来，演出机构只有创作符合观众需求的好产品，更多地依靠观众购买力和消费意愿来推动演出市场发展，才能赢得市场。在移动互联网时代，演艺产品的操作惯性正在被打破，需要以新的创新思维和手段来迎接市场挑战。随着移动支付应用的推广、电商企业移动端布局力度的加大，以及独立移动端平台的发展，众多演出机构和票务机构将移动票务引入传统演出票务市场，使演出票务销售更加便捷化、智能化。

13.2.1　西十区：聚焦"现场文化娱乐"领域

　　西十区是一个聚焦"现场文化娱乐"领域(文化演出和体育赛事)并专业化打造的票务交易平台，不光可以买票，还可以卖票，同时，也是国内第一个打通在线营销与票房的一站式票务枢纽，如图 13-5 所示。

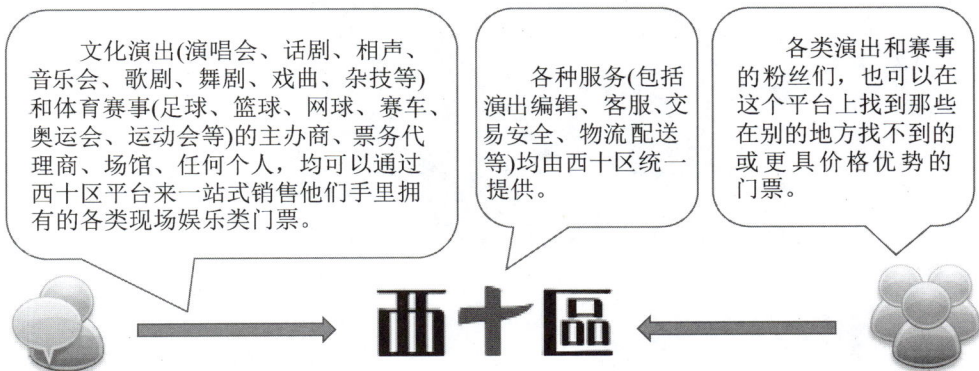

图 13-5　一站式票务枢纽

　　西十区 APP 的功能特性如图 13-6 所示。

尾票：西十区尾票的票品靠谱，信息真实，所有尾票均现场取票，即到即拿。

卖票：买了票没空看怎么办？西十区为用户提供全方位的卖票服务，专业卖票平台，更便捷、安全、贴心。

买票：西十区是一个公平、自由的市场平台，热门的票务可以溢价，冷门的票务可以打折，一切都以市场的自由交易为出发点，由卖者承担自由定价的市场风险。

图 13-6　西十区 APP 的功能特性

　　西十区是国内第一个采用"水母模式"(B2B2C 兼 C2B2C)的电子商务交易平台，如图 13-7 所示，致力于更好地释放文化演出和体育赛事门票的商品属性和文化感觉，更好地服务于相关行业链条的各个环节，从而更好地繁荣文化产业，丰富人们的文化生活。

西十区首先是一个大的一站式交易平台，这类似于水母大大的圆盖子。

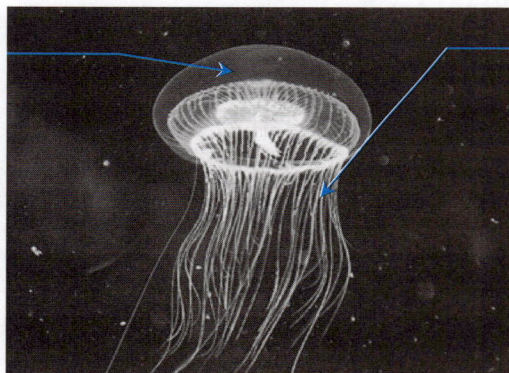

西十区基于自身所独有的交易行为数据库，可以为上游演出机构提供各类产业链服务，包括定价方案、营销方案以及票房打通等，这类似于水母的一根根长长的触须。

图 13-7　"水母模式"

13.2.2　永乐票务：聚焦"现场文化娱乐"领域

　　永乐票务是以商业演出活动及体育比赛项目运营和相关票务营销为主体业务的文化公司，具有超过 50000 场文化演出、体育活动的票务运营经验，已成为中国 LIVE 娱乐票务领域的知名品牌，如图 13-8 所示。

演唱会　话剧　亲子　缤纷演艺　相声　交响乐　音乐剧

娱乐、演艺活动丰富多彩，快捷、可靠、方便的一站式娱乐购票

图 13-8　永乐票务的演出类型

　　永乐票务作为发展迅速的票务公司，是中国较早从事网络订票服务垂直化、专业化、国际化的票务门户平台，如图 13-9 所示，并且在北京、上海、广州、南京、成都、重庆、郑州等城市占据庞大的市场份额。

永乐购票

永乐票务所涉及的业务包括演唱会、电影、文艺演出、体育赛事、交通五大领域。

提供优质购票服务
已成为中国LIVE娱乐票务领域的翘楚

图 13-9　票务门户平台

　　目前，永乐票务已经建立了集移动互联网电子商务平台、客户服务呼叫中心和配送中心、大客户业务直销团队、二级分销网络和战略合作伙伴于一体的全方位的营销

网络体系，并正逐步建立集 B2C、B2B、C2C 模式于一体的交易平台，形成一整套多元化的信息商务服务体系。

同时，永乐票务的移动终端不但可以拉近演出机构与消费者之间的距离，还可以了解消费者诉求、细分消费人群、扩展票务营销思路。如今，**移动电商使票务销售不再集中于大型票务机构，由相同艺术门类的演出机构或工作室组建的小型、专业化票务销售体系也逐渐成为票务市场的新力量。**

另外，演出机构或票务平台还可以利用微博、微信等新媒体进行项目宣传，既可使表演者、创作者、演出机构与观众深入互动，又能有效地控制宣传成本，实现了点对点促销。

13.3　游戏移动电商平台

2014 年是中国移动游戏市场快速发展的一年，移动终端的快速普及培养了大量的基础用户；移动游戏产品的丰富性、类型的多样化，也促进了由移动终端用户向移动游戏玩家的转化。

信息导读

随着智能手机在全球范围内迅速普及蔓延，国内手游行业也从蓝海市场逐渐转为红海市场。易观智库发布的《2015 中国移动市场年度综合报告》从研发商、手游市场、发行商多角度对中国移动游戏进行了分析和预测：报告预计 2015 中国移动游戏市场规模将达到 412.5 亿，同比增长 40.5%；2016 年将达 523.7 亿元，较 2015 年增长 27.0%；2017 年市场规模将超过 668.3 亿元，同比增长 27.6%。

13.3.1　梦幻西游：游戏与影视行业的跨界营销

《梦幻西游》是一款由中国网易公司自行开发并营运的网络游戏。游戏以著名的章回小说《西游记》故事为背景，透过 Q 版的人物，试图营造出浪漫的网络游戏风格。《梦幻西游》拥有注册用户超过 3.1 亿，一共开设了收费服务器 472 组，最高同时在线人数达 271 万，是当时中国大陆同时在线人数最高的网络游戏。

《梦幻西游手游》是由网易游戏基于原端游《梦幻西游 2》开发的一款回合制角色扮演手机游戏，于 2015 年 3 月 30 日开启全平台公测，如图 13-10 所示。该游戏在中国大陆由网易游戏运营，收费模式为免费。

图 13-10   《梦幻西游手游》

《梦幻西游手游》突破了常见的游戏营销方法，还通过与知名网剧《仙剑客栈》进行剧情、广告等植入合作，实现了游戏与影视行业的跨界营销，如图 13-11 所示。这种植入营销不但增加了推广的娱乐性，让观众更易于接受，同时对《梦幻西游手游》也产生了更直观的认识。

剧前贴片广告

加入梦幻西游手游 COSER 配合植入内容

图 13-11   《仙剑客栈》植入《梦幻西游手游》广告

在移动互联网的所有行业中，移动游戏是商业模式最为成熟的领域之一。随着WiFi、3G 乃至 4G 的普及和智能手机渗透率的提高，用户已经逐渐养成了在手机上玩游戏的习惯。

目前，**游戏已经成为在智能手机上启动最为频繁的应用类型之一**。像《梦幻西游手游》这类免费增值为主导的移动游戏商业模式日渐成熟，加快了游戏在玩家群体中的传播，并间接促成用户后续付费习惯的养成。

据悉，《梦幻西游》iOS 上线仅 3 日，便获得 iPad、iPhone 免费榜、畅销榜等榜单第一，公测次日，用户破百万同时在线，首周创 160 万元新高，日流水突破 2000 万元，这样的成绩不仅与其 IP 优势有重要关系，也离不开这类影视与游戏之间的跨界合作。

13.3.2　天天酷跑：手游与电商化营销无缝融合

《天天酷跑》是由腾讯游戏研发的一款休闲类手机跑酷游戏，如图 13-12 所示。《天天酷跑》在沿袭传统玩法的基础上，特别加入了闪靓坐骑、萌动宠物等一系列心动设计，为玩家带来最为得心应手的跑酷体验。

图 13-12　《天天酷跑》游戏

在《天天酷跑》游戏中，玩家可以随时随地与微信、QQ 好友一起玩，抢占排行榜。《天天酷跑》贴心的交互功能可以让玩家与好友的关系更加亲密，分享炫耀可以让玩家备受好友关注，成为酷跑达人。

《天天酷跑》独具特色的社交玩法，如"排行榜"、"爱心互赠"、"高分分享"，则可让玩家一键将自己的游戏心得分享至微信朋友圈或 QQ 空间，让玩家真正感受到与好友一起游戏的乐趣。

另外，游戏中的虚拟商品并非实物，不需要运送的环节，只要在游戏内进行支付，就可即时获得，这是手游行业产品的优势。

《天天酷跑》自 2013 年 9 月 16 日上线后，在不到一天的时间内，便迅速登上了苹果应用商店 APP Store 畅销榜第一位，创下了腾讯移动游戏平台上首个占据畅销榜首位的游戏应用纪录。

移动单机游戏承担着为移动游戏引流的重要作用，其商业模式目前以游戏内广告为主。目前，中国移动单机游戏的商业变现一方面依靠运营商渠道资源，另一方面则在轻游戏平台出现之后，开始探索更多的变现模式，比如付费下载等。

例如，在 2014 年双十二期间，腾讯以报广形式打出一整版移动游戏双十二狂欢季宣传海报，这十二张海报涵盖了其包括《天天酷跑》在内的 12 款热门游戏。制造悬疑，引发话题，是电商营销模式中常用的规模性推广手段，如图 13-13 所示。

图 13-13　腾讯移动游戏双十二海报

移动游戏双十二狂欢季以前所未有的低价、超低折扣，回报玩家对腾讯移动游戏的热爱。这十二款海报已经点明了大致的游戏规则——着重争抢最犀利、最有价值的道具和游戏礼包。

腾讯还将常见的电商玩法用到移动游戏中，把手游与电商化营销做了一次无缝融合，如手游道具"提前购"、"秒杀"等双十一常用的营销手段。

随着中国市场中智能手机的普及和发展，移动单机游戏因其易上手、可玩性强等特点，承担了打开市场的重要角色。因此，电商化营销模式已成为其他行业寻求的新突破点，带动整个市场上行发展，不仅能稳固住老玩家，更能吸引外围玩家加入，持续地保持市场的增量。

旅游移动电商：商机
惠泽旅游业全产业链

第14章

移动电商做为新兴的电子化产业，发展的影响越来越大，尤其是移动电子商务与旅游行业的有效融合，更展现出了极为良好的发展势头，发展前景极为广阔。传统旅游业正搭载着移动电商这班"快车"，叩开一个更加方便快捷的消费市场。

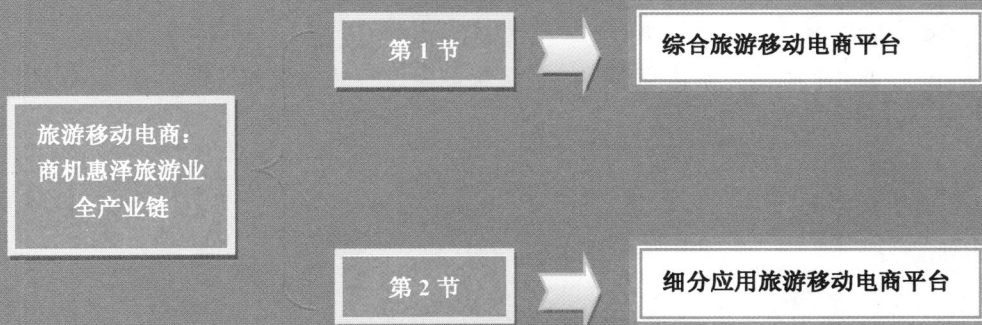

旅游移动电商：
商机惠泽旅游业
全产业链

第1节 ➡ 综合旅游移动电商平台

第2节 ➡ 细分应用旅游移动电商平台

14.1 综合旅游移动电商平台

根据艾瑞咨询发布的 2015 年第二季度在线旅游核心数据显示，2015 年 Q2 中国在线旅游市场交易规模达 1018.5 亿元，环比增长 12.2%，同比增长 39.3%。在当前的市场经济环境下，电子商务行业与旅游产业都是发展潜力极大、发展速度极快的新兴产业。**旅游行业与移动电商二者的有效结合，自产生以来，就获得了极为迅速的发展，呈现出积极的良好发展势头，并吸引了社会各界的热切关注。**

信息导读

　　随着移动电商在旅游业竞争态势的加强，未来的行业发展将"遍地开花"，但提前布局的旅游电商如携程网、去哪儿网、艺龙网、途牛旅游网等，凭借持续时间长、优惠力度大的促销行为，已经抢先占领了移动互联网市场。不过，市场的急剧扩充还是会留给传统旅企、APP 开发商和相关企业不少商机的，仍有待深度挖掘。

14.1.1 去哪儿：打造 O2O 式的旅游平台

去哪儿是一个旅游搜索引擎中文在线旅行网站，创立于 2005 年 2 月，为旅游消费者提供全面、准确的旅游信息服务，促进中国旅游行业在线化发展、移动化发展，如图 14-1 所示。

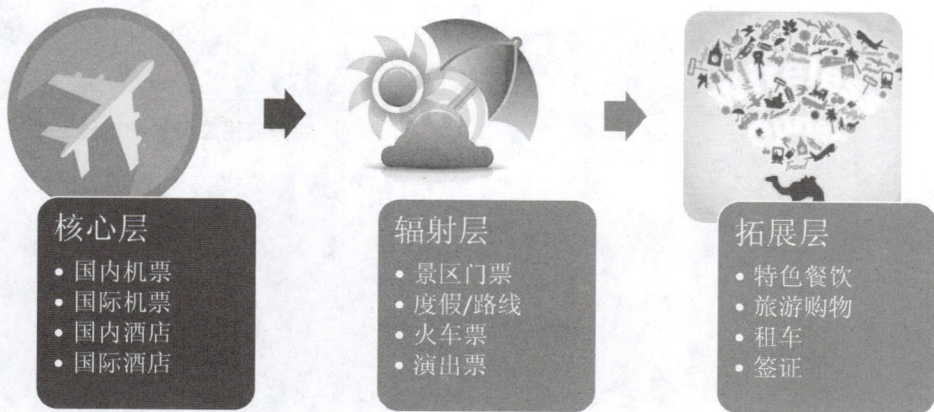

核心层
- 国内机票
- 国际机票
- 国内酒店
- 国际酒店

辐射层
- 景区门票
- 度假/路线
- 火车票
- 演出票

拓展层
- 特色餐饮
- 旅游购物
- 租车
- 签证

图 14-1　去哪儿的主要业务

去哪儿网的移动客户端——"去哪儿旅行"随时随地为用户提供国内外机票、酒店、门票、度假、接送机、租车、火车票和团购等旅行信息的深度搜索和便捷预订，打造吃住行游购娱一站式旅行平台，如图 14-2 所示。

图 14-2　"去哪儿旅行"APP

2015 年 7 月，去哪儿网与全国性旅游连锁机构旅游百事通联合推出的"联合旗舰店"在去哪儿网的 APP 上上线。去哪儿网与旅游百事通的合作，是线上平台和线下平台的合作，目标是要打造 O2O 式的旅游平台，如图 14-3 所示。

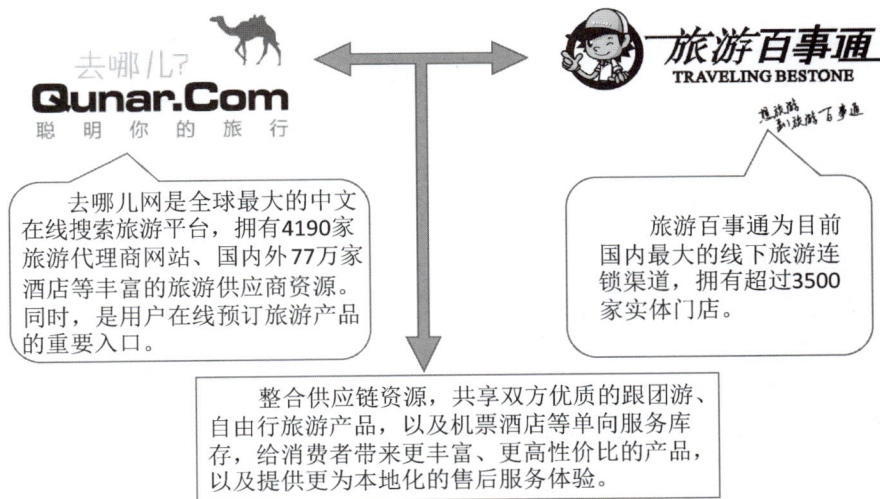

去哪儿网是全球最大的中文在线搜索旅游平台，拥有4190家旅游代理商网站、国内外77万家酒店等丰富的旅游供应商资源。同时，是用户在线预订旅游产品的重要入口。

旅游百事通为目前国内最大的线下旅游连锁渠道，拥有超过3500家实体门店。

整合供应链资源，共享双方优质的跟团游、自由行旅游产品，以及机票酒店等单向服务库存，给消费者带来更丰富、更高性价比的产品，以及提供更为本地化的售后服务体验。

图 14-3　去哪儿网与旅游百事通合作打造 O2O 式的旅游平台

14.1.2 携程："一站式服务平台"战略

携程旅行网成功整合了高科技产业与传统旅行业，向超过 9000 万会员提供集酒店预订、机票预订、度假预订、商旅管理、特惠商户及旅游资讯在内的全方位旅行服务，其移动端如图 14-4 所示。

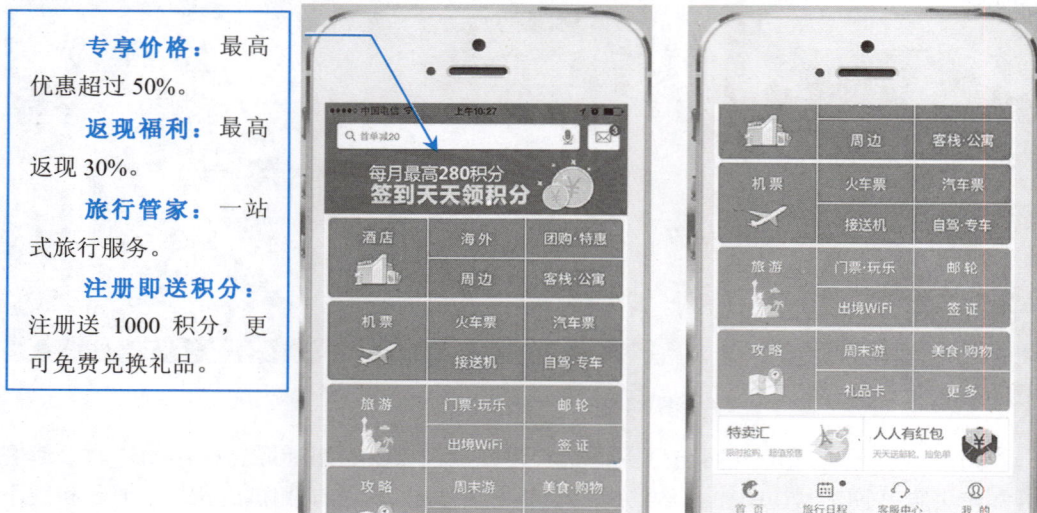

专享价格：最高优惠超过 50%。

返现福利：最高返现 30%。

旅行管家：一站式旅行服务。

注册即送积分：注册送 1000 积分，更可免费兑换礼品。

图 14-4 携程旅行网的移动端

专家提醒

2015 年 10 月 26 日，百度与携程达成股权置换，携程网和去哪儿宣布合并，合并后，携程将拥有 45%的去哪儿股份，百度将拥有携程 25%的股份。

移动电商正成为新的一代电子商务模式，手机让不同的应用场景成为可能，从酒店客房预订到景点搜索，从社区攻略到门票预订，传统的旅游服务开辟了手机终端这一战场，并且获得社会化媒体以及 LBS 定位的助力，对于传统旅游行业来说，正在形成一种革命性的力量。

移动电商时代应更注重服务，携程旅行网采用 O2O 模式，为消费者提供更注重服务的内容，携程的实践已经充分证明 O2O 对传统行业的巨大革新。携程旅行网经历了 O2O 的三个阶段和形态，如图 14-5 所示。

在智能手机和移动互联网时代，为旅游者提供 O2O 旅游服务越来越重要。旅游电商的客源争夺战，将从线上的传统互联网，向移动端转移。**电商"战场"的转移不仅不会影响旅游产业链条上各个供应商的利益，反而会带来全新的商机。**其中，尤其是标准化程度较高的机票、酒店、景区门票等，会率先尝到渠道扩张带来的甜头。

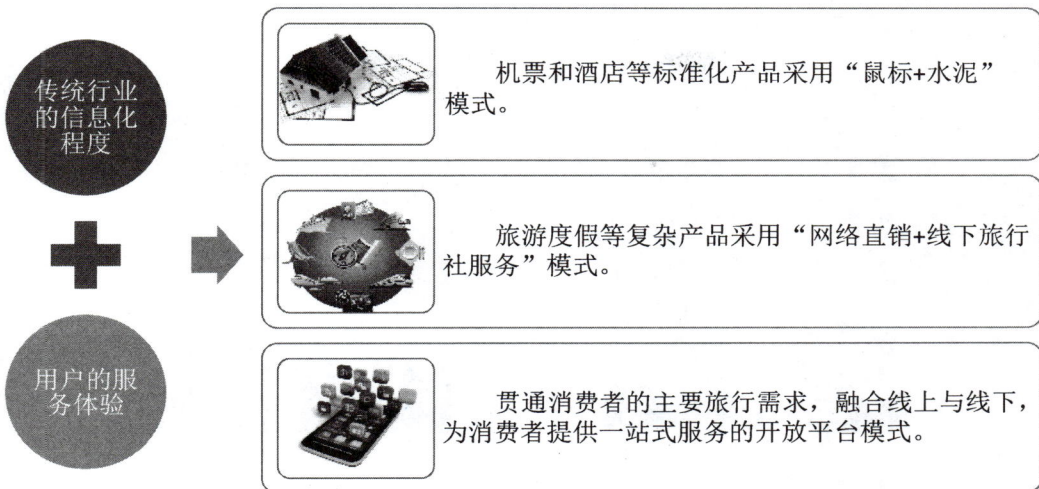

传统行业的信息化程度

＋

用户的服务体验

机票和酒店等标准化产品采用"鼠标+水泥"模式。

旅游度假等复杂产品采用"网络直销+线下旅行社服务"模式。

贯通消费者的主要旅行需求，融合线上与线下，为消费者提供一站式服务的开放平台模式。

图 14-5　携程旅行网 O2O 的三个阶段

14.2　细分应用旅游移动电商平台

　　2015 年，"互联网+旅游"来势凶猛，中国在线旅游市场交易规模已经达到 4237.2 亿元人民币。旅游行业中的得利者不单纯是旅游的直接从业人员、景区、旅行社和个别省份，随着移动电商的到来，旅游已经成为一个无边界的产业，正在迎来一个"旅游+"新时代，旅游产业融合带动能力日益彰显出来。

> **信息导读**
>
> 　　目前，旅游电商市场的细分领域非常多，如专注于出境游的世界邦、目的地规划的妙计旅行、周边游的周末去哪玩、结伴游的捡人、定制行程(游记)的在路上、旅行导购的布拉旅行等移动应用，都可以有效地为旅客提供旅游便利。

14.2.1　世界邦：旅行商城+自助工具解决出境游难题

　　世界邦是一家专门提供出境自助游商品和服务的交易平台，以提供"个性化行程定制服务，高性价比、高质量境外自助游"为目标，其 APP 如图 14-6 所示。世界邦的服务宗旨是：更好地服务于出境自助游旅行者，提高亿万国人的旅行质量。

图 14-6　世界邦 APP

　　世界邦与传统的旅游论坛及媒体有所不同，它通过打通境外服务提供商与旅行者之间的传统壁垒，**搭建帮助千万旅行者实现高性价比、高品质出境自助游的新型旅游社区和电子商务开放平台，从而推动出境游领域的产业升级**，如图 14-7 所示。

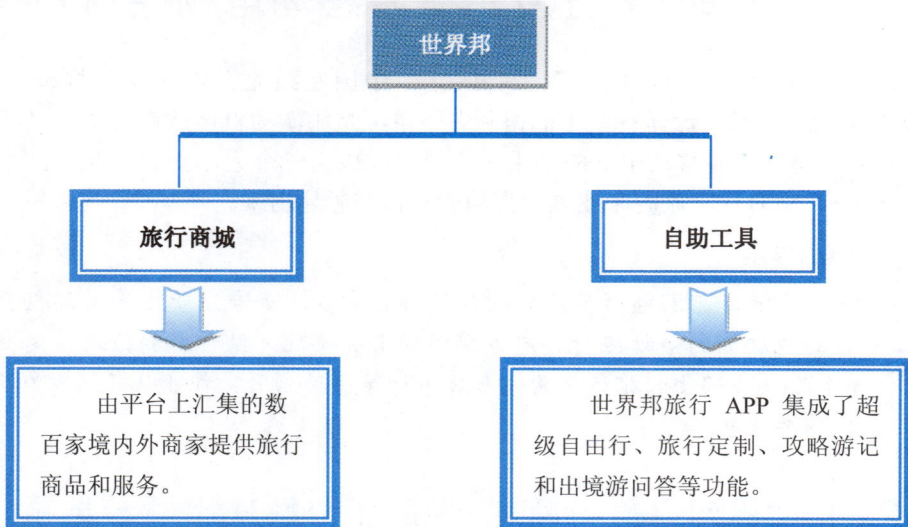

图 14-7　世界邦的境外游解决方案

14.2.2　妙计旅行：从旅行线路规划切入帮助用户省钱

　　妙计旅行是一个提供智能行程规划，一键购买行程内相关旅行产品的工具类应用，利用大数据和智能化技术，为用户生成出境游路线计划，并提供购买服务。如图 14-8 所示，为妙计旅行的微信平台。

妙计收集全球数十种语言的数亿旅行行业网页，通过语义理解技术挖掘出上亿信息节点的旅行结构化知识库，无论是飞机、火车、自驾，还是酒店、景点、餐厅，都会完美涵盖。妙计还会根据用户需求，帮用户定制最合理的线路安排，瞬间就能为用户产生个性化的旅行线路。

图 14-8　妙计旅行的微信平台

妙计旅行主要瞄准了行程规划这一痛点，收集覆盖全球数十种语言的数亿旅游网站数据，包括航班、火车、酒店、青旅等，实时更新收录各大热门目的地城市攻略，让用户及时掌握景点、餐厅、门票等各类信息，享受行程乐趣，如图 14-9 所示。

真正的自由

想要自由掌控行程节奏？
喜欢与众不同的游玩路线？
我们能满足旅行中的各种小任性，
同时让你享受最划算的价格。

六维计算

时间、位置、价格、
个性、口碑、旅行体验
六维协同计算，
助你快速选择最优行程方案。

客观透明

所有预订信息均来源于
第三方网站公开数据，
所有购买支付行为都在第三方进行

图 14-9　更智能的旅行方式

14.2.3　周末去哪玩：主打周边游线路预订服务

"周末去哪玩"是一家基于 PC 网站、WAP 网站、APP 和微信的短途旅游服务

平台，提供周边游线路预订服务，其 APP 如图 14-10 所示。

图 14-10　"周末去哪玩" APP

与其他 B2C 周边游网站不同，"周末去哪玩"**首先将移动端作为切入点，并在模式上做创新——与传统旅行社一起做周边游。**"周末去哪玩"采用新型的 O2O 模式，如图 14-11 所示。

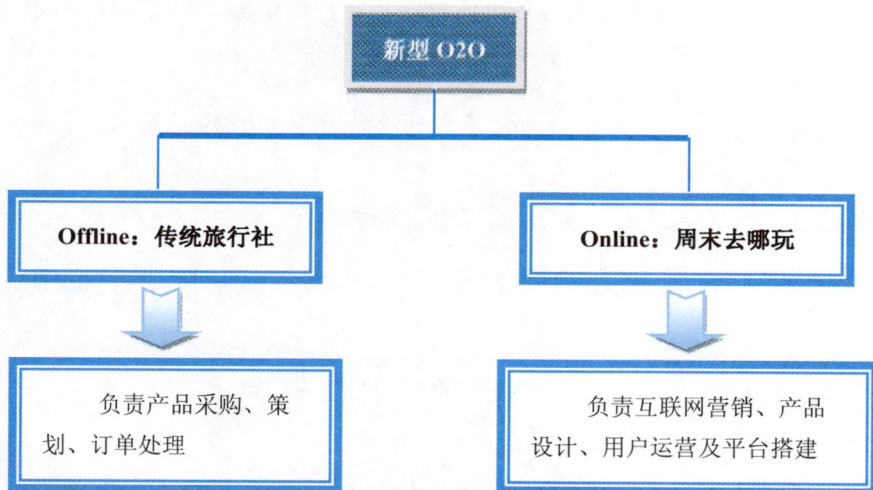

图 14-11　"周末去哪玩"的新型 O2O 模式

14.2.4　捡人：可在旅游前和旅游中结交伙伴

"捡人"是捡人网旗下的一款旅游 APP，于 2014 年 5 月 15 日上线，主打旅游社交，如图 14-12 所示。

图 14-12　"捡人"APP

快节奏的都市生活让旅游成为人们释放压力的常用方式，一个人的旅程或许太寂寞，因此，很多旅行者迫切希望途中有人陪伴，这样弥足珍贵的旅游机会就会变得充实而美好。

"捡人"APP 便是这样一款旅游社交软件，是覆盖旅行前、旅行中、旅行后的旅游社交软件。用户可以通过"捡人"APP 结识很多驴友，随时结伴去旅行，让旅途不孤单、不麻烦，其主要功能如图 14-13 所示。

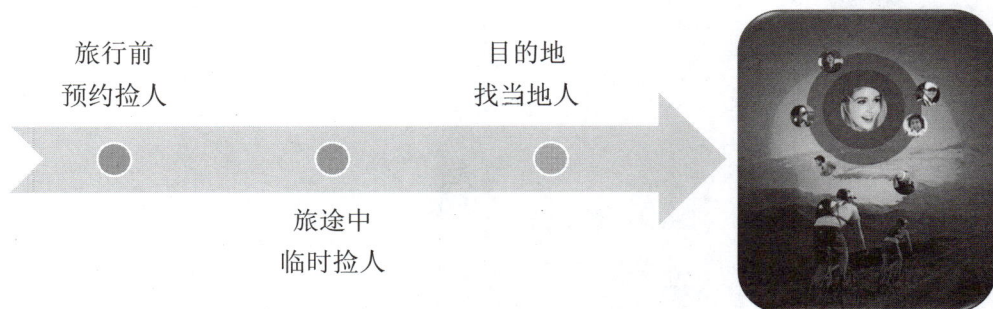

图 14-13　"捡人"APP 的主要功能

14.2.5　在路上：专注旅游行程记录和游记分享

"在路上"APP 是一款记录旅游行程的"神器"，就像发微博一样，它**可以帮助用户按照记录图文的时间和位置(坐标)进行系统的排列，在旅行结束时，用户就会有一份按时间轴和地图轨迹排列的图文游记**，如图 14-14 所示。

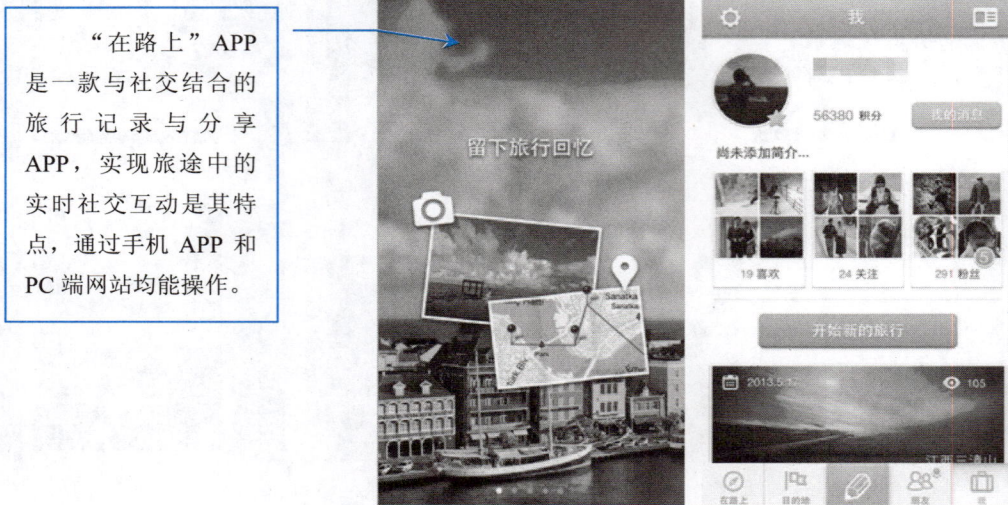

"在路上"APP 是一款与社交结合的旅行记录与分享 APP，实现旅途中的实时社交互动是其特点，通过手机 APP 和 PC 端网站均能操作。

图 14-14　"在路上"APP

用户发送的每条记录都可以同步到微信、微博、豆瓣、人人网等社交网络，还可以向朋友或者其他旅游爱好者分享自己的旅游心得，如图 14-15 所示。

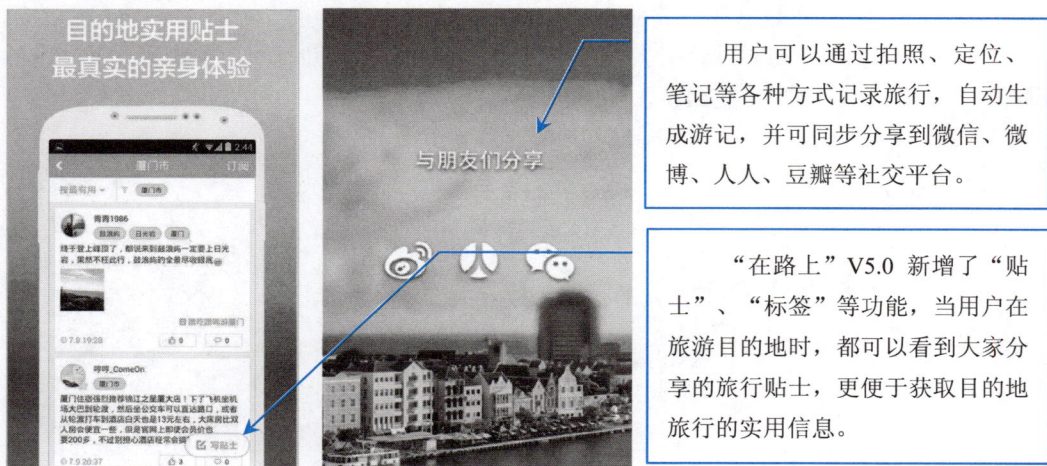

用户可以通过拍照、定位、笔记等各种方式记录旅行，自动生成游记，并可同步分享到微信、微博、人人、豆瓣等社交平台。

"在路上"V5.0 新增了"贴士"、"标签"等功能，当用户在旅游目的地时，都可以看到大家分享的旅行贴士，更便于获取目的地旅行的实用信息。

图 14-15　强大的社交功能

"旅·型"是"在路上"团队提出的一种新概念，即追求有个性、有态度的旅行方式和旅行路线，并将这种"有型"的正能量传播开来。"在路上"是目前国内同类旅游产品中上线时间最早、用户规模最大的一家，上线仅一年半的时间，就获得了500万用户，日活跃用户超20万，并一直在 APP Store 热门榜单上居高不下。

14.2.6　布拉旅行：小清新的旅行度假导购平台

"布拉旅行"是一款激发用户度假灵感的应用，被 TechWeb 称为"小清新的旅行度假导购平台"，如图 14-16 所示。

图 14-16　"布拉旅行"APP

"布拉旅行"网罗了国内各种有格调的度假酒店、精品酒店、温泉度假村和客栈，每日推荐高性价比的度假旅行产品，还内置了易用的旅行记事功能，可随时记录和分享出行体验。布拉旅行的主要特点是个性化定制和智能推荐，如图 14-17 所示。

个性化定制	因其目标人群和产品定位的原因，布拉旅行推荐的产品都是注重生活品质和特色的产品，而非追求"性价比"。可以满足注重品质、喜好特色的度假休闲客们的需求。
智能化推荐	在"布拉旅行"移动 APP 的基础上，有出行需求的游客只要输入旅游的起点和目的地，选择游玩时间、风格喜好以及预算费用，就可以获得一条符合以上要求的旅行路线。

图 14-17　布拉旅行的主要特点

医疗移动电商：大幅推动了医疗产业变革

第15章

2015 年，中国移动医疗产业风起云涌，产生了自上而下与自下而上齐头并进的局面，一时间，涌现出大批基于移动互联网的医疗 APP 和企业。从预防到看病、就医、恢复，大批互联网巨头和初创企业在移动医疗产业链的各个点上切入。

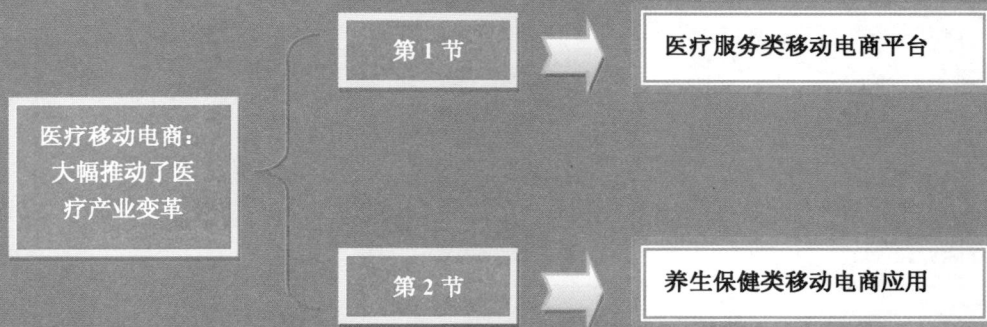

医疗移动电商：大幅推动了医疗产业变革

第 1 节 ➡ 医疗服务类移动电商平台

第 2 节 ➡ 养生保健类移动电商应用

15.1 医疗服务类移动电商平台

随着移动通信技术与移动智能终端的发展，移动医疗已经具备了大规模商用的基础。移动医疗能够更好地进行健康数据的收集和分析，有助于整个经济社会的发展。据分析预测，到 2017 年，全球移动医疗业务市场规模将达到 230 亿美元，在亚洲地区，中国将成为移动医疗业务需求最大的国家。

信息导读

移动互联网与医疗电商的结合无疑可以进一步提升医疗效率，优化诊疗流程。移动互联网最本质的特征就是连接一切，让患者、可穿戴设备、医生、医院和智能机器人可以随时随地实现连接，为患者提供更好的在线医疗服务，让"看病容易"成为可能。

15.1.1 挂号网：通过手机快速预约挂号服务

挂号网是国家卫生和计划生育委员会批准的全国就医指导及健康咨询平台和国际领先的移动医疗服务平台，其移动端"微医"APP 如图 15-1 所示。

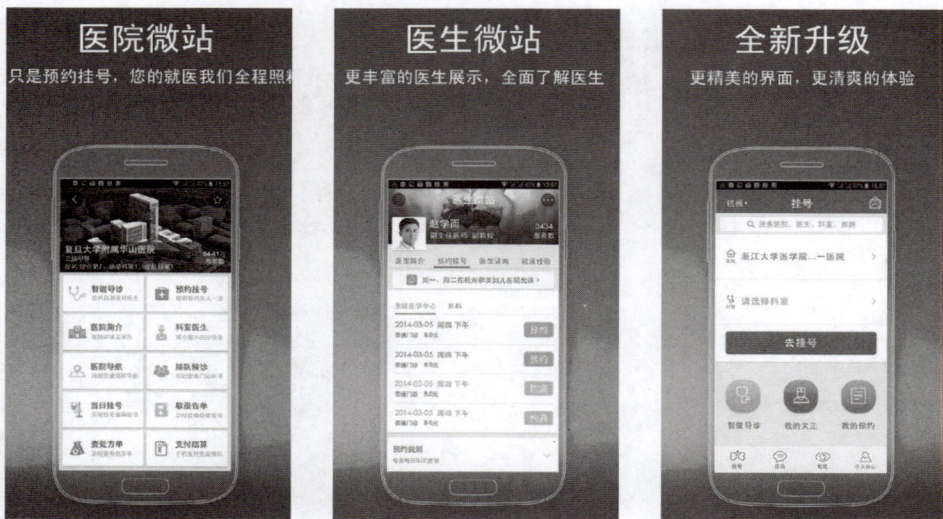

图 15-1 "微医"APP

挂号网已经与全国 23 个省份、900 多家重点医院的信息系统实现连接，拥有超过 3000 万的实名注册用户、10 多万名重点医院的专家，为超过 1 亿人次提供了分诊导诊、预约挂号、医疗支付服务。

"微医" APP 是挂号网的移动互联网入口，是以"微医院"、"微医生"和"微支付"为主要内容的移动医疗服务集合，也是专业的、开放的移动医疗服务平台，为全国的医院和医生提供标准的接口，为用户提供快捷、方便的移动互联网就医入口，为移动医疗产业链所有利益相关者提供合作纽带，其功能如图 15-2 所示。

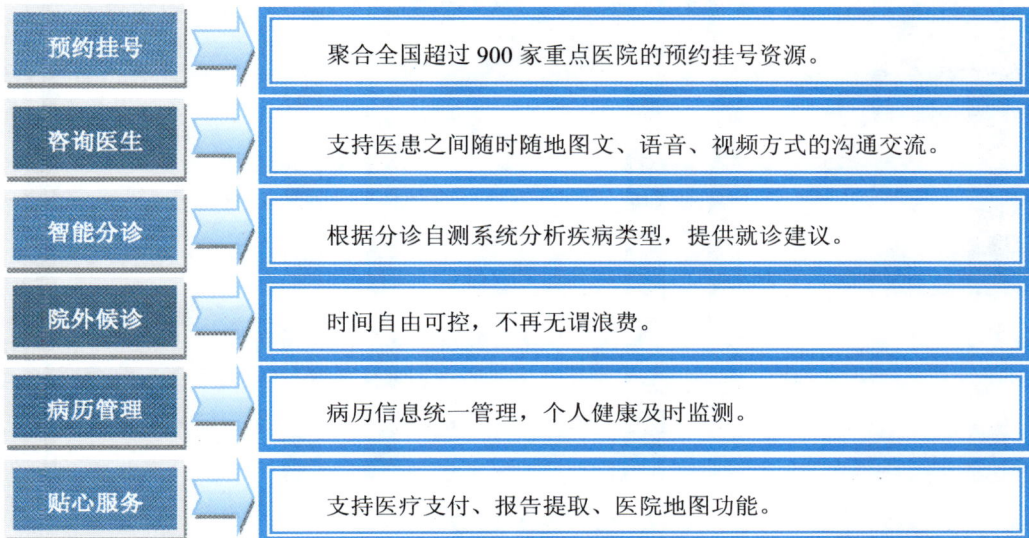

预约挂号	聚合全国超过 900 家重点医院的预约挂号资源。
咨询医生	支持医患之间随时随地图文、语音、视频方式的沟通交流。
智能分诊	根据分诊自测系统分析疾病类型，提供就诊建议。
院外候诊	时间自由可控，不再无谓浪费。
病历管理	病历信息统一管理，个人健康及时监测。
贴心服务	支持医疗支付、报告提取、医院地图功能。

图 15-2 "微医" APP 的主要功能

挂号网为庞大的精准用户群在诊前提供健康管理、在诊中提供就医服务、在诊后提供健康消费，通过与移动医疗产业链上相关机构的深度合作，逐步创建了全新的商业模式和行业生态圈，如图 15-3 所示。

挂号网通过移动互联网连接医院、医生、患者，促进三者间信息的高效共享，并提供最领先、最受信任的移动医疗服务，构建新型的中国医患关系和全新的移动互联网医疗服务模式，打造公众就医及健康生活第一平台和良性互动的医疗服务和健康产业生态圈。

图 15-3 挂号网的生态圈

15.1.2　春雨医生：推出垂直 APP 产品系列

春雨掌上医生是一款"自查+问诊"的健康诊疗类手机客户端，用户可通过 APP 查询自己或他人有可能罹患的疾病，免费向专业医生提问，如图 15-4 所示。

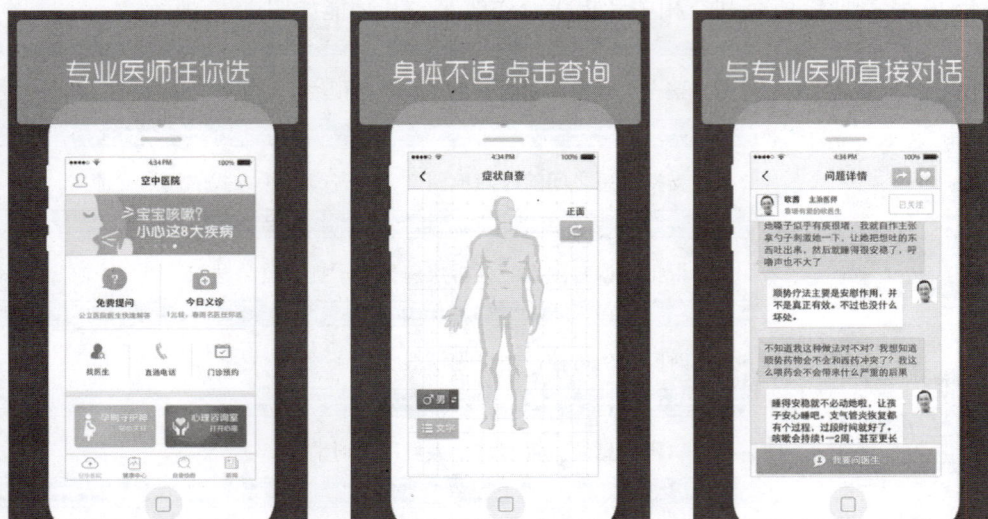

图 15-4　春雨掌上医生 APP

在国内起步较早的"春雨医生"，其 APP 已经聚集了千万级别的用户。未来，**春雨医生一方面会保持移动端的集中化入口，同时又将化整为零，推出由众多垂直细分医疗 APP 组成的产品群。**

目前，除了春雨掌上医生 APP 外，春雨医生还推出了一系列移动应用，如图 15-5 所示，希望通过移动医疗技术，帮助用户实现自身的健康管理，致力于为用户提供更优质、经济、便捷的健康服务。

春雨两性医生　　春雨孕期医生　　春雨育儿医生　　春雨悦读　　私人医生-医生版　　客厅医疗

图 15-5　春雨医生移动应用系列

例如，针对目前没有医疗需求的正常人群，春雨医生开发了一款名为"春雨计步器"的健身 APP，帮助用户记录每天的运动量，支持记录每日行走步数、自动测量卡路里消耗、步行高低峰时段实时显示，同时，还能与好友 PK 步数，如图 15-6 所示。

图 15-6 "春雨计步器"APP

春雨医生以服务为导向，通过更细分的 APP 为用户提供服务(而不是以商品售卖为导向)，并借助一系列的 APP 提高用户黏性，产生更好的价值，进一步集中服务高附加值、高质量的用户，让他们产生更多的消费转化，而不是试图满足更多长尾用户的需求。

15.2 养生保健类移动电商应用

随着社会物质生活水平的不断提高，人们对健康的关注度也越来越高，养生保健产业作为朝阳产业，有着广阔的发展前景和空间。

信息导读

健康是金，是人类最需要关注的领域，而科技真正的魅力就在于能够更好地改善人类的生活状态。随着智能手机等移动终端的大量普及，以及手机购物的兴起，移动互联网领域对于养生保健品的需求还将进一步扩大。在众多移动电商平台中，养生保健类应用越来越受人青睐。人们越来越注重健康养生，这也成为越来越多的移动互联网养生保健 APP 兴起的原因。

15.2.1 上门帮：随时在线预约上门保健服务

"上门帮"于 2015 年 1 月正式上线，是一款基于 LBS 提供上门足疗、中医推拿

的手机应用，如图 15-7 所示。

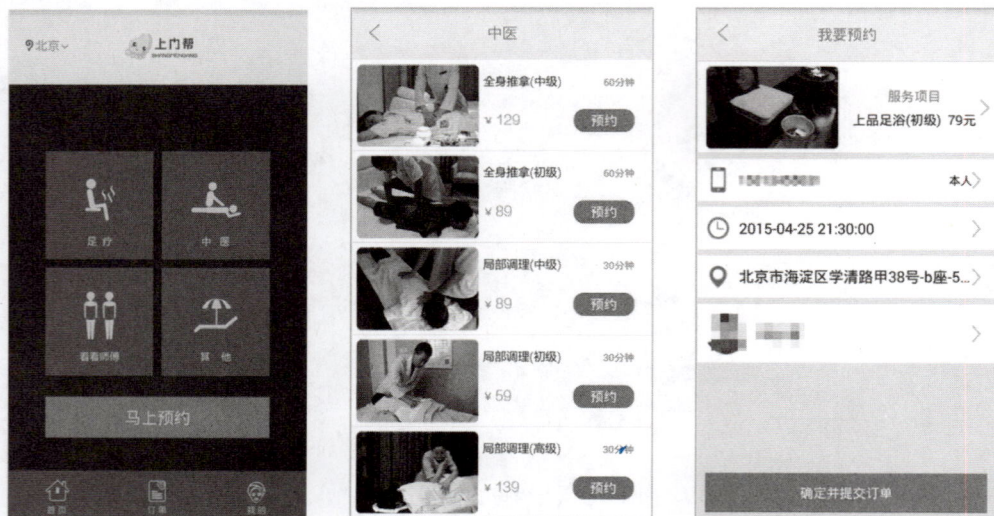

图 15-7 "上门帮" APP

"上门帮"的主要特色和优势如图 15-8 所示。

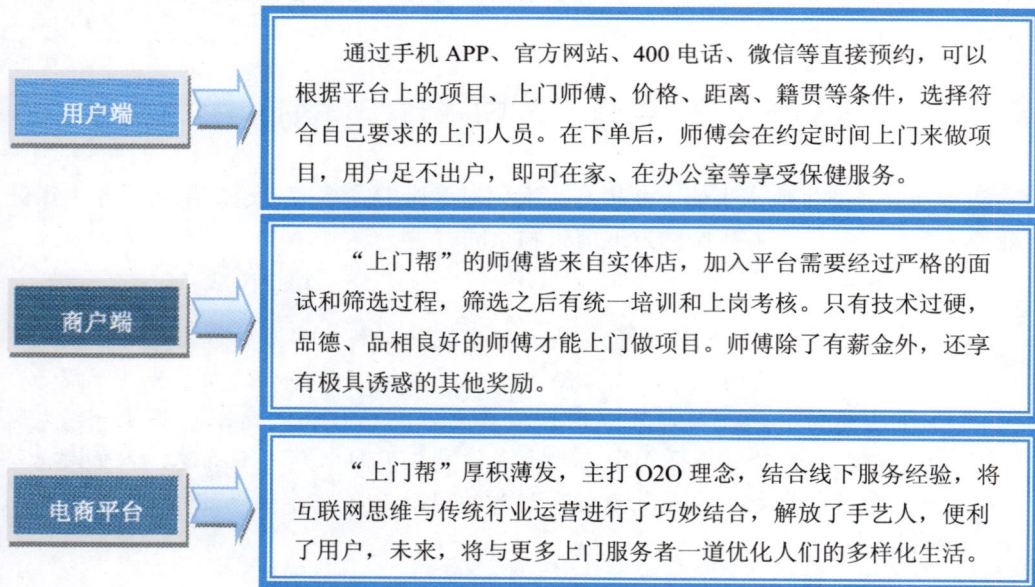

用户端 → 通过手机 APP、官方网站、400 电话、微信等直接预约，可以根据平台上的项目、上门师傅、价格、距离、籍贯等条件，选择符合自己要求的上门人员。在下单后，师傅会在约定时间上门来做项目，用户足不出户，即可在家、在办公室等享受保健服务。

商户端 → "上门帮"的师傅皆来自实体店，加入平台需要经过严格的面试和筛选过程，筛选之后有统一培训和上岗考核。只有技术过硬，品德、品相良好的师傅才能上门做项目。师傅除了有薪金外，还享有极具诱惑的其他奖励。

电商平台 → "上门帮"厚积薄发，主打 O2O 理念，结合线下服务经验，将互联网思维与传统行业运营进行了巧妙结合，解放了手艺人，便利了用户，未来，将与更多上门服务者一道优化人们的多样化生活。

图 15-8 "上门帮" APP 的特色和优势

"上门帮"是基于 LBS 的应用，结合实时定位追踪系统，师傅出发做项目前会做记录，一个项目做完了，后台会有提醒，若超过提醒时间，则会启动报警系统。另外，"上门帮"除了提供上门足疗服务外，还有中医推拿、刮痧修脚等项目，其服务项目分为初、中、高、特 4 个等级：初级和中级定价 30~100 元不等，用以满足普通用户的日常需求；高级和特级则满足顶级客户更高层次需求，偏向于定制化服务。

除了 APP 平台外，"上门帮"还凭借线下实体店发力做 O2O。实体店不仅可以作为前期蓄客的大本营，更是新客户尝试的一个窗口。"上门帮"上线初期，实体店的会员参与到 APP 内测中。很多对上门服务不放心的客户，在选择上门前，可先选择到实体店体验一把。

我们认为，**"上门帮"通过从线下打入社区 O2O，能从实打实的线下服务中快速戳中客户的"痛点"，同时配合线上的推广，是很有优势的，有望打破医疗健康服务 O2O 的现有局面。**

15.2.2　Zeo Mobile：提供移动睡眠监测和指导

科学研究发现，人们如果早上能在最合理的时间醒来，那么这一天他都会很清醒，相反则会昏昏沉沉。Zeo Mobile 就是一款睡眠管理应用，其解决方案包括戴在头上的带子和智能手机应用，如图 15-9 所示。

图 15-9　Zeo Mobile

- 睡眠监测：Zeo Mobile 由一个腕带和头贴组成，可以通过蓝牙与手机相连，记录晚上的睡眠周期，并给出一个质量评分。用户可以通过监测得分变化或与同年龄组的平均值相比较，对自己的睡眠有一个量化的了解，如图 15-10

所示。

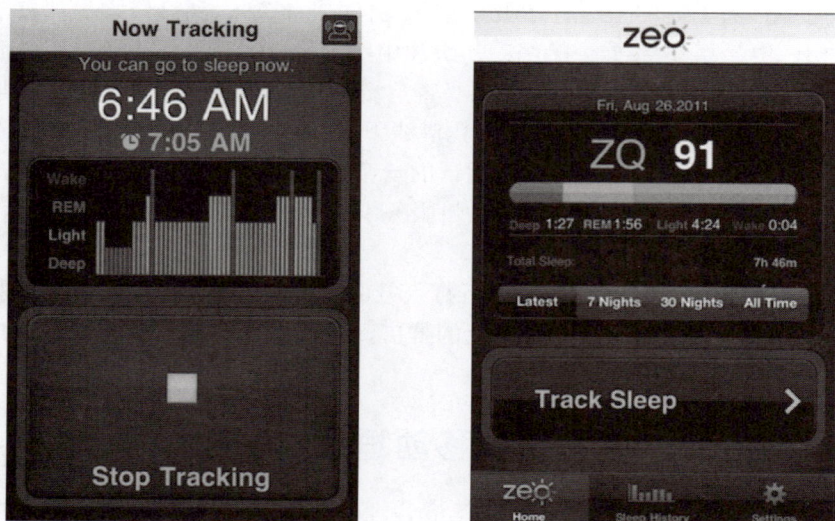

图 15-10　Zeo Mobile 智能手机应用

- 睡眠指导：Zeo Mobile 同时也会对于睡眠不好的人提供个性化的睡眠指导，通过一些测试，找到可能的问题。

　　根据中国信息通信研究院发布的《可穿戴设备研究报告》显示，2015 年，中国智能可穿戴设备市场规模为 125.8 亿元，增速高达 471.8%。从 2016 年开始，部分垂直领域的巨大潜力将开始释放，可穿戴市场将正式进入启动期，预计 2016 年可穿戴市场规模将达到 200 亿元。

　　智能医疗被认为是可穿戴设备的主战场，研究机构 IHS 预测未来医疗健康领域的可穿戴设备占可穿戴设备的份额将超过 50%。就目前来看，可穿戴设备依然徘徊在智能医疗的边缘。

专家提醒

　　目前，可穿戴医疗设备的一个明显的问题就是用户黏性不高，而解决方案则是让可穿戴医疗设备不仅能够随时随地实现与人体健康相关的监测，还需要提升其实用性、医学价值，对疾病的治疗产生真正的作用。

母婴移动电商：新格局中孕育着更大商机

第16章

根据日前百度数据发布的百度电商行业数据来看，妈妈人群在移动端的搜索量已经达到 77%，远超 PC 端，在各行业中母婴无线搜索占比排名第一。因此，对于那些想要进入母婴电商或者已经在做母婴电商的企业来说，必须抓住这一重要的机会。

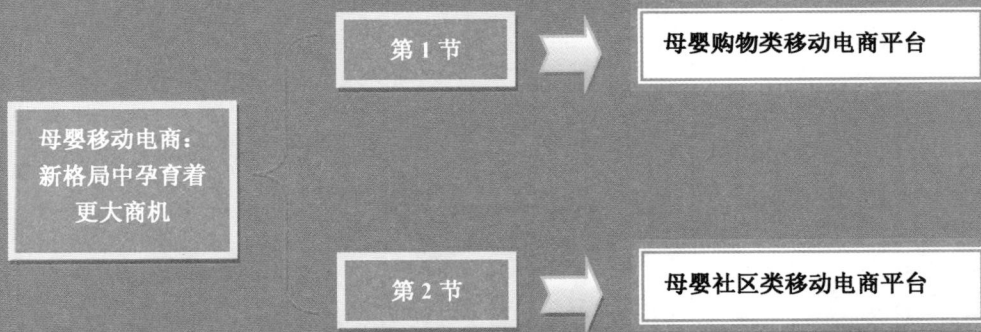

母婴移动电商：
新格局中孕育着
更大商机

第 1 节 ➡ 母婴购物类移动电商平台

第 2 节 ➡ 母婴社区类移动电商平台

16.1　母婴购物类移动电商平台

有数据显示，中国母婴领域一年有两万亿元的市场，中国女性的消费能力颇为汹涌。随着 80 后、90 后这些网购主流群体逐渐成为爸爸妈妈，同时，随着二胎政策的放开，这个市场的发展空间很大。

> **信息导读**
>
> 　　随着移动互联网时代的到来，年轻的母亲们都喜欢使用手机 APP，尤其是移动端的随意性和无局限性，更容易获得女性用户的认可，对于购物类母婴电商来说，开发移动端，并且增加移动端的黏性，是移动电商发展的时代需求。

16.1.1　蜜芽宝贝：母婴品牌限时特卖

蜜芽宝贝是中国首家进口母婴品牌限时特卖商城，每天在网站推荐热门的进口母婴品牌，提供低于市场价的折扣力度。如图 16-1 所示，为蜜芽宝贝的移动客户端。

图 16-1　蜜芽宝贝 APP

蜜芽宝贝主打进口中高端的母婴产品，以"精品+正品+限时特卖"的模式切入中高端母婴市场。

蜜芽宝贝新开辟了多个特卖频道，如"掌上限时秒杀"、"爆款推荐"等，每天精选多款热卖进口名品，以超低折扣的价格回馈给消费者，创造简单、放心、有趣的母婴用品购物体验，如图 16-2 所示。

另外，蜜芽宝贝还**兼顾趣味性，推出多彩的互动单元和不断升级的购物功能，让妈妈们的购物体验更加完美**，如图 16-3 所示。

> 限时特卖的模式，能大幅提高库存周转，降低经营成本，最终让利给妈妈们。

> 用户通过 APP 参与"猜品牌"、"寻找纸尿裤"等多款耐玩的趣味小游戏，拿到相应游戏分数，即可获赠对应的现金优惠券。

图 16-2　多个特卖频道

图 16-3　趣味性的购物体验

如图 16-4 所示，为蜜芽宝贝的最新动态。蜜芽宝贝的用户主要集中在一二线城市，在电商和社区业务中的用户行为具有很高的分析价值，很多品牌方将蜜芽当作母婴行业趋势和风向的标杆。蜜芽宝贝跨境电商业务数据反馈表明，绝大多数妈妈们信任跨境电商模式，购买频率和购买信心有显著提升。

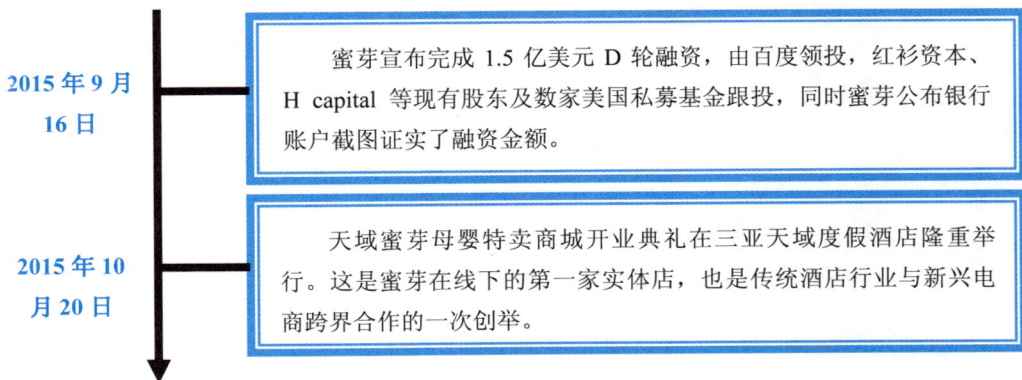

2015 年 9 月 16 日
> 蜜芽宣布完成 1.5 亿美元 D 轮融资，由百度领投，红杉资本、H capital 等现有股东及数家美国私募基金跟投，同时蜜芽公布银行账户截图证实了融资金额。

2015 年 10 月 20 日
> 天域蜜芽母婴特卖商城开业典礼在三亚天域度假酒店隆重举行。这是蜜芽在线下的第一家实体店，也是传统酒店行业与新兴电商跨界合作的一次创举。

图 16-4　蜜芽宝贝的最新动态

16.1.2　贝贝特卖：将用户向移动端转移

贝贝特卖是母婴特卖平台贝贝网的移动端，如图 16-5 所示，贝贝网由互秀电商、IDG 资本、高榕资本等联合投资成立。

贝贝特卖主要提供童装、童鞋、玩具、用品等商品的特卖服务，产品适用于 0~12 岁的婴童以及生产前后的妈妈们。

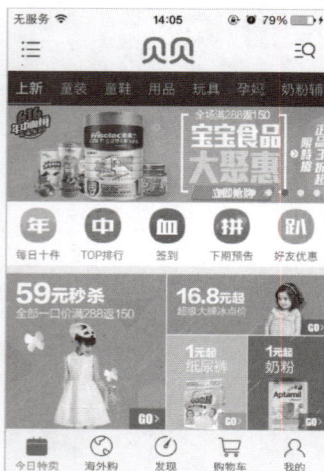

图 16-5　贝贝特卖 APP

通过贝贝特卖 APP，用户可以指定家里的小宝贝的性别或者正在孕育中的情况，贝贝特卖会有针对性地给用户推送最准确的商品信息，如图 16-6 所示。另外，贝贝网的跨境业务"海外购"目前已经在移动端上线，"海外购"业务目前主要是与国内有资质的供应商合作，而非直接找国外商家入驻，如图 16-7 所示。

为用户提供专属个人的商品推荐。

"海外购"频道的主营产品包括奶粉、纸尿裤、婴幼儿保健品、卫生巾等，覆盖花王、大王、诺优能、爱他美等广受大众欢迎的海外品牌。

图 16-6　个性化定制

图 16-7　"海外购"界面

随着消费者的成长、移动购物行为的演变，**让入口变得分散化，商品承载量在减少，用户的使用场景也更碎片化，用户浏览行为正在逐步取代搜索。**目前，贝贝网的销售主要是来自于移动端，占据了70%的销售额。

贝贝网CEO张良伦表示，"移动电商的优势，是拥有更好的活跃度和复购率、更有效的会员营销运营效率，不再需要海量用户，更无需海量商品。"

据悉，贝贝网未来将不局限于母婴类目，将尝试围绕妈妈群体提供多样化的产品和服务，在家居、日用等多个领域进行拓展，最终形成"一个核心点，多业务开花"的布局。

16.2　母婴社区类移动电商平台

随着80、90后人口逐渐步入育龄，母婴消费人群的消费内容、消费模式正在经历转变，一个新的机会敞口正在打开。同时，在移动端进行社交化布局和营销也是一种有益的尝试。毕竟社交模式聚集用户，年轻的妈妈们或许更愿意分享和共享。

信息导读

有数据显示，移动入口逐渐成为母婴电商的主要流量来源，母婴市场抢占了移动端入口。可以满足用户间实时互动分享、便利购物下单、即时信息获取和内容精准推送的母婴社区类移动电商平台正在成为新的需求，如妈妈圈、宝宝树时光、辣妈帮、宝宝知道等APP，它们可以提高母婴产品的复购率和用户忠诚度。

16.2.1　宝宝知道：备孕与带宝宝的好帮手

"宝宝知道"APP是由百度知道衍生的一款面向孕妇、0~3岁幼儿新手父母的专业孕育工具，如图16-8所示。"宝宝知道"与三甲妇产医院强强联手，通过技术与设计，将孕育过程中所需要的知识、工具、答疑等权威内容聚合起来，变为可视化和定制化的工具，呈现给新手父母。

"宝宝知道"APP是为妈妈们提供交流和传播婴幼儿养育知识、分享育儿心得和家庭生活体会的移动社区，具有"孕检提醒、身体检查、宝宝疫苗、宝宝身高体重"等多项功能，并会根据每个妈妈和宝宝的需要，为其制定相应的服务，对于不同孕龄的妈妈和不同年龄的宝宝，宝宝知道都会配置推送个性化的知识。

"宝宝知道"APP是百度知道**针对母婴问答领域的强势需求而推出的垂直搜索产品，与百度知道一样，它是一个问答社区**，以解决孕妈和新手妈妈的问题为目标，让所有在孕期和育儿期感到困惑的妈妈们得到科学的指引，如图16-9所示。

图 16-8　"宝宝知道"APP

图 16-9　"宝宝知道"APP 的主要功能

　　另外，"宝宝知道"APP 还推出了激励制度，主要是出于增加高质量用户的问答行为，进而增加用户粘性，如图 16-10 所示。

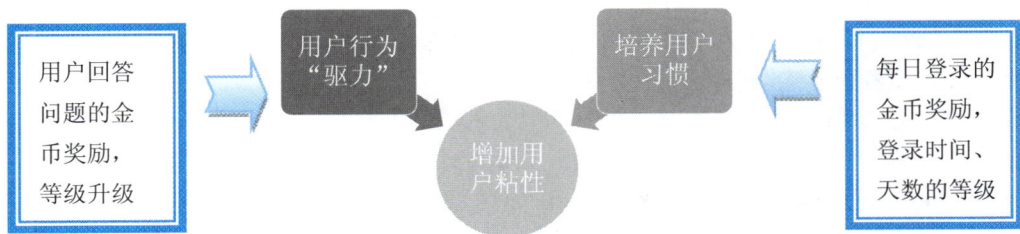

图 16-10 "宝宝知道"通过激励制度增加用户粘性

据悉，"宝宝知道"APP 上线刚满 3 个月的时间，下载激活用户就已超过 100 万人次，日活跃用户超过 18 万人次，有超过 1 万名医生在线为妈妈们提供帮助。

母婴市场是个特殊的领域，用户需求量在不断地增加，母婴角色的影响也很大，因此"宝宝知道"的出发点定位为专业性和权威性。据悉，"宝宝知道"未来还将在专业化和工具化上继续发力，将接入云设备、智能硬件等终端产品。

16.2.2 辣妈帮：汇聚精准目标用户的"帮"

辣妈帮是一个专为已婚女性打造的移动社区，用户可以在不同的"帮"(分话题的小组)中进行话题交流，如图 16-11 所示。

图 16-11 辣妈帮 APP

辣妈帮以"辣"的生活态度、"帮"的形式，打造了新时代辣妈们的深度沟通交流模式。 辣妈帮是妈妈们分享和交流妈妈与宝宝的生活及成长的移动互联网社交平

台。不论你身处何时何地，也不论你现在是妙龄少女还是已婚妈妈；不论你是发现了生活中的点滴乐趣，还是生活中遇到了各种难题，都可通过"辣妈帮"以文字、图片、语音等多种形式即时地分享与得到帮助。

2014 年 9 月，辣妈帮在其 6.0 版本中加入了商城接口，正式进入移动进口母婴特卖电商市场，并在之后上线了独立 APP"辣妈商城"，仅 3 个月，单月成交总额就突破了 5000 万元。辣妈帮 APP 的品牌分析如图 16-12 所示。

首页——孕期交流
- 辣妈帮：美体整形辣妈帮、美妆护肤辣妈帮、娱乐八卦辣妈帮等
- 孕育帮：宝宝健康辣妈帮、备孕辣妈帮、坐月子辣妈帮等
- 生活帮：美食厨房辣妈帮、职场辣妈帮、海外生活辣妈帮等
- 爱购帮：海淘交流辣妈帮、物品求购辣妈帮等

孕育百科——孕期知识
- 备孕中：备孕技巧、孕前检查等相关视频文章
- 怀孕中：孕期检查、胎儿发育等相关视频文章
- 已有宝宝：宝宝营养、早起教育等相关视频文章

孕期购物
- 辣妈商城：品类齐全（奶粉、纸尿裤、婴幼洗护等）免税店、限时促销等
- 辣妈荷花团：超低秒杀、女神最爱等购物频道
- 辣妈使用中心、品牌之家

工具箱——孕期工具
- 宝宝养护工具：胎儿发育测评、宝宝发育测评
- 理财工具：辣妈会赚钱
- 趣味小游戏：宝宝职业测试、宝宝测身高、测老公是几品

图 16-12　辣妈帮 APP 的品牌分析

在国内主流孕育类 APP 中，辣妈帮的移动用户关注度最高，增长势头也较猛，2012 年 5 月 12 日上线至今，下载用户已经突破了 5400 万。

辣妈帮是垂直于母婴群体的社区，涵盖女性"备孕→孕期→分娩→育儿"4 个重要时期。移动端的母婴群体更热衷分享交流，辣妈帮定位移动母婴社区平台，各个"帮派"是每个妈妈们的聚焦地，汇聚了精准的目标用户，搭建着长期沟通的平台，进行持续的数据化运营。

教育移动电商："互联网+教育"迎来风口

第17章

在传统教育面临房租人工成本高涨、用户满意度差等压力时，"互联网+教育"迎来风口，尤其是随着移动互联网的飞速发展，在线教育方式覆盖率快速提高。2015年，在线教育用户在移动端的比例首次超过 PC 端，移动教育已经成为平台和创业者的新发力点。

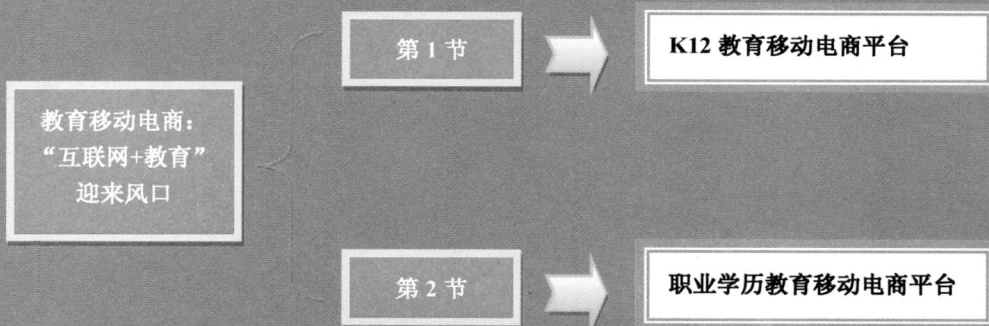

教育移动电商："互联网+教育"迎来风口

第 1 节 → **K12 教育移动电商平台**

第 2 节 → **职业学历教育移动电商平台**

17.1 K12 教育移动电商平台

K12 或 K-12，是 kindergarten through twelfth grade 的简写，是指从幼儿园 (Kindergarten，通常 5~6 岁)到十二年级(Grade 12，通常 17~18 岁)，这两个年纪是美国、澳大利亚及 English Canada 的免费教育头尾的两个年纪，此外，也可用作对基础教育阶段的通称。

> **信息导读**
>
> 在移动互联网时代，移动教育对内容和表现形式的要求更高，可以同时满足学生们个性化需求的条件，领域更细分。随着行业发展，越来越多的学生和家长都将为移动教育买单。

17.1.1 100 教育：一对一网络名师家教

100 教育是一个在线教育服务平台，是欢聚时代运营商于 2014 年 2 月 25 日推出的独立的在线教育品牌，其移动端如图 17-1 所示。

图 17-1 100 教育移动端

一对一网络名师家教是 100 教育在 K12 领域始终坚持的发展方式，网站直接面向的宣传对象是家长，通过获得家长的认可，从而获得学生资源，再通过实际的教学获得品牌的建立。需要注意的是，100 教育的一对一教学是网络式的，是只在线上进行的教学。如图 17-2 所示，即为这种模式的表现形式。

图 17-2　一对一网络名师家教

　　家长能够在平台上了解相关的情况，制订计划和选择科目，然后平台就会提供全方位的教学服务，并且根据学生的实际性格等情况进行分析，选择最适合学生长期发展的方式进行教学，如图 17-3 所示。

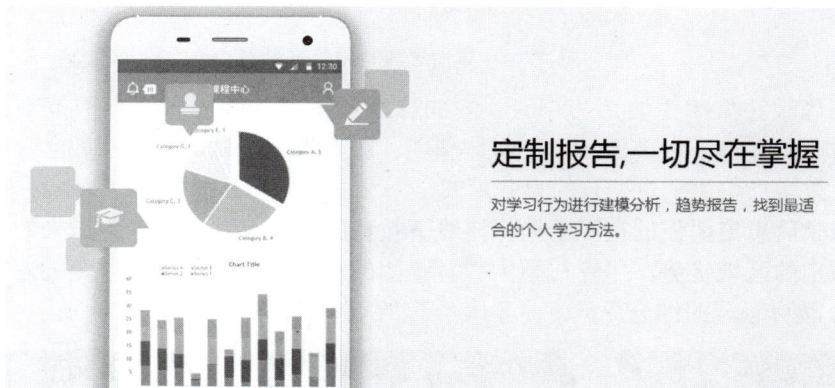

图 17-3　分析学习行为

　　与其他的教育机构相比较，100 教育属于一个相当年轻的平台，因为其出现的时间相当晚。甚至是过了 2013 年这个国内在线教育发展的元年，到 2014 年才正式上线的。并且其独特性还在于平台的定位是一个在线教育服务平台，却是由欢聚时代创建的，欢聚时代的产品中最具代表性的就是 YY 语音，本身并不属于教育行业的机构，属于空降教育行业，为了利润而开发了这个平台。

行的教学。如图 17-2 所示，即为这种模式的表现形式。

图 17-2　一对一网络名师家教

　　家长能够在平台上了解相关的情况，制订计划和选择科目，然后平台就会提供全方位的教学服务，并且根据学生的实际性格等情况进行分析，选择最适合学生长期发展的方式进行教学，如图 17-3 所示。

图 17-3　分析学习行为

　　与其他的教育机构相比较，100 教育属于一个相当年轻的平台，因为其出现的时间相当晚。甚至是过了 2013 年这个国内在线教育发展的元年，到 2014 年才正式上线的。并且其独特性还在于平台的定位是一个在线教育服务平台，却是由欢聚时代创建的，欢聚时代的产品中最具代表性的就是 YY 语音，本身并不属于教育行业的机构，属于空降教育行业，为了利润而开发了这个平台。

17.1.2　学而思教育：品质成就品牌效果

学而思教育的目标是让学习更有效，平台本身属于线下教学机构与线上平台相结合的模式，定位同样是基础教育领域，其微信平台如图17-4所示。

图 17-4　学而思教育微信平台

学而思教育集团主要是为 3~18 岁的孩子提供课外辅导，在全国范围内影响较大，目前在北京、上海、天津、广州、深圳、沈阳等多个城市建立了教学分校，所有的分校及教学点均为全资拥有的直营模式，对相关的师资进行统一培训。

目前学而思集团依旧在不断地开拓线下教育的中心点和分校，为未来的 O2O 模式打造稳定的区域优势，尽管与学大教育集团的线下规模相比尚有一定的差距，但是其在 K12 教育领域的细分成就，是学大教育所不具备的，如图17-5所示。

图 17-5　K12 教育领域的细分

学而思集团的用意并不仅仅在于纯粹地为教学提供资源，从整体来看，学而思集团一直以来看重平台未来的发展前景，并且有一定的提前行动能力，比如布局线下机构、尝试 O2O 模式等，都是成功的发展战略。

学而思图书同样如此，学而思依靠丰富的教育培训经验、成功的教育理念、高效的师资团队，精心编写了一系列品牌图书，是学而思所开设课程的指定用书，与学而思教育模式配套使用。**从长远而言，当用户使用之后形成品牌效应时，学而思在教育领域的影响力将进一步加强。**

17.2　职业学历教育移动电商平台

职业在线教育的发展壮大趋势已经成为一种人人可见的现状，借助移动互联网的特点，移动在线教育将传统教育模式带到了新的高度。

信息导读

有数据表明，目前获得投资的在线教育企业已经达到 60 家以上，投资金额已达到 9.1 亿美元，而 2014 年整个中国在线教育市场规模达到 998 亿元，2015 年中国在线教育市场规模达到 1192 亿元，同比增长速度为19.4%。各类上市公司跨界进军在线教育行业的举措，使各类传统教育及各种新兴在线教育再次纷纷亮相，引爆了业内人士、家长、技能需求人士和投资者的关注。移动互联网浪潮下的职业教育已经成为不可阻挡的新兴行业，大众都已意识到教育正在转型，未来教育的发展是教育的互联网化，只有在线教育才能让教育变得更加公平。

17.2.1　网易公开课：影响力广泛的教育平台

在 2015 年，《互联网周刊》杂志对 2014 年的国内在线教育市场进行了一次梳理，并从知名度及影响力、创新能力、用户体验以及未来发展潜力的四大维度列出了行业前 100 位。

这个榜单中出现的平台都是在国内较有影响力的，其中网易公开课以总分 8.93 的评分列于首位，同时，网易在线教育的另一平台网易云课堂以 8.12 的评分位列第四。网易在线教育整体上的影响力要暂时领先于其他平台。

网易作为互联网公司，深知移动端的重要性，所以 APP 应用的开发是从平台上线之时就同步进行的，如图 17-6 所示。

图 17-6　网易公开课 APP

通过网易公开课 APP，用户可以在线免费观看来自于哈佛大学等世界级名校的公开课课程、可汗学院、TED 等教育性组织的精彩视频，内容涵盖人文、社会、艺术、科学、金融等领域。

网易公开课的 APP 软件是一款学习应用平台，用户使用 APP 可以随时随地的学习，软件提供完整的高质量视频学习资源，让使用者无成本、无障碍地了解世界前沿的新思想，其特色如图 17-7 所示。经过几年的发展，这款软件已经相当成熟，但是在未来，依旧是发展的重点。

海量名校课程
课程最全，翻译最快！15000余集精品课程，
囊括全部热门讲堂、画面高清、播放流畅

视频下载，离线观看
课程可下载到本地，
支持无网络观看，支持断点续传。

播放进度记忆
自动记录课程观看进度，
支持断点续播、延续学习体验

收藏与同步
将喜爱的课程加入收藏，随身携带，
与云端同步、满足您在不同设备上的观看需求

图 17-7　网易公开课 APP 的特色

网易公开课是一个公益性质的用于陶冶情操、提升个人附加价值的学习平台，主要内容是理论素养和人文情怀。同时，**网易公开课更是一款单纯以内容取胜的互联网产品，所有的一切资源都是免费的，连广告都不能出现在页面上，从大众的角度去理解，它具有只投入、无经济产出的纯理想主义项目色彩。**在这个经济至上的时代，敢于建立这样的平台是需要一定勇气的，尽管在后期可以利用用户资源进行推广获利，但是公开课这种模式注定了其未来的发展有限，尤其是在利益上。

17.2.2　腾讯课堂：一站式学习服务平台

2013 年 11 月，QQ 正式推出了基于群的教育模式，2014 年 4 月推出腾讯课堂，如图 17-8 所示，这个平台聚合了优质的教育机构和教师的海量课程资源。需要注意的是，腾讯课堂自一开始就与其他互联网平台一样，定位为开放式的教学平台，帮助和支持线下教育机构入驻平台，以获得更好的教育资源及影响力。

图 17-8　腾讯课堂 APP

作为免费的开放式的平台，腾讯课堂帮助线下教育机构入驻，不参与机构分成，还为其提供流量和功能支持。 腾讯课堂采用"推荐类别＋推荐专题＋推荐课程"的形式，包括实用口语、编程之美、绘画训练营等，并不直接推荐课程。

不过，腾讯课堂由于放置了学习论坛功能，并根据课程类型分设不同学团，用户"抱团"后可进行发帖、看帖、评论、一起学等操作，更符合移动互联网用户的学习交流习惯。

在"互联网＋"的催化下，在线教育变得越来越热，资本也大量涌入市场。其中，K12 教育、职业教育、学历教育将成为市场增长的主要动力来源。腾讯、百度、阿里巴巴、360 等各大互联网巨头也纷纷通过资本运作等方式试水和布局在线教育。

其中，腾讯相继推出腾讯课堂和腾讯大学之后，还分别投资了跨考教育和易题库。其优势是学习内容广泛，用户(流量)巨大，价格低廉甚至免费。腾讯教育的用户已经突破了 1 亿，远远地将大部分在线教育平台甩在身后，广泛的用户基础是平台能够成功的主要原因。

房产移动电商：移动化房产电商的全新时代 第18章

房地产也算是最早拥抱互联网的行业，如今网上的房产租售信息早已泛滥。移动互联网的兴起，云计算和大数据的出现，也同时让人们看到了房产行业的改变。转眼间，会发现几乎所有行业都在悄悄地发生着"口袋"里的革命，这其中自然也少不了房地产。

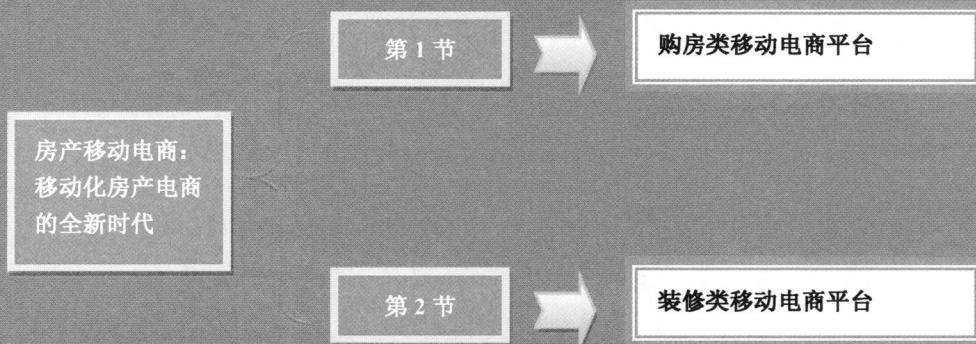

房产移动电商：移动化房产电商的全新时代

第1节 ➡ 购房类移动电商平台

第2节 ➡ 装修类移动电商平台

18.1　购房类移动电商平台

在经历了 10 年野蛮生长的"黄金时代"之后，中国楼市正走向"白银时代"。互联网+的风潮席卷而来，无数创业者与投资客看中机遇，投身这场大变革。移动互联网与房地产联合运用模式也不断升级迭代，更加符合行业发展需求。在房地产行业中，移动互联网的作用经历了广告展示、信息导流，以及电商平台分销卖房等阶段。

信息导读

> *房地产电商的移动化，也许可以解决用户、市场的多元化需求。届时，购房者、经纪人、开发商以及装修队等房地产的各方人员，都可以在移动平台中找到为自己服务的手机 APP，都能实现快速查询、撮合交易、贷款、购物等全过程。*

18.1.1　新浪乐居：多维度、全方位的地产服务

2013 年 4 月，新浪乐居推出房产类 APP "口袋乐居"，并与"口袋经纪人"、"装修钱管家"、"口袋楼书"、"乐居触屏版"构成乐居房产移动解决方案，深度打造多维度、全方位的地产服务方阵，如图 18-1 所示。

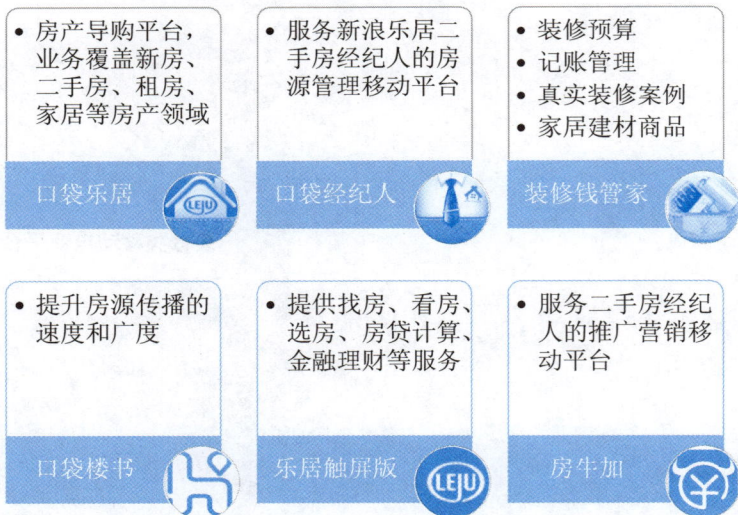

图 18-1　乐居房产移动解决方案

其中，"口袋乐居"APP 较为全面，为广大购房者提供个性化看房、选房、独家

购房优惠获取、看房活动报名、特价楼盘推荐、本地房价解读、导购资讯、房产评估、税费计算、房贷计算等购房服务，如图 18-2 所示。在没有任何推广的前提下，"口袋乐居"APP 上线仅 2 年的时间，就自然增长，达到了上百万的用户。

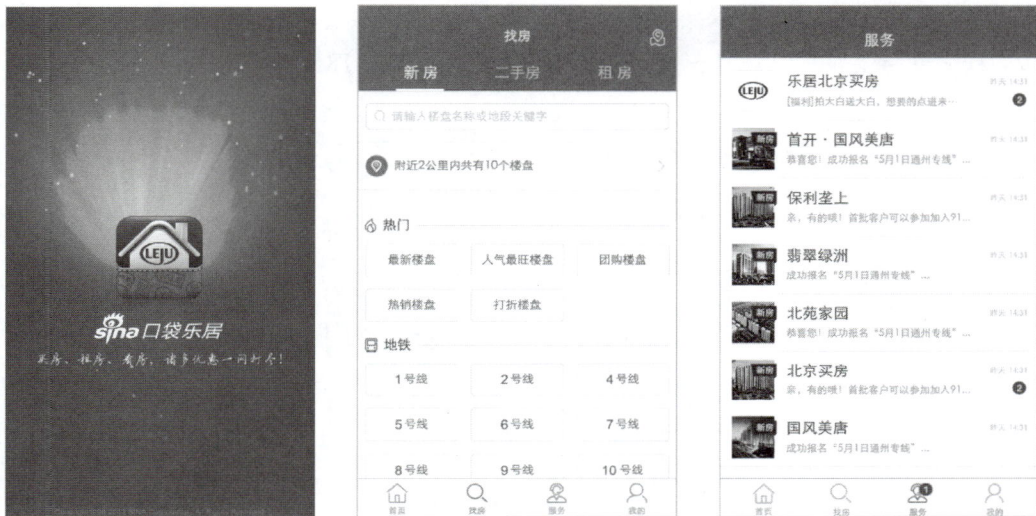

图 18-2 "口袋乐居"APP

在移动端产品的设计过程中，新浪乐居坚持了两个原则，如图 18-3 所示。

用户至上
· 根据用户情境，满足当前用户的使用诉求，并把过程做得足够简单、直接和高效。

服务完善
· 进一步延伸用户的当前服务，做到完整的服务链条。例如，用户经常用到贷款计算器，在用户输完贷款金额输出结果之后，乐居同时还会推荐一些符合这个贷款金额的房子，把用户从纯工具的使用延伸到楼盘的购买决策中。

图 18-3 新浪乐居的移动端产品特点

新浪乐居的房产电商通过有机结合房产营销与移动互联网，逐步开创了中国房地产行业"无电商不营销"的市场局面，必将开启中国房产移动电商营销新时代。

18.1.2 客立方：移动电商让卖房变得更简单

客立方是初唐科技开发的一个房地产移动营销运营平台，为房地产行业从传统业务向移动互联网转型提供整体解决方案，帮助房地产开发商把传统的营销业务转移到移动社交网络上来，实现真正意义上的 O2O 营销，如图 18-4 所示。

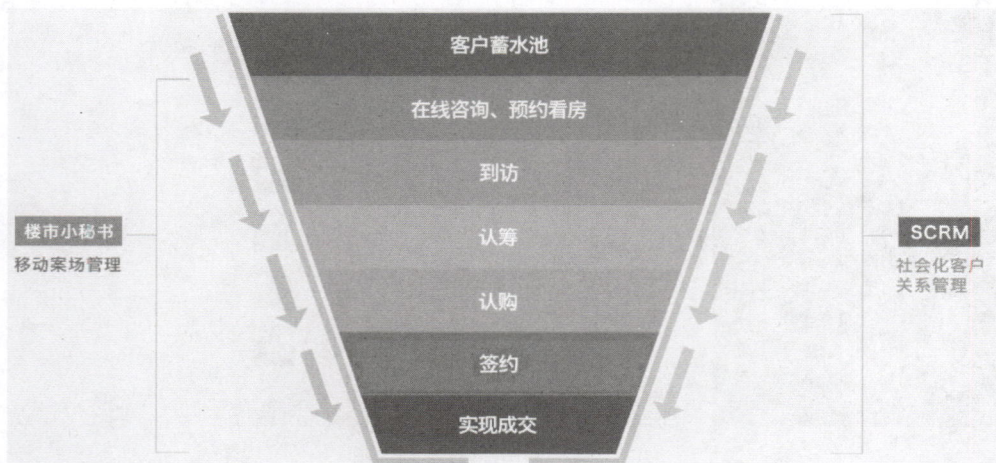

图 18-4　客立方的房地产行业移动互联网整体解决方案

客立方通过帮助开发商抢先拓展客户资源半径，打入客户社交圈层，聚拢更多的客户，通过持续的激励和互动，提高整个房地产营销链条中所有参与者的黏性，让客户参与到"带客"行动中来，实现源源不断的客户供给和良性循环，如图 18-5 所示。

图 18-5　多渠道客户资源积累

另外，客立方还开发了配套的楼市经纪人平台和惠买房特价房平台，打通经纪人资源和购房者资源，将线上信息流、线下业务流无缝整合，实现开发商、置业顾问、经纪人、购房者等多方的信息对称和服务流转，实现房地产 O2O 营销的良性供给与循环，如图 18-6 所示。

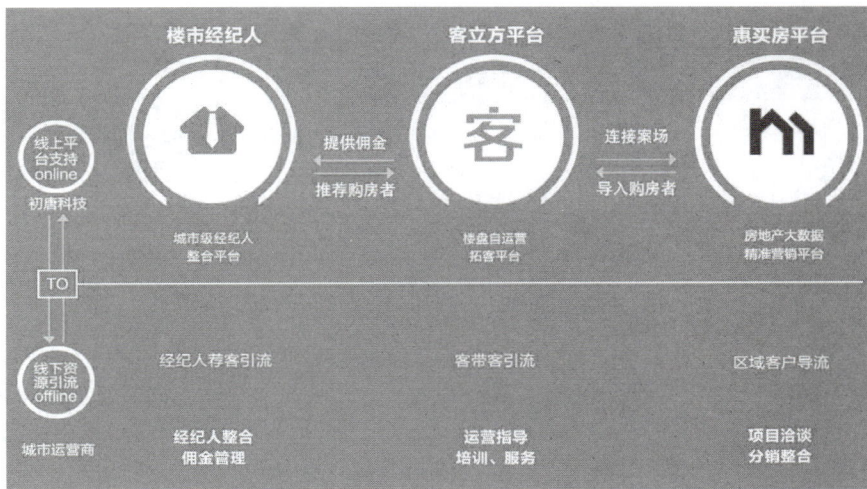

图 18-6　客立方房地产的 O2O 营销方案

当前房地产行业已进入理性发展时期，未来房产电商的趋势是移动化，并围绕移动、社区、金融、大数据展开，实现低成本投入、高销售转化。

18.2　装修类移动电商平台

受我国城镇化及固定资产投资的拉动，中国建筑装饰行业保持高速增长，2015 年行业工程总产值达到了 3.4 万亿元；其中，家装达到 1.1 万亿元左右，全国建材家居市场容量超过 1 万亿元，家装与家居建材市场容量巨大。

信息导读

　　在互联网思维模式和大数据下，家装、建材等企业必须认识和预测到移动互联网趋势，并迅速抓住时机，率先在行业内完成移动电商模式上的变革和创新，尽早走出一条适合家装行业在移动互联网时代发展的模式。

18.2.1　极有家：移动 O2O 开创家装电商新思路

2015 年 3 月 17 日，淘宝网上线"极有家"家装 O2O 平台，正式进入家装 O2O

这个大热的领域，如图 18-7 所示，主要围绕设计、产品、装修和社区 4 个方面展开，同时打通淘宝店铺。从极有家目前的情况来看，其更多呈现的是整套家居设计方案，而非单品单件。

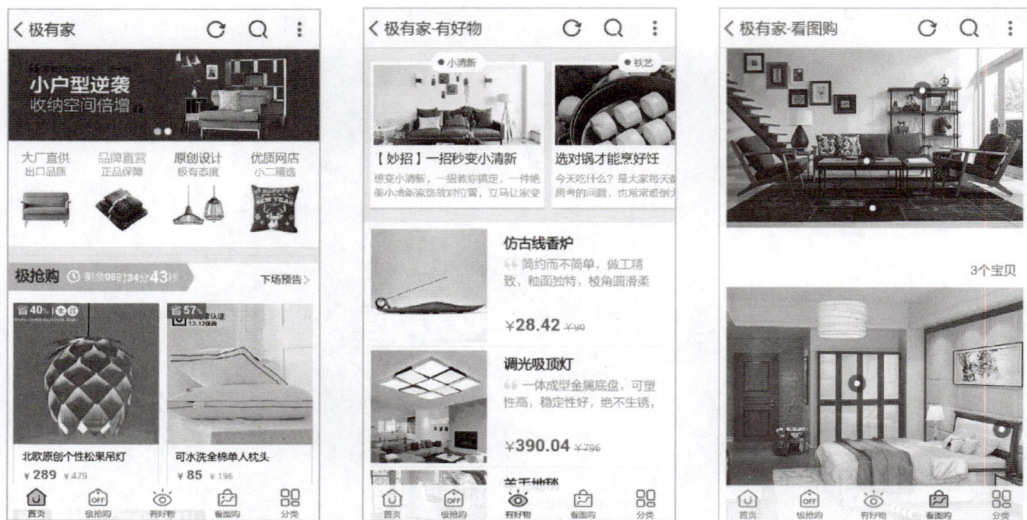

图 18-7　淘宝网的"极有家"平台

其实，淘宝网早在 2010 年就推出了独立的线下"家装馆"，但主要以销售产品为主，如图 18-8 所示，试图增强家装服务的体验感和场景化展示。

图 18-8　淘宝网线下"家装馆"

淘宝作为国内规模庞大的综合电商平台，具有强大的入口流量、完善的支付及售后体系，这些都是其他平台难以比拟的，尤其是此前淘宝所推出的家装馆，就已经积累了大量的家装用户消费者，此次极有家的推出，则完全可以借助淘宝的优势资源。

淘宝移动端的优势在于能够定位地理信息、支付方式多样、可随时随地使用，方便、精准、快捷，这正是移动互联网与家装 O2O 的契合点所在。

2015 年，越来越多的家居卖场在互联网的洪流中逐渐认识到移动电商的重要性，随着家装 O2O 市场的兴起，装修 O2O 领域或将出现新的局面。作为巨头，淘宝网进入家装 O2O 领域，势必加速行业的洗牌步伐。

18.2.2 土拨鼠：从装修行业切入电商的天猫模式

土拨鼠装修网致力于中国装饰行业电子商务的发展，经过数年斥巨资精心打造，目前已在全国近百个大中城市开设分站，入驻装饰企业超过 20 万家，帮助逾十万企业成功转型电子商务，累计创造产值超 600 亿元。

土拨鼠装修网 APP 如图 18-9 所示，用户可以快速找到周边的装修公司，免费申请设计报价方案，在线预约装修，查询申请预约进度，浏览超过 20 万张的装修美图。另外，装修公司也可以查询装修订单需求信息及资金记录，操作反馈订单等。

图 18-9 土拨鼠的移动端

土拨鼠装修网的平台服务对象分为两个部分，**一是为用户提供一站式网络家装对接服务，二是为装饰企业提供品牌推广和营销服务**，其优势如图 18-10 所示。

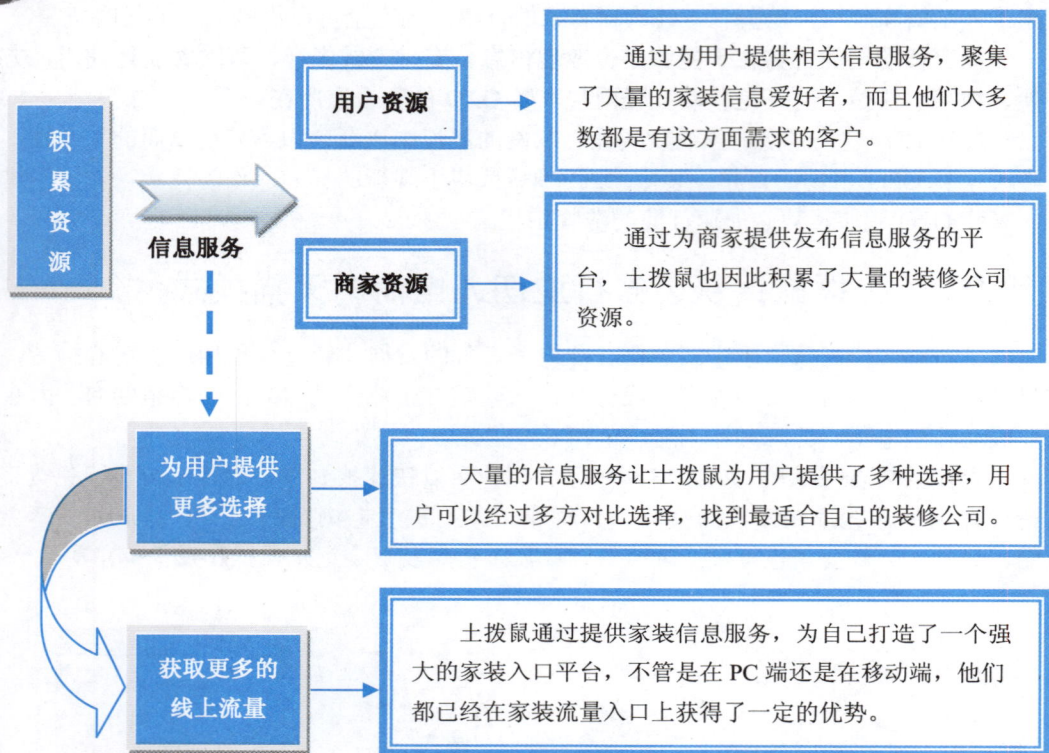

积累资源 信息服务	**用户资源**	通过为用户提供相关信息服务，聚集了大量的家装信息爱好者，而且他们大多数都是有这方面需求的客户。
	商家资源	通过为商家提供发布信息服务的平台，土拨鼠也因此积累了大量的装修公司资源。
	为用户提供更多选择	大量的信息服务让土拨鼠为用户提供了多种选择，用户可以经过多方对比选择，找到最适合自己的装修公司。
	获取更多的线上流量	土拨鼠通过提供家装信息服务，为自己打造了一个强大的家装入口平台，不管是在 PC 端还是在移动端，他们都已经在家装流量入口上获得了一定的优势。

图 18-10　土拨鼠的优势

　　装修就像年轻人找对象一样，土拨鼠网就是把家装行业的电子商务打造成家庭与装修公司的一次线上相亲会。

　　土拨鼠装修网建立了完善的装饰企业品牌推广、形象维护体系，致力于扩大装饰企业在互联网的影响力，为企业带来高速的来自于互联网的产值增长，进而推动企业整体发展，有效地结合线上线下的影响力，最终为企业成功融入移动电商时代的浪潮做出最强力的支持。

专家提醒

　　随着"互联网＋"时代的到来，互联网开始逐步影响到传统的家装行业，而传统家装行业中的诸多黑幕和痛点，如设计难、选材累、过程苦、价格不透明、材料品质不一、涉及环节多、装修质量差、纠纷难解决等问题，让消费者苦不堪言，因此，人们更加迫切地寻找下一个突破口，这个突破口就是要通过移动电商带来一种不同的装修体验，而它更为直接的表现形式就是家装 O2O。